REVISTA DE ESTUDOS EUROPEUS

ANO I – N.º 2

Julho – Dezembro 2007

REVISTA DE ESTUDOS EUROPEUS
ANO 1 – N.º 2

DIRECTOR
PAULO DE PITTA E CUNHA

EDITOR
EDIÇÕES ALMEDINA, SA
Avenida Fernão de Magalhães, n.º 584, 5.º Andar
3000-174 Coimbra
Tel.: 239 851 904
Fax: 239 851 901
www.almedina.net
editora@almedina.net

PRÉ-IMPRESSÃO • IMPRESSÃO • ACABAMENTO
G.C. – GRÁFICA DE COIMBRA, LDA.
Palheira – Assafarge
3001-453 Coimbra
producao@graficadecoimbra.pt

Janeiro, 2008

DEPÓSITO LEGAL
234599/05

AREP – ASSOCIAÇÃO INTERUNIVERSITÁRIA DE ESTUDOS EUROPEUS
INSTITUTO EUROPEU DA FACULDADE DE DIREITO DE LISBOA

REVISTA DE ESTUDOS EUROPEUS

ANO I – N.º 2

Julho – Dezembro 2007

ALMEDINA

Revista de Estudos Europeus

Propriedade e edição

AREP – Associação Interuniveristária de Estudos Europeus, em associação com o Instituto Europeu da Faculdade de Direito de Lisboa

A Constituição Europeia e Portugal.
Perspectivas jurídicas, económicas e políticas

NOTA INTRODUTÓRIA

O presente número da Revista de Estudos Europeus assume, tal como o primeiro, carácter temático. Desta feita, a matéria versada é "A Constituição Europeia e Portugal – Perspectivas Jurídicas, Económicas e Políticas", sendo os textos extraídos das conferências proferidas pelos diversos oradores no Curso de Verão realizado pelo Instituto Europeu em Julho de 2005.

Na altura em que se empreendem esforços para vencer a crise suscitada pela rejeição do Tratado Constitucional pelos eleitores em França e na Holanda, assumem irrecusável importância as matérias abordadas – tanto mais que o Curso se realizou escassas semanas depois do choque resultante dos referendos realizados nos atrás referidos países membros da União Europeia, o que tornou possível registar as primeiras reacções e as propostas de linhas de futuro.

Lisboa, Junho de 2007

Paulo de Pitta e Cunha
Presidente do Conselho Directivo da AREP e
Presidente da Direcção do Instituto Europeu da
Faculdade de Direito de Lisboa

A Constituição Europeia e Portugal.
Perspectivas jurídicas, económicas e políticas

PLANO DO CURSO

Dia 18 de Julho

ANTÓNIO GOUCHA SOARES
Instituto Superior de Economia e Gestão
As competências da União Europeia

JORGE MIRANDA
Faculdade de Direito da Universidade de Lisboa
A Constituição portuguesa e a União Europeia

FAUSTO DE QUADROS
Faculdade de Direito da Universidade de Lisboa
Constituição europeia e constituições nacionais: uma relação de complementaridade

EDUARDO PAZ FERREIRA
Faculdade de Direito da Universidade de Lisboa
A Constituição económica europeia

Dia 19 de Julho

LUÍS SILVA MORAIS
Direito da Faculdade de Direito da Universidade de Lisboa
Portugal e os défices excessivos

ANA MARIA GUERRA MARTINS
Faculdade de Direito da Universidade de Lisboa
A protecção dos direitos fundamentais em Portugal e a Constituição Europeia

MARIA LUÍSA DUARTE
Faculdade de Direito da Universidade de Lisboa
Os tribunais portugueses e a integração europeia

MARIA JOSÉ RANGEL MESQUITA
Faculdade de Direito da Universidade de Lisboa
O incumprimento do direito da União Europeia: o caso de Portugal

Dia 20 de Julho

ANTÓNIO VITORINO
Direito da Faculdade de Direito da Universidade de Lisboa
Constituição completa ou incompleta?

RUI MACHETE
Presidente da Fundação Luso-Americana para o Desenvolvimento – Faculdade de Direito da Universidade de Lisboa
Portugal, a Europa e o Mundo

JOÃO FERREIRA DO AMARAL
Instituto Superior de Economia e Gestão
A economia portuguesa na União Europeia

Dia 21 de Julho

MARGARIDA D'OLIVEIRA MARTINS
Faculdade de Direito da Universidade de Lisboa
Os partidos políticos e a integração europeia

ELIZABETH ACCIOLY
Faculdades Integradas de Curitiba
Poderá exportar-se o modelo da União Europeia?

Mesa Redonda

Moderador: PAULO DE PITTA E CUNHA
Faculdade de Direito da Universidade de Lisboa

Oradores: GUILHERME D'OLIVEIRA MARTINS, ILDA FIGUEIREDO, JOSÉ RIBEIRO E CASTRO, MIGUEL PORTAS, VASCO GRAÇA MOURA

Dia 22 de Julho

PAULO DE PITTA E CUNHA
Faculdade de Direito da Universidade de Lisboa
O processo de integração e os limites da Europa

RUI MOURA RAMOS
Presidente do Tribunal Constitucional, Faculdade de Direito da Universidade de Coimbra
O sistema jurisdicional da União Europeia – o presente e o futuro

Gisela Stuart
Deputada no Parlamento Britânico
The making of the European Constitution

José Manuel Durão Barroso
Presidente da Comissão Europeia
Portugal e a União Europeia, o presente e o futuro

A DIVISÃO DE COMPETÊNCIAS NA CONSTITUIÇÃO EUROPEIA

ANTÓNIO GOUCHA SOARES
Professor Jean Monnet de Direito Comunitário
Instituto Superior de Economia e Gestão
Universidade Técnica de Lisboa (ISEG-UTL)

De entre os aspectos inovadores do Tratado que estabelece uma Constituição para a Europa, o Título relativo às Competências da União merece referência especial. Na verdade, os anteriores Tratados dedicaram escassa atenção à divisão de competências entre a União e os Estados-membros.

O objectivo de clarificar e simplificar a divisão vertical de competências foi um dos propósitos maiores do mandato conferido à Convenção europeia. Em resultado, a Convenção considerou que a Constituição europeia deveria conter um Título consagrado às competências da União que permita aos cidadãos terem uma noção clara e concisa da distribuição de competências e entenderem as diferentes categorias de competências da União, bem como as condições para o seu exercício. As contribuições da Convenção europeia em sede de competências da União foram, de um modo geral, recebidas no texto da nova Constituição europeia.

Este artigo pretende fazer uma breve análise da divisão de competências entre a União Europeia e os Estados-membros na Constituição europeia. Na parte inicial, faz um enquadramento da evolução da divisão competências no processo de integração europeia. De seguida, analisa os principais aspectos que caracterizam o Título III do Tratado Constitucional sobre as "Competências da União", como sejam, o catálogo de competências, princípio das competências de atribuição, as diferentes categorias de competências definidas pela Constituição, cláusula de flexibilidade, método aberto de coordenação, controlo da aplicação do princípio da subsidiariedade e respeito pela identidade nacional dos Estados-membros.

A divisão de competências no processo de integração europeia

A divisão de competências entre a União Europeia e os Estados-membros é um tema cuja análise se pode dividir em dois períodos fundamentais ao longo do processo de integração europeia: antes e depois do Tratado de Maastricht.

No período compreendido entre a fundação das Comunidades Europeias e o final da década de 1980, a questão da divisão de competências entre a Comunidade e os Estados-membros era um assunto lateral ao processo de integração, quer a nível do debate político, quer sobretudo no seu tratamento académico.

O Tratado que estabeleceu a Comunidade Económica Europeia (TCE), previa um sistema de divisão funcional de competências entre a Comunidade Europeia e os Estados-Membros. Nos termos deste sistema, o Tratado enunciava os fins da Comunidade Europeia, bem como os meios que esta dispunha para os alcançar. A actuação da Comunidade Europeia deveria situar-se dentro dos limites definidos por estas duas cláusulas e, sobretudo, fundamentar a sua base jurídica nas diferentes disposições do Tratado que se ocupavam das políticas e demais áreas de acção comunitárias.

Para além das competências expressamente atribuídas à Comunidade ao longo das diferentes disposições do Tratado, o artigo 308.º (*ex* artigo 235.º), previa que sempre que uma acção fosse considerada necessária para atingir um dos objectivos da Comunidade, sem que o Tratado tivesse previsto os poderes de acção necessários, o Conselho poderia tomar as disposições adequadas para o efeito, por unanimidade. Esta disposição pretendia funcionar como uma espécie de cláusula de flexibilidade, permitindo a actuação da Comunidade em áreas que não dispusessem de clara base jurídica no texto do Tratado.

Refira-se, também, que no período em causa o Tribunal de Justiça, quando solicitado a pronunciar-se sobre questões relativas à divisão de competências entre a Comunidade Europeia e os Estados-membros, fornecia uma interpretação tendencialmente extensiva das atribuições comunitárias e proferia um entendimento normalmente restritivo das competências dos Estados, no domínio da actuação partilhada com a Comunidade.

O efeito conjugado da interpretação maximalista da jurisprudência comunitária em sede de divisão de competências e, sobretudo, do uso e abuso que os Estados-membros, através do Conselho, fizeram da cláusula de flexibilidade estabelecida pelo artigo 235.º do TCE, gerou uma sensação de crescente incerteza sobre os limites da actuação da Comunidade Europeia.[1] Na verdade, em meados da década de 1980, quando a questão da repartição de competências se começou a equacionar de forma mais séria, colocava-se inclusivamente em causa que a Comunidade Europeia ainda fosse uma entidade regida pelo princípio das competências de atribuição.[2]

A acrescida sensibilidade do problema da divisão de competências seria agravada pelas alterações institucionais introduzidas pelo Acto Único Europeu, em 1987. Em particular, o alargamento do voto por maioria qualificada, e a consequente redução do direito de veto dos Estados sobre as decisões comunitárias, aumentaram a insegurança dos governos nacionais sobre os resultados do processo de decisão da Comunidade Europeia.

Na medida em que a divisão de competências entre a Comunidade Europeia e os Estados-membros se processava pelo método funcional, o qual suscitava dúvidas sobre os limites efectivos da actuação da Comunidade no confronto das prerrogativas dos Estados, os governos nacionais colocaram de modo crescente o problema da divisão de competências como temática central do chamado constitucionalismo comunitário. Ou seja, os Tratados constitutivos das Comunidades Europeia deveriam conferir maior atenção ao tema da divisão vertical de competências, no sentido de proteger os Estados contra as tendências centrípetas, então verificadas.

O Tratado de Maastricht

O Tratado de Maastricht foi o primeiro acto de natureza constitucional que se ocupou de forma sistemática do problema da divisão de

[1] Este artigo serviu de base jurídica para a adopção de cerca 700 actos comunitários.

[2] K. Lenaerts, "Constitutionalism and the Many Faces of Federalism", *American Journal of Comparative Law* (1990), p. 220.

competências no sistema comunitário. Em termos gerais, poderia afirmar-se que o Tratado de Maastricht procurou fixar os critérios que presidem à divisão de competências entre a União e os Estados-membros. Assim, foi criada uma nova disposição que contém os princípios fundamentais nesta matéria, o artigo 5.º do TCE (*ex* artigo 3.º-B).

O artigo 5.º do TCE começa por afirmar o princípio das competências de atribuição da Comunidade, ou seja, que esta entidade detém apenas as competências que lhe foram atribuídas pelos Estados, através dos seus Tratados constitutivos. De seguida, o segundo parágrafo deste artigo estipula o princípio da subsidiariedade, a aplicar em todos os domínios que não relevem das atribuições exclusivas da Comunidade. O princípio da subsidiariedade estabelece uma preferência pela actuação dos Estados, confinando a actuação da Comunidade aos casos em que esta possa acrescentar valor quando comparada com a acção individual de cada país. Por fim, o último parágrafo deste artigo prevê o princípio da proporcionalidade da actuação da Comunidade, adequando a intensidade dos meios da sua acção aos objectivos visados.

Em virtude da afirmação explícita do princípio das competências de atribuição no texto do Tratado, Maastricht teve que conferir novas competências à Comunidade. Tais competências abrangiam, sobretudo, domínios em que se verificava uma actuação prévia da Comunidade, mas em que não existia uma base jurídica específica que sustentasse essa mesma actuação. Na medida em que se reforçou a natureza das competências de atribuição da Comunidade, a actuação futura nesses domínios necessitaria de fundamento jurídico próprio. Por este motivo, o Tratado de Maastricht conferiu novas competências à Comunidade, as chamadas competências complementares, em áreas tão diversas como saúde pública, educação, cultura, indústria, redes transeuropeias, defesa dos consumidores e cooperação no desenvolvimento.

As alterações introduzidas pelo Tratado de Maastricht permitiram a entrada num novo período, em termos de divisão de competências, entre a União e os Estados-membros. Com efeito, após a entrada em vigor do Tratado de Maastricht cessaram, em boa medida, os factores que mais contribuíram para a centralização das competências comunitárias.

Por um lado, assistiu-se a uma clara inversão de tendência nas decisões do Tribunal de Justiça sobre divisão de competências pelo. Na verdade, ao longo da última década o Tribunal evidenciou assinalável prudência nos casos em que decidiu sobre questões relativas à divisão vertical de competências, abandonando o seu tradicional entendimento que favorecia a interpretação extensiva das competências comunitárias. Pelo que a jurisprudência do Tribunal de Justiça, no período assinalado, retirou todas as consequências das alterações constitucionais introduzidas e se pautou por uma observância rigorosa do princípio das competências de atribuição.[3]

Por outro lado, deve considerar-se que na era pós-Maastricht ocorreu uma redução do factor que mais contribuiu para a expansão das competências comunitárias no período anterior: o recurso à cláusula prevista no artigo 308.º do TCE. Com efeito, os governos nacionais abandonaram a prática de fazer um uso alargado da cláusula de flexibilidade, enquanto base jurídica de actos comunitários desprovidos de claro fundamento no Tratado, como sucedia nas décadas de 1970 e 1980.

Portanto, o Tratado de Maastricht permitiu encerrar um ciclo caracterizado pela expansão das competências comunitárias. Não tanto pela originalidade das soluções introduzidas no seu texto, mas porque os Estados-membros evidenciaram uma preocupação acrescida pelo problema e o Tribunal de Justiça soube adaptar a sua jurisprudência aos preceitos introduzidos pelo Tratado de Maastricht.

Na União, e numa perspectiva jurídica, é incontornável que o Tratado de Maastricht pôs termo à erosão das competências de atribuição. No período que se lhe seguiu, o princípio das competências de atribuição alcançou um protagonismo nunca antes verificado, como pressuposto da actuação comunitária.

Todavia, numa perspectiva política, o problema da divisão de competências continuou a colocar-se depois do Tratado. Os motivos que levaram a que a divisão de competências tivesse permanecido como tema nuclear do debate constitucional europeu são de ordem diversa. Desde logo, o próprio Tratado de Maastricht aumentou a complexidade do sistema de divisão vertical de competências. Como se referiu, o Tratado de Maastricht conferiu novo conjunto de atribuições à Comunidade, as competências complementares, introduzindo um terceiro tipo de competências da Comunidade, que acresciam às suas competências exclusivas e às competências partilhadas.

---

[3] *Parecer 1/94*, Colectânea 1994, p. I-5267; *Parecer 2/94*, Colectânea 1996 p. I--1763; Caso *Alemanha c. Parlamento Europeu e Conselho da União Europeia*, Processo C-376/98, Colectânea 2000, p. I-8419.

Para além da densidade do universo de competências atribuídas à Comunidade, no plano político o Tratado de Maastricht não conseguiu corresponder às expectativas criadas ao tempo da sua adopção. Na verdade, recorde-se como o princípio da subsidiariedade havia sido apresentado como uma espécie de varinha mágica para a resolução do problema da divisão de competências. Na altura, os Estados sentiam-se indefesos perante as tendências centrípetas verificadas na divisão de competências, não deixando de transmitir essa preocupação à opinião pública. Por seu turno, a Comunidade Europeia, e em particular a Comissão, julgaram ter encontrado no princípio da subsidiariedade a solução para os problemas colocados em sede de competências.

A subsidiariedade, no entanto, é um conceito que foi transportado de um contexto extra-jurídico para o universo constitucional da Comunidade Europeia. Além disso, o princípio da subsidiariedade defrontou-se com o problema da complexidade da sua implementação. Na verdade, o princípio da subsidiariedade é um princípio de natureza política. O que implica que o controlo da sua aplicação deva relevar sobretudo de uma análise de natureza política, do que de uma avaliação jurídica efectuada pelo Tribunal de Justiça.

As dificuldades inerentes à implementação da subsidiariedade e a inexistência de um mecanismo de controlo político, por um lado, e a multiplicidade dos actores políticos afectados pela actuação da Comunidade, nomeadamente, os diferentes tipos de órgãos infra nacionais cuja esfera de intervenção é condicionada pela acção da Comunidade, por outro lado, contribuíram para que a divisão de competências permanecesse um tema central do debate constitucional da União.

Ainda que o Tratado de Maastricht tenha sido capaz de dotar a Comunidade dos antídotos jurídicos adequados para suster as tendências centrípetas na divisão de competências, não conseguiu resolver definitivamente as apreensões políticas que esta temática suscitava, em boa parte porque não conseguiu tornar o sistema de divisão de competências numa realidade compreensível para a generalidade dos actores políticos. Motivo pelo qual os poderes infra nacionais de certos Estados-membros, caso dos *Lander* alemães, reclamaram uma delimitação mais rigorosa da divisão de competências.

Neste contexto, a Declaração respeitante ao futuro da União, anexa ao Tratado de Nice, em 2000, referia o "estabelecimento e manutenção de uma delimitação mais precisa das competências entre a União Europeia e os Estados-membros, que respeite o princípio da subsidiariedade", como um dos quatro temas principais do amplo e aprofundado debate sobre o futuro da União, que deveria preparar a conferência intergovernamental seguinte.

A realização de um debate alargado sobre o futuro da União levaria o Conselho Europeu de Laeken, em 2001, a convocar uma Convenção europeia. A Declaração de Laeken, que definiu o mandato da Convenção europeia, reforçou o propósito de conferir maior atenção ao problema da divisão de competências. Objectivo principal do debate seria esclarecer a divisão de competências entre a União e os Estados-membros, de forma a aumentar a transparência do sistema e estabelecer uma distinção entre os diferentes tipos de competências.

O projecto de Constituição europeia, apresentado pela Convenção em Junho de 2003, consagrou um Título sobre as Competências da União. Nesse Título, o projecto de Constituição fixava os princípios fundamentais em sede de delimitação e exercício de competências, definia as categorias de competências da União, enumerava as competências atribuídas à União e estabelecia os novos termos de recurso à cláusula de flexibilidade.

O Tratado que estabelece uma Constituição para a Europa, assinado em Outubro de 2004, reproduz, no essencial, os termos do projecto da Convenção em sede de divisão competências, no Título III, da Parte I.

A divisão de competências na Constituição europeia

Aspecto proeminente do Título III da Constituição europeia terá sido a adopção de um catálogo de competências da União. Como se referiu, o objectivo de dotar a Constituição de um Título separado sobre competências, seria o de fornecer uma noção clara e concisa da divisão de competências. A Convenção entendeu que tal objectivo seria melhor alcançável através da elaboração de um elenco de competências da União. Assim, os artigos deste Título que se ocupam das diferentes categorias de competências da União, realizam a listagem das competências que a esse respeito lhe são conferidas.

A fórmula do catálogo de competências poderia parecer o modo mais adequado para lidar com o objectivo de estabelecer com rigor e transparência os domínios em que os Estados conferem competências à

União. Todavia, as listas de competências apresentam desvantagens não despiciendas. Desde logo, as enumerações apresentadas têm como potencial efeito cristalizarem a repartição de competências entre a União e os Estados.[4] Ora, a experiência de outras entidades políticas comparáveis em sede de divisão vertical de competências, caso dos Estados Unidos, demonstra que a dinâmica do processo político não se compadece com um modelo de rigidez como aquele que decorre das listas de competências.

No caso da Constituição europeia o problema agrava-se pelo facto das listagens de competências terem sido formuladas em sede das diferentes categorias de competências atribuídas à União. Pelo que a cristalização da repartição pode verificar-se duplamente: não apenas na divisão entre a União e os Estados; como também na sua classificação enquanto diferentes tipos de competências da própria União. Donde resulta que a técnica normativa seguida pela Constituição, a qual foi orientada por um propósito clarificador da atribuição de competências, se poderá revelar demasiado rígida, e redutora, para regular a divisão de competências entre a União e os Estados.

O primeiro preceito do Título sobre as competências da União, artigo I-11.º, estabelece os princípios fundamentais que governam a matéria, afirmando que a União se rege pelo princípio das competências de atribuição, e que o exercício das competências da União se regula pelos princípios da subsidiariedade e da proporcionalidade.

Apesar da redacção deste preceito se inspirar no artigo 5.º do TCE, não deixará de se notar a frase acrescentada à definição do princípio das competências de atribuição. Refere o último período do n.º 2 do artigo I-11.º da Constituição, que "as competências que não sejam atribuídas à União na Constituição pertencem aos Estados-membros". À primeira vista parece tratar-se de uma tautologia, na medida em que tal afirmação decorre claramente da frase precedente, a qual afirma que a União actua nos limites das competências que os Estados lhe tenham conferido na Constituição. Ou seja, a União detém apenas as competências que lhe foram conferidas pelos Estados, sendo que todas as demais matérias relevam da soberania destes. Assim sendo, o recurso à melhor técnica jurídica recomendaria que se tivesse dispensado este aditamento.

---

[4] S. Weatherill, "Competence", in B. De Witte (ed.) *Ten Reflections on the Constitutional Treaty for Europe*, European University Institute, San Domenico di Fiesole, 2003, p. 47.

Contudo, os trabalhos preparatórios da Convenção revelam a intenção deliberada de reforçar a importância para os Estados do princípio das competências de atribuição, através da afirmação explícita no texto da Constituição de que as competências não atribuídas à União pertencem aos Estados.[5] Tal aditamento terá como objectivo reforçar o pressuposto favorável à competência dos Estados.

Perante tal tipo de preocupações, é forçoso concluir que o debate promovido pela Convenção europeia sobre a divisão de competências permitiu evidenciar os mesmos receios existentes aquando da elaboração do Tratado de Maastricht, contra o fenómeno da centralização de competências, mas que a inversão de tendência provocada por este Tratado deveria ter afastado.

Competências exclusivas da União

As competências exclusivas da União são definidas pelo artigo I-12.º, n.º 1, do Tratado Constitucional como os domínios em que só a União pode legislar e adoptar actos juridicamente vinculativos. Este preceito dispõe que a actuação dos Estados-membros nas áreas que relevem da competência exclusiva da União fica condicionada a casos em que exista habilitação da União, ou com o intuito de dar execução aos actos da União.

A definição do conceito de competências exclusivas da União segue de perto a jurisprudência proferida pelo Tribunal de Justiça. Na verdade, a Convenção europeia pretendeu adoptar uma perspectiva estritamente jurídica da figura da exclusividade de competências, sublinhando que a característica essencial desta categoria de competências reside no facto de os Estados apenas poderem actuar nesses domínios desde que autorizados pela União.[6]

Há muito que o Tribunal de Justiça afirmou a ideia que nas áreas que relevassem da competência exclusiva da Comunidade, a actuação dos Estados-membros estaria limitada às situações em que estivessem expressamente habilitados. Assim, no acórdão que proferiu no caso *Donckerwolcke* o Tribunal de Justiça admitiu que os Estados-membros poderiam

[5] CONV 375/1/02 REV 1, p. 10.
[6] CONV 375/1/02, p. 6.

adoptar medidas nacionais no âmbito da política comercial comum, desde que tais medidas fossem objecto de habilitação específica por parte da Comissão.[7] Do mesmo modo, no caso *Comissão c. Reino Unido*, o Tribunal de Justiça declarou que as medidas nacionais em matéria de conservação dos recursos biológicos do mar estariam dependentes de autorização prévia da Comissão.[8]

Por outro lado, na arquitectura geral do sistema de separação de poderes vigente na União, a execução dos actos jurídicos releva da competência dos Estados-membros. Essa ideia foi expressamente consagrada pela Constituição europeia que dispõe, no artigo I-37.º, que os Estados-membros tomam todas as medidas de direito interno necessárias à execução dos actos juridicamente vinculativos da União. Daí que a referência do artigo I-12.º, n.º 1, *in fine*, permitindo a actuação dos Estados-membros nos domínios que relevem da competência exclusiva da União, para dar execução aos actos desta, deva ser entendida à luz da clarificação sistémica do processo político, empreendida pelo Tratado Constitucional.

O artigo I-13.º do Tratado Constitucional enumera os domínios de competência exclusiva da União. Segundo os trabalhos preparatórios da Convenção europeia, o elenco dos domínios de competência exclusiva da União deveria ser definido de acordo com os critérios estipulados pelo Tribunal de Justiça.[9] Em conformidade, o Tratado Constitucional considera como áreas de competência exclusiva a união aduaneira, as regras de concorrência necessárias ao funcionamento do mercado interno, a política monetária para os Estados-membros cuja moeda seja o euro, a conservação dos recursos biológicos marítimos e política comercial comum.

De entre os domínios enumerados pela Constituição europeia, a política comercial comum e a conservação dos recursos biológicos marítimos foram os que primeiro mereceram a atenção do Tribunal de Justiça, enquanto matérias que relevavam da competência exclusiva da Comunidade.

---

[7] Caso *Suzanne Donckerwolcke*, processo 41/76, Recueil 1976, p. 1937.

[8] Caso *Comissão das Comunidades Europeias c. Reino Unido*, processo 804/79, Recueil 1981, p. 1076.

[9] CONV 375/1/02, p. 7.

A política comercial comum foi considerada competência exclusiva da Comunidade no *Parecer 1/75*.[10] Nesta decisão, o Tribunal afirmou que no domínio da política de exportação, e em geral de toda a política comercial comum, não seria admissível que os Estados mantivessem uma competência paralela à Comunidade. A justificação que o Tribunal apresentou para inferir a exclusividade de competências do artigo 133.º (*ex* artigo 113.º) do Tratado da Comunidade Europeia fundava-se no facto de, caso se admitisse a manutenção de uma competência paralela dos Estados, tal permitiria que estes prosseguissem nas relações externas os seus próprios interesses, o que falsearia o sistema institucional da Comunidade, afectando as relações de confiança existentes no seu seio e impedindo a defesa do interesse comunitário comum.[11]

Todavia, convirá notar que a Constituição procedeu ao alargamento da exclusividade de competências, no âmbito da política comercial comum. Com efeito, o Tratado de Nice estabeleceu uma derrogação quanto ao alcance desta política, no artigo 133.º, n.º 6, dispondo que os acordos no domínio do comércio de serviços culturais e audiovisuais, de serviços de educação, bem como de serviços sociais e de saúde humana, são da competência partilhada entre a Comunidade e os Estados-membros. O Tratado Constitucional acaba com o regime excepcional destes domínios no seio da política comercial comum, submetendo-os ao princípio geral da competência exclusiva da União.[12] Prevê-se, apenas, a existência de um regime particular para o processo de decisão, admitindo-se a possibilidade de o Conselho deliberar por unanimidade relativamente à celebração e negociação de acordos internacionais que incidam sobre estes domínios, artigo III-315.º, n.º 4.

---

[10] Na década de 1960 Pescatore referia a política comercial comum como domínio que havia sido objecto *"d'un transfert très considérable d'attributions à la Communauté"*, não mencionando porém o seu carácter exclusivo, cfr. P. Pescatore, *La répartition des compétences et des pouvoirs entre les États membres et les Communautés Européennes – Étude des rapports entre les Communautés et les États membres* (version française de l'article intitulé: "Distribucion de competencias y de poderes entre los Estados miembros y las Comunidades europeas. Estudio de las relaciones entre la Comunidades y los Estados miembros", dans "Derecho de la Integracion", n.º 1, Instituto para la Integracion de la America Latina, Argentina, 1967, p. 108-152), policopiado, p. 6.

[11] *Parecer 1/75*, Recueil 1975, p. 1355.

[12] A este propósito, a Convenção seguiu a recomendação do grupo dirigido por Jean-Luc Dehaene, de supressão do n.º 6 do artigo 133 do Tratado de Nice. Cfr. CONV 528/03, p. 17.

No âmbito da conservação dos recursos biológicos marítimos, domínio cuja competência havia sido atribuída à Comunidade pelo Acto de Adesão de 1972, em vista da realização de uma política comum de pescas, o Tribunal considerou que esta competência pertencia plena e definitivamente à Comunidade, afirmando que os Estados-membros haviam empreendido uma transferência total da sua competência.[13] A justificação da exclusividade de competências foi apresentada no caso *Kramer,* onde o Tribunal considerou que o Acto de Adesão de 1972 tinha pretendido resolver o problema dos recursos marítimos na perspectiva de uma solução global, que se afigurava incompatível com intervenções parcelares dos Estados-membros.[14]

Para além destes dois domínios, não suscitam dúvidas a classificação da união aduaneira e da política monetária, para os Estados-membros cuja moeda seja o euro, como relevando da competência exclusiva da União. No tocante à união aduaneira, há muito que a doutrina apontava este domínio como exemplo do carácter excepcional da exclusividade de competências comunitárias.[15] Sendo a união aduaneira o primeiro degrau que a Comunidade deveria alcançar na construção do mercado comum, a sua realização implicou que os Estados-membros ficassem privados de quaisquer prerrogativas em sede de fixação de direitos alfandegários. Por outro lado, a Comunidade adquiriu competência exclusiva para adopção da pauta aduaneira comum.

Relativamente à política monetária, para os Estados-membros cuja moeda seja o euro, a exclusividade de competências da União decorre do objectivo da realização de uma união económica e monetária, dotada de uma moeda única, em que o Banco Central Europeu detém o exclusivo de autorizar a emissão do euro. Com todas as consequências que tal acarreta em termos de fixação das taxas de juro e da utilização dos instrumentos de política cambial. O Tratado Constitucional reforça esta ideia das implicações jurídicas da adopção do euro ao afirmar, no artigo

[13] Caso *Comissão das Comunidades Europeias c. Reino Unido*, processo 804/79, Recueil 1981, p. 1045.

[14] Caso *Cornelis Kramer e outros,* processos apensos 3, 4 e 6/76, Recueil, 1976, p. 1279.

[15] V. Constantinesco, *Compétences et Pouvoirs dans les Communautés Européennes – contribution à l'étude de la nature juridique des Communautés*, Librairie Générale de Droit et de Jurisprudence, Paris, 1974, p. 282.

I-30.º, n.º 4, que os Estados-membros cuja moeda não seja o euro conservam as competências no domínio monetário.

Mais controversa se apresenta a inclusão das regras de concorrência, necessárias ao funcionamento do mercado interno, como domínio da exclusiva competência da União. Na verdade, no caso *Walt Wilhem*, o Tribunal de Justiça declarou que os actuais artigos 81.º e 82.º do Tratado da Comunidade Europeia eram domínios que relevavam da competência partilhada, o que implicava a convivência de normas nacionais e comunitárias, bem como a possibilidade da sua aplicação conjunta à mesma prática restritiva da concorrência.[16] Na mesma linha se inscreve o Regulamento (CE) n.º 1/2003,[17] relativo à aplicação das normas comunitárias da concorrência, que permite aos Estados-membros estabelecerem regras sobre coligações de empresas e a proibição do abuso de posição dominante.[18] Por tais motivos, se afigura questionável a classificação das regras da concorrência como domínio abrangido pela competência exclusiva da União.

Por fim, o n.º 2 do artigo I-13.º da Constituição declara que a União dispõe igualmente de competência exclusiva para realizar acordos internacionais quando tal celebração esteja prevista num acto legislativo da União, seja necessária para lhe dar a possibilidade de exercer a sua competência interna, ou seja susceptível de afectar regras comuns ou de alterar o alcance das mesmas. Este preceito pretende constitucionalizar a jurisprudência do Tribunal de Justiça em matéria de competências externas da Comunidade, proferida na década de 1970. No acórdão *AETR*[19], o Tribunal declarou que a competência para concluir acordos internacionais poderia decorrer de um acto comunitário, nos termos do princípio jurídico *in foro interno, in foro externo*. Por seu turno, no *Parecer 1/76* o Tribunal entendeu que nas situações em que se revelasse necessário para a realização de um dos objectivos do Tratado, deveria ser reconhecida competência à Comunidade para celebrar um acordo internacional.[20]

---

[16] Caso *Walt Wilhelm*, processo 14/68, Recueil 1969, p. 1

[17] JO L 1, de 4.1.2003, pp. 1-25.

[18] M. Dougan, "The Convention's Draft Constitutional Treaty: bringing Europe closer to its lawyers?", *European Law Review* 28 (2003) p. 770.

[19] Caso *Comissão c. Conselho (AETR)*, processo 22/70, Recueil 1971, p. 263.

[20] *Parecer 1/76*, Recueil 1977, p. 741.

Competências partilhadas com os Estados-membros

A segunda categoria de competências prevista pela Constituição abrange as competências partilhadas com os Estados-membros. A partilha de competências entre a União e os Estados-membros em determinado domínio, significa que ambas as entidades têm poder de legislar e adoptar actos juridicamente vinculativos nessa matéria.

As competências partilhadas com os Estados são uma categoria tradicional no direito comunitário, cuja natureza jurídica se apurava por exclusão de partes. As competências partilhadas da Comunidade correspondiam aos domínios em que não se verificava uma exclusão de princípio de nenhum dos centros de poder do processo comunitário, ficando as matérias consideradas como de competência concorrente submetidas à regulação conjunta da Comunidade e dos Estados-membros. A própria expressão competências partilhadas é desde há muito referida pela doutrina[21], tendo o Tribunal de Justiça tido ocasião de a utilizar em diversas decisões relativas à repartição vertical de competências[22].

O fundamento jurídico das competências partilhadas assentava no facto da exclusividade de competências comunitárias não se presumir, ou seja, a ideia de exclusividade não deveria ser entendida como princípio geral em sede de natureza jurídica das competências. Com efeito, não faria sentido que a Comunidade, dotada de vastas atribuições, considerasse as suas competências como exclusivas, vedando aos Estados-membros qualquer intervenção normativa autónoma em tão amplas matérias. Donde, o princípio geral aplicável em sede de natureza jurídica das competências comunitárias fosse o seu carácter concorrencial, ou partilhado, com os Estados-membros[23]. Este argumento foi apresentado por Pescatore no final da década de 1960, ao afirmar a raridade das competências comunitárias exclusivas, no âmbito das quais apenas incluía a união aduaneira

---

[21] P. Pescatore, *La répartition des compétences et des pouvoirs entre les États membres et les Communautés Européennes – Étude des rapports entre les Communautés et les États membres*, op. cit., p. 7.

[22] *Parecer 2/91*, Colectânea 1993, p. I-1077; *Parecer 1/94,* Colectânea 1994, p. I--5422.

[23] J. Schwarze, *The Distribution of Legislative Powers and the Principle of Subsidiarity: The Case of Federal States*, Rivista Italiana di Diritto Pubblico Comunitario, (1995) p. 719.

e a adopção de uma pauta aduaneira comum[24]. O alcance das competências exclusivas da Comunidade limitadas à união aduaneira parecia também aflorar na posição de Constantinesco, que referia que em matéria aduaneira teria havido uma destruição das competências nacionais, antevendo, no entanto, que a realização das políticas comuns previstas no Tratado poderia conduzir ao desaparecimento gradual das competências dos Estados-membros.[25]

O artigo I-12.º, n.º 2, da Constituição afirma que os Estados-membros exercem a sua competência na medida em que a União não tenha exercido a sua, ou tenha deixado de a exercer. Ou seja, sempre que a União haja legislado num determinado domínio de competência partilhada com os Estados-membros, a sua actuação desencadeia a ocupação do respectivo terreno normativo. Em consequência, os Estados-membros ficam impedidos de legislar sobre essas mesmas matérias. Em termos jurídicos, verifica-se a preempção das competências dos Estados, em virtude da actuação normativa da União. No passado, a existência da figura da preempção no direito comunitário foi objecto de certa controvérsia doutrinária. A Constituição, com irrefutável clareza, veio desfazer todas as dúvidas a este propósito.

O artigo I-14.º da Constituição ocupa-se das matérias que são objecto de competência partilhada entre a União e os Estados-membros. Note-se que o artigo I-14.º, n.º 1, pretende conferir natureza residual a esta categoria de competências, afirmando que se consideram competências partilhadas todas aquelas que não sejam enumeradas pela Constituição como competências exclusivas ou medidas de apoio. Esta disposição, juntamente com o parágrafo segundo, parece induzir o carácter não taxativo da lista de competências partilhadas ("aplicam-se aos principais domínios"). Todavia, do espírito do sistema decorre que sendo a União uma entidade regida pelo princípio das competências de atribuição, não serão de considerar outras competências que não sejam aquelas expressamente atribuídas pela Constituição. A menos que a referência final do artigo I-14.º, n.º 1, tenha sido incluída por receio que o elenco da Cons-

---

[24] P. Pescatore, *La répartition des compétences et des pouvoirs entre les États membres et les Communautés Européennes – Étude des rapports entre les Communautés et les États membres*, op. cit., p. 6-7.

[25] V. Constantinesco, *Compétences et Pouvoirs dans les Communautés Européennes – contribution à l'étude de la nature juridique des Communautés*, op. cit., p. 282-292.

tituição possa ser não exaustivo, esclarecendo assim a natureza jurídica de eventual competência não enumerada.

O artigo I-14.º, n.º 2, da Constituição indica as seguintes áreas de competência partilhada da União: mercado interno; política social; coesão económica, social e territorial; agricultura e pescas; ambiente; defesa dos consumidores; transportes; redes transeuropeias; energia; espaço de liberdade, segurança e justiça; problemas comuns de segurança em matéria de saúde pública. O artigo I-14.º, nos n.º 3 e 4, enuncia duas outras áreas de competência partilhada da União – investigação e desenvolvimento tecnológico e do espaço; cooperação para o desenvolvimento e ajuda humanitária – as quais se distinguem das demais competências partilhadas pelo facto do seu exercício pela União não implicar a preempção da competência dos Estados-membros.

As novas competências inseridas na listagem do artigo I-14.º do Tratado Constitucional são a energia, domínio em que a actuação anterior se realizava com base na cláusula de flexibilidade do artigo 308.º do Tratado da Comunidade Europeia, e o espaço, o qual foi aditado à atribuição previamente existente em sede de investigação e desenvolvimento tecnológico, por se ter considerado a oportunidade da respectiva inclusão.[26] As novas áreas de atribuição enumeradas no artigo I-14.º foram objecto de disposições complementares na Parte III da Constituição, as quais servirão de base jurídica para a actuação da União nestas matérias.

De notar que alguns domínios enumerados como relevando da competência partilhada da União foram objecto de controvérsia, no tocante à sua natureza jurídica, durante os trabalhos da Convenção. Assim, no relatório final do Grupo de trabalho sobre as competências complementares da União, matérias como a saúde pública, redes transeuropeias e investigação e desenvolvimento apareciam classificadas como relevando das medidas de apoio da União, com base no critério da intensidade dos actos jurídicos que corporizavam a actuação comunitária nestes domínios.[27] Apesar destas matérias aparecerem classificadas em documentos sucessivos da Convenção como áreas da competência partilhada com os Estados-membros, é visível que a linha de demarcação entre estas compe-

---

[26] H. Bribosia, "Subsidiarité et répartition des compétences entre l'Union et ses États membres dans la Constitution européenne", *Revue du Droit de l'Union Européenne*, 1/2005, p. 50.

[27] CONV 375/1/02, p. 9-10.

tências e as chamadas medidas de apoio, que a Constituição pretendeu traçar, apresenta algumas incertezas que afectam a natureza jurídica de certas atribuições da União.

Atendendo à natureza residual das competências partilhadas deverá, também, ser considerada nesta categoria a competência que a União dispõe no domínio da política externa e de segurança comum. Como é sabido, a Constituição põe termo à chamada arquitectura em pilares da União Europeia. Aquando da adopção do Tratado de Maastricht, as competências que os Estados conferiram à União em sede de política externa e de segurança comum haviam sido inseridas num pilar autónomo da estrutura jurídico-política da União. Na medida em que a Constituição acaba com os diferentes pilares da União, o Título III teria de mencionar as competências em matéria de política externa e defesa.

Assim, o artigo I-16.º prevê que a "competência da União em matéria de Política externa e de segurança comum abrange todos os domínios da política externa, bem como todas as questões relativas à segurança da União, incluindo a definição gradual de uma política comum de defesa que poderá conduzir a uma defesa comum". Todavia, os termos amplos da atribuição de competências realizada por este preceito, que retoma as disposições correspondentes do Tratado da União Europeia, não atenuam as singularidades da actuação da União neste domínio.

Com efeito, apesar de terminar formalmente com a divisão em pilares da União, no tocante à política externa e de segurança comum a Constituição não afasta os motivos que determinaram a criação dos pilares em Maastricht, ou seja, a vontade dos Estados manterem este domínio sensível de actuação numa base estritamente intergovernamental. Na verdade, a Constituição não estende o chamado método comunitário à política externa e de segurança comum: por um lado, os principais actores do processo político de decisão neste domínio continuam a ser apenas os Estados-membros, através do Conselho Europeu e do Conselho de Ministros; por outro lado, mantém a ausência dos aspectos principais do sistema jurídico comunitário nesta área de actuação.

Deste modo, a competência da União em matéria de política externa e de segurança comum continuará submetida a um regime especial de exercício, de tipo intergovernamental, definido pelo artigo I-40.º. Apesar da amplitude da competência atribuída neste domínio, os condicionalismos especiais que caracterizam o seu exercício sobrepõem-se à determinação da sua própria natureza jurídica. O que significa que se verificou uma fusão formal das disposições do chamado segundo pilar, mas não se procedeu à sua incorporação material no sistema da União.[28]

Medidas de apoio

Tradicionalmente, as competências da Comunidade Europeia dividiam-se em dois tipos de categorias: competências exclusivas e competências partilhadas. Sendo que a regra geral era as competências partilhadas com os Estados-membros, salvo os casos em que o Tribunal de Justiça tivesse afirmado o seu carácter exclusivo.

Todavia, esta situação seria alterada na sequência do Tratado de Maastricht. Com efeito, o Tratado de Maastricht pretendeu pôr termo a um processo de centralização de competências, através do qual os Estados-membros se viam progressivamente privados do exercício das suas competências nacionais. De entre as alterações em sede de divisão de competências, o Tratado de Maastricht consagrou o princípio que a União e a Comunidade se regiam por competências de atribuição. Por esse facto, considerou-se necessário proceder à atribuição explícita de competências no Tratado nos domínios onde a actuação da Comunidade se realizava unicamente com base no artigo 308.º do TCE. Assim, o Tratado de Maastricht atribuiu competências em áreas como a educação, cultura, formação profissional, saúde pública, defesa dos consumidores, indústria, cooperação no desenvolvimento e redes transeuropeias.

De notar que a atribuição deste novo conjunto de competências pelo Tratado de Maastricht foi acompanhada de grandes preocupações por parte dos Estados-membros. Assim, os novos preceitos que consubstanciavam a base jurídica da actuação comunitária determinavam, em certos casos, que as medidas adoptadas pela Comunidade não poderiam visar a harmonização das disposições legislativas ou regulamentares dos Estados-membros, ou impunham outro tipo de restrições ao exercício da competência comunitária nestes domínios como, por exemplo, o carácter mínimo das medidas adoptadas, ou a reserva da competência dos Estados

[28] J. Kokkot, A. Ruth, "The European Convention and its Draft Treaty establishing a Constitution for Europe: appropriate answers to the Laeken questions?", *Common Market Law Review* 40 (2003), p. 1326.

na celebração de acordos internacionais. Na verdade, a técnica de atribuição de competências nestes domínios diferenciava-se, de forma clara, das demais áreas abrangidas pela competência comunitária. A preocupação dos Estados-membros era consentir a actuação da Comunidade nas novas matérias, sem que essa intervenção os inibisse de continuarem a agir normativamente desses domínios. Assim, os Estados-membros não pretendiam transferir essas novas áreas para a Comunidade, visando unicamente caucionar a actuação comunitária, no contexto do princípio das competências de atribuição. Por estes motivos, se considerou que os novos domínios atribuídos pelo Tratado de Maastricht formariam uma categoria de competências distinta das categorias previamente existentes, as quais foram designadas competências complementares.

As competências complementares da União foram as competências que maiores apreensões causaram durante os trabalhos da Convenção europeia. Embora reconhecesse que as competências complementares fazem parte do sistema geral de competências da União, a Convenção considerou que a expressão competência complementar é inadequada por ser demasiado técnica e por não transmitir a essência da relação entre os Estados-membros e a União. Por outro lado, receios de que a percepção da opinião pública se traduzisse no incessante aumento das competências comunitárias, levaram à alteração da própria designação desta categoria. Assim, e com o propósito explícito de "tranquilizar os cidadãos", abandonou-se o conceito de competências complementares para referir este tipo de competências, optando por uma formulação mais ligeira, embora mais vaga, com a denominação de acções de apoio, de coordenação ou de complemento.[29]

Esta terceira categoria de competências, que se poderá designar genericamente como medidas de apoio, distingue-se dos dois tipos anteriores por uma característica elementar: os Estados-membros não atribuem formalmente as respectivas competências à União. Na perspectiva do sistema de divisão de competências, elas permanecem na esfera de actuação dos Estados-membros. No entanto, os Estados-membros permitem que a União possa apoiar, coordenar ou completar a sua própria actuação. Como refere o artigo I-12.º, n.º 5, da Constituição, as medidas de apoio da União não substituem as competências dos Estados nesses domínios.

---

[29] CONV 209/02, p. 3.

A actuação da União no âmbito das medidas de apoio deve-se pautar, preferencialmente, pela adopção dos chamados actos de baixa intensidade normativa, ou seja, através de recomendações, resoluções, orientações e outros actos não vinculativos. Todavia, nos casos em que a União se encontre habilitada para adoptar actos juridicamente vinculativos nestes domínios, com base nas disposições da Parte III da Constituição, tais actos não podem implicar a harmonização das disposições legislativas e regulamentares dos Estados-membros, artigo I-12.º, n.º 5. Assim, a União parece não poder adoptar actos jurídicos com a forma de lei-quadro europeia no âmbito dos domínios enumerados no artigo I-17.º. Se assim for, por maioria de razão, e atenta a intensidade normativa do acto, a União também não poderá adoptar leis europeias neste âmbito. Logo, parece estar afastada a adopção de actos legislativos no quadro das medidas de apoio.

O elenco das chamadas medidas de apoio, apresentado pelo artigo I-17.º, compreende os seguintes domínios: protecção e melhoria da saúde humana; indústria; cultura; turismo; educação, juventude, desporto e formação profissional; protecção civil; cooperação administrativa. De entre as novidades em sede de medidas de apoio da União, encontram-se o turismo, desporto, protecção civil e cooperação administrativa.[30]

Relativamente a alguns domínios de actividade previstos na Constituição foi difícil estabelecer uma distinção clara entre a sua natureza de medidas de apoio, ou de competências partilhadas com os Estados-membros. Trata-se dos casos supra mencionados, relativos à saúde pública, redes transeuropeias, investigação e desenvolvimento. Durante a Convenção, a linha de demarcação entre competências partilhadas com os Estados-membros e medidas de apoio, parece ter assentado no tipo de instrumentos normativos de que a União poderia fazer uso em cada domínio específico. Assim, nos casos da defesa dos consumidores e da cooperação para o desenvolvimento, antes considerados como competências

[30] O artigo 3.º, alínea u) do Tratado da Comunidade Europeia previa, entre os meios ao dispor da Comunidade, a adopção de medidas nos domínios da energia, protecção civil e turismo. Não estabelecia, contudo, uma base jurídica própria para a adopção de tais medidas, sendo as medidas comunitárias nestes domínios fundadas no artigo 308.º do Tratado.

A Constituição europeia prevê bases jurídicas específicas na Parte III, para cada um dos domínios enumerados na Parte I.

complementares, constatou-se que o recurso frequente a regulamentos e directivas nestes domínios recomendava a sua classificação como competências partilhadas. Por contraposição, os demais domínios das chamadas competências complementares deveriam integrar o elenco das medidas de apoio. Pelo que, no entender do grupo de trabalho sobre competências complementares da Convenção, o critério de separação entre competências partilhadas e medidas de apoio assentava no tipo de actos jurídicos utilizados no âmbito de cada domínio particular.[31] Tal distinção parece, em certo modo, ter sido acolhida pelo texto final da Constituição, em virtude do referido afastamento dos actos legislativos no quadro dos domínios enumerados pelo artigo I-17.º.

Mais problemática se afigura a actuação da União em sede das competências enumeradas no artigo I-15.º do Tratado Constitucional, que se referem à política económica e política de emprego. Em ambos os casos se declara que a União adopta medidas que visam garantir a *coordenação* das respectivas políticas dos Estados-membros. O que apontaria para que estes domínios fossem abrangidos pela categoria das medidas de apoio, onde se desenvolvem tipicamente acções de coordenação, de acordo com o n.º 5 do artigo I-12.º e artigo I-17.º. Todavia, poder-se-ia objectar que o efeito conjugado da autonomização dos domínios relativos às políticas económicas e de emprego do elenco das medidas de apoio, e a disposição do artigo I-14.º, n.º 1, que refere a natureza residual das competências partilhadas, apontaria para a sua consideração nesta última categoria.

Método Aberto de Coordenação

O artigo I-15.º, relativo à coordenação das políticas económicas e de emprego, é sintomático de certa incongruência no desenvolvimento das competências da União. Na verdade, a lógica que presidiu ao Título sobre as competências da União orientou-se pela regulação constitucional da divisão de competências. A Constituição recorreu às categorias de competências que haviam sido anteriormente identificadas pela jurisprudência, tendo procurado enquadrar os diversos domínios de actuação da União nas diferentes tipologias de competências.

[31] CONV 375/1/02, p. 5.

Todavia, a fonte de inspiração das actuais categorias de competências, e respectivas listagens, é reportável a um período de absoluta hegemonia do direito comunitário. Na verdade, os desenvolvimentos em matéria de competências integravam, juntamente com os princípios do primado e do efeito directo, o núcleo duro da chamada constitucionalização do direito comunitário. O que pressupunha que o processo de decisão e os modos de implementação se realizavam em estrita observância dos mecanismos estabelecidos no Tratado da Comunidade Europeia.

Porém, com o aprofundamento da integração emergiram tentativas de suavizar os procedimentos comunitários em certos domínios de actuação da União. Como sucedeu com a coordenação da política económica, aquando do Tratado de Maastricht, bem como com a política de emprego, pelo Tratado de Amesterdão. A partir do Conselho Europeu de Lisboa, em 2000, começou a referir-se o esforço de agilizar os mecanismos constitucionais dos Tratados através da expressão "método aberto de coordenação".

Logo, o chamado método aberto de coordenação poderá ser entendido como uma reacção aos desenvolvimentos constitucionais ocorridos no direito comunitário, em benefício de mecanismos que consintam aos Estados-membros colaborar na esfera da União, mas ficando livres dos constrangimentos decorrentes dos mecanismos de implementação das normas comunitárias.[32]

A questão que se colocava era como enquadrar o filão de actuação comunitária que prefere os instrumentos da chamada *soft law*, no contexto das competências da União. A Constituição europeia pretendeu realizar um exercício de compilação das competências da União e proceder à sua classificação segundo as categorias tradicionalmente admitidas.

Durante os trabalhos da Convenção ponderou-se a inclusão de uma cláusula geral sobre o método aberto de coordenação. Alguns membros do grupo de trabalho sobre competências complementares defenderam que o método aberto de coordenação fosse codificado no Tratado Constitucional como instrumento adicional da União. Definiram o método aberto de coordenação como um processo de interacção recíproca para o planeamento, análise, comparação e ajustamento das políticas dos Estados-

[32] G. de Búrca, "The constitutional challenge of new governance in the European Union", *European Law Review* 28 (2003), p. 828.

-membros com base em objectivos comuns. Quanto à sua natureza jurídica, face às categorias de competências da União, tiveram mais dificuldade em enquadrar o método aberto de coordenação, considerando que era susceptível de se aplicar aos domínios de competência da União, às medidas de apoio, bem como aos domínios da competência dos Estados-membros.[33]

O receio que uma cláusula sobre o método aberto de coordenação pudesse perturbar o sistema de divisão de competências adoptado determinou a sua não inclusão no texto constitucional. Pelo que a Constituição contém apenas referências esparsas a situações reportáveis ao chamado método aberto de coordenação, como o artigo I-15.º.

Cláusula de Flexibilidade

A adopção de um catálogo de competências da União, com uma listagem que se pretende completa dos domínios de actuação normativa atribuídos, corre o risco de introduzir grande rigidez no sistema de repartição de competências, impedindo que a União possa responder a acontecimentos inesperados, ou novos desafios que se lhe coloquem no futuro. Por estes motivos, a Constituição decidiu manter a cláusula de flexibilidade, prevista no artigo 308.º do Tratado da Comunidade Europeia.

Com efeito, a última disposição do Título sobre as competências da União, artigo I-18.º, consagra a cláusula de flexibilidade. Apesar dos receios causados por esta cláusula no passado, na sequência do Tratado de Maastricht o Tribunal de Justiça afirmou que ela não poderia constituir motivo para alargar as competências da União, nem servir de fundamento para a adopção de disposições que impliquem, em substância, alteração ao Tratado.[34] O Tribunal considerou, também, que a cláusula de flexibilidade não poderia ser usada como base jurídica para harmonizar as disposições normativas dos Estados-membros, nos domínios em que o Tratado excluísse tal harmonização.[35] Tais preocupações foram engloba-

[33] CONV 375/1/02, p. 7.

[34] *Parecer 2/94*, Colectânea 1996, p. I-1763.

[35] Caso *Alemanha c. Parlamento Europeu e Conselho da União Europeia*, Processo C-376/98, Colectânea 2000, p. I-8419.

das na nova fórmula da cláusula de flexibilidade, que estabelece no n.º 1 do artigo I-18.º, que o recurso a esta cláusula deverá ser feito no quadro das políticas definidas na Parte III, bem como o n.º 3 que explicitamente afirma que as medidas fundadas neste artigo não podem implicar a harmonização das disposições dos Estados-membros, nos casos em que a Constituição exclua tal harmonização.

Quanto ao procedimento, o recurso à cláusula de flexibilidade continua a ser realizado através de decisão unânime do Conselho, o que é particularmente significativo num contexto de generalização do voto maioritário no processo legislativo. Acresce, ainda, que se prevê a obrigatoriedade do Parlamento Europeu dar a sua aprovação aos actos adoptados com base no artigo I-18.º, ou seja, através do procedimento de parecer favorável, assim como os Parlamentos nacionais serão chamados a dar parecer sobre se a adopção desses mesmos actos preenche os requisitos decorrentes do princípio da subsidiariedade.[36]

Controlo da aplicação do princípio da subsidiariedade

De acordo com o artigo I-11.º da Constituição, o exercício das competências da União rege-se pelos princípios da subsidiariedade e da proporcionalidade. O problema maior que se tem colocado ao princípio da subsidiariedade, enquanto critério director do exercício de competências comunitárias, reside nas dificuldades práticas da sua implementação. Em particular, face à natureza essencialmente política deste princípio, seria desejável que o controlo da sua observância pudesse também revestir natureza política, e que ocorresse antes da entrada em vigor dos actos legislativos. Assim, seria necessário melhorar o controlo existente sobre a aplicação da princípio da subsidiariedade, que tem natureza estritamente jurisdicional, sendo realizado pelo Tribunal de Justiça, e que se verifica em momento sucessivo à em entrada em vigor dos actos legislativos comunitários.

[36] Durante a Convenção foi discutido o uso do processo legislativo ordinário para o recurso à cláusula de flexibilidade, tendo-se antes preferido a solução consagrada, por permitir manter a regra da unanimidade no Conselho, restringindo consequentemente o recurso a esta disposição, conjugada com maior celeridade da intervenção do Parlamento Europeu. Cfr. CONV 528/03, p. 18.

No decurso da Convenção, o grupo de trabalho sobre o Princípio da Subsidiariedade apresentou um conjunto de recomendações que foram, no essencial, incorporadas no texto do projecto de Constituição, [37] e confirmadas na versão final aprovada pela conferência intergovernamental.

A grande inovação introduzida nesta matéria foi a criação de um mecanismo de controlo político *ex ante*, definido pelo Protocolo Relativo à Aplicação dos Princípios da Subsidiariedade e da Proporcionalidade, anexo à Constituição. Nos termos deste Protocolo, estabelece-se um mecanismo de alerta rápido (*early warning system*), que permite aos Parlamentos nacionais participarem no controlo da subsidiariedade, associando-os por este modo ao processo legislativo da União.

De acordo com o novo mecanismo, a Comissão fica obrigada a enviar as suas propostas legislativas aos Parlamentos nacionais, simultaneamente com o envio para o legislador da União (artigo 4.º do Protocolo). A Comissão deverá fazer acompanhar as suas propostas de uma ficha sobre subsidiariedade, que contenha elementos sobre o impacto financeiro do acto legislativo em causa, bem como, no caso das leis-quadro europeias, das respectivas implicações sobre a regulamentação a implementar pelos Estados-membros (artigo 5.º do Protocolo).

Nos termos do mecanismo de alerta rápido, os Parlamentos nacionais, ou qualquer das Câmaras que componham um Parlamento nacional, podem formular um parecer fundamentado sobre o não cumprimento do princípio da subsidiariedade pelo projecto em causa, num prazo de seis semanas a contar do envio da proposta pela Comissão (artigo 6.º do Protocolo).

As consequências dos pareceres dos Parlamentos nacionais serão graduadas em função do respectivo número e substância. Caso seja recebido um reduzido número de pareceres, o legislador comunitário deverá fundamentar melhor o acto. No caso de serem recebidos pareceres sobre a inobservância da subsidiariedade em número superior a um terço dos votos dos Parlamentos nacionais, a Comissão é obrigada a reanalisar a sua proposta, podendo decidir sobre a sua manutenção, alteração ou abandono. Para efeitos da contagem dos votos, cada Parlamento nacional dispõe de dois votos, sendo que nos sistemas de tipo bicameral cada Câmara dispõe de um voto (artigo 7.º do Protocolo).

---

[37] CONV 286/02

Refira-se, ainda, que o Protocolo em causa prevê o reforço do controlo jurisdicional da subsidiariedade pelo Tribunal de Justiça, associando os Parlamentos nacionais à legitimidade para interposição de recurso por violação deste princípio. Com efeito, o Protocolo dispõe que os Parlamentos nacionais poderão, através dos respectivos Estados-membros, interpor recurso de anulação de um acto legislativo, com fundamento na violação do princípio da subsidiariedade. Esta disposição permite, também, que o Comité das Regiões possa apresentar recurso de anulação com o mesmo fundamento, relativamente aos actos em que a Constituição determine que deva ser consultado (artigo 8.º do Protocolo).

O mecanismo de alerta rápido será, porventura, o aspecto mais interessante da Constituição no tocante à problemática das competências, não apenas porque permite associar os Parlamentos nacionais ao processo legislativo, o que sucede pela primeira vez na história da integração europeia, mas também porque consegue introduzir um dispositivo de controlo *ex ante* da subsidiariedade dos actos legislativos, ao mesmo tempo que evita a criação de um novo órgão para este efeito, o qual iria contribuir para aumentar a complexidade do sistema institucional da União[38].

Respeito pela identidade nacional dos Estados-membros

De acordo com o mandato conferido à Convenção europeia pela Declaração de Laeken, a propósito da delimitação de competências colocava-se expressamente a questão sobre como se deveria estabelecer uma distinção mais clara entre os seguintes tipos de competências: competências exclusivas da União, competências exclusivas dos Estados-membros e competências partilhadas. Durante os trabalhos da Convenção, o pro-

[38] A Declaração de Laeken perguntava, a propósito do papel dos Parlamentos nacionais na integração europeia, se estes deveriam estar representados numa nova instituição, a par do Conselho e do Parlamento Europeu. Durante os trabalhos da Convenção, o Presidente Giscard d'Estaing defendeu a criação de uma nova entidade, o Congresso Europeu, composto por representantes do Parlamento Europeu e dos Parlamentos nacionais. A oposição firme do Parlamento Europeu à criação de uma nova instituição determinou o abandono desta proposta na parte final dos trabalhos da Convenção. Cfr. J. Ziller, *La nuova Costituzione europea*, il Mulino, Bolonha, 2003. p. 105.

blema das competências exclusivas dos Estados-membros chegou a ser equacionado. Todavia, prevaleceu o entendimento de que o enunciado das competências exclusivas dos Estados-membros não deveria caber no texto da Constituição, na medida em que tal referência seria contrária ao princípio elementar de que a União possui competências de atribuição. Assim, na medida em que a União se rege pelo princípio da atribuição, não faria sentido que o Tratado Constitucional, que esclarece os limites e o alcance das competências que os Estados-membros atribuem à União, contivesse uma disposição relativa às competências exclusivas dos Estados-membros. Com efeito, uma tal cláusula poderia transmitir a ideia errada de que caberia à União conferir competências aos Estados-membros.[39]

Por estes motivos, a Convenção considerou que seria preferível remeter as questões que relevam da exclusiva jurisdição dos Estados-membros para o quadro do respeito pela identidade nacional dos Estados.[40] Donde resulta que as preocupações subjacentes à inclusão de um novo Título na Constituição relativo às competências da União, conduziram também ao aprofundamento do conteúdo do princípio geral do respeito pela identidade nacional dos Estados-membros, o qual se coloca a montante do problema da divisão de competências.

No tocante ao aprofundamento do conteúdo do princípio do respeito pela identidade nacional dos Estados-membros, o debate realizado durante a Convenção assentou sobre dois eixos principais do que se estima ser a identidade nacional dos Estados: estruturas fundamentais e funções cruciais dos Estados, por um lado; políticas públicas e valores sociais dos Estados, por outro lado.

No que concerne às estruturas fundamentais dos Estados-membros, o n.º 1 do artigo I-5.º da Constituição afirma que o respeito pela identidade nacional se reflecte nas estruturas políticas e constitucionais dos Estados, incluindo a autonomia regional e local, bem como abrange as funções essenciais dos Estados, nomeadamente, a garantia da integridade territorial, a manutenção da ordem pública e a salvaguarda da segurança interna.

Relativamente às políticas públicas e valores sociais dos Estados-membros – que incluem temas como a política de distribuição de ren-

[39] CONV 375/1/02 REV 1, p. 11.

[40] O Tratado da União Europeia afirmava já este princípio em sede de Disposições Comuns, no seu artigo 6.º n.º 3.

dimentos, os sistemas tributário, de segurança social, de prestação de cuidados de saúde, e de educação e cultura – a Convenção europeia considerou que seria desnecessário incluir uma referência a estes domínios na cláusula sobre o respeito pela identidade nacional, em virtude da responsabilidade dos Estados-membros sobre estas matérias decorrer do próprio sistema de divisão de competências estabelecido, e do alcance das chamadas medidas de apoio no texto da Constituição.[41] Pelo que o aprofundamento do conteúdo da identidade nacional dos Estados se confinou aos aspectos relativos às suas estruturas políticas fundamentais e à definição das respectivas funções essenciais. De notar, que a referência à identidade nacional dos Estados-membros é feita em local separado do Título III, relativo às competências da União.

Uma última nota para referir o artigo I-6.º da Constituição, que dispõe que o direito da União prima sobre o direito dos Estados-membros. No projecto apresentado pela Convenção europeia o princípio do primado do direito da União havia sido inserido no Título III, relativo às competências da União. O que poderia levar à conclusão, errónea, de que os conflitos de competências entre a União e os Estados-membros se resolveriam por aplicação do primado do direito da União. A alteração da inserção sistemática do princípio do primado, colocando-o no Título I da Constituição, veio clarificar a distinção existente entre conflitos de normas e conflitos de competências. Assim, os conflitos entre normas nacionais e o direito da União serão resolvidos por aplicação do princípio do primado. Eventuais conflitos de competências entre Estados-membros e a União devem ser resolvidos através da aplicação do conjunto de princípios e regras que resultam do Título III da Constituição. Sobre este aspecto, foi acertada a alteração que a conferência intergovernamental introduziu no projecto submetido pela Convenção europeia.

---

[41] CONV 375/1/02 REV 1, p. 12.

CONSTITUTIONS NATIONALES ET "CONSTITUTION EUROPÉENNE"

JORGE MIRANDA
Professeur de l'Université de Lisbonne et de l'Université Catholique Portugaise

MARIA LUÍSA DUARTE
Professeur de l'Université de Lisbonne

I – Ratification et insertion dans les ordres juridiques internes

Le traité qui "établit une Constitution pour l'Europe" (TECE), malgré sa dénomination, est, de part son adoption, sa ratification et son insertion dans l'ordre juridique portugais, un traité comme un autre; il suit le régime général d'approbation et de ratification des traités (bien qu'une règle exceptionnelle concernant la possibilité de réaliser un référendum pour ce faire ait été adoptée récemment); et il entrera en vigueur, comme tous les autres traités[1] – s'il entre en vigueur dans l'ordre juridique international automatiquement (ce qui se révèle très difficile en ce moment).

A) **La Constitution portugaise et les traités européens**

1. Une fois la Constitution de 1976 adoptée, le Portugal a pu, avec l'institutionnalisation de la démocratie, ouvrir le chemin menant à sa pleine participation dans les grandes institutions européennes.

---

[1] Sur les traités face au Droit portugais, cfr. JORGE MIRANDA, *Curso de Direito Inter-national Público*, 2ª ed., Cascais, 2004, p. 92 et suivantes et 146 et suivantes.

C'est ainsi que, en 1978, il adhéra au Conseil de l'Europe et ratifia la Convention Européenne des Droits de l'Homme et ses Protocoles additionnels, déclarant immédiatement qu'il acceptait la compétence de la Commission et la juridiction de la Cour Européenne des Droits de l'Homme[2]. Après plusieurs années de négociations, le Portugal devenait membre des Communautés européennes le 1er janvier 1986. Son adhésion à l'accord de Schengen date de 1993. Et il est entré, dès le début, dans le système de l'euro, la monnaie unique.

Dans son texte originaire, la Constitution (tout comme toutes les constitutions de cette époque) ne mentionnait l'Europe expressément nulle part. Cela allait changer après les révisions constitutionnelles.

2. La révision constitutionnelle au Portugal est une compétence exclusive du Parlement (appelé Assemblée de la République), adoptée à la majorité des deux tiers des députés effectivement en fonction.

La révision peut être faite au terme de cinq ans à compter de la dernière révision ordinaire, ou à tout moment si le Parlement le décide à la majorité des quatre cinquièmes des députés en fonction. C'est une forme qui veut associer la stabilité et la souplesse. Ainsi, en trente ans, il y eu sept révisions constitutionnelles: en 1982, 1989, 1992, 1997, 2001, 2004 et en 2005[3].

Le référendum de révision n'existe pas au Portugal, pour des raisons historiques: en réaction contre le plébiscite de Salazar, qui a approuvé la Constitution de 1933; et en réaction contre les projets référendaires de 1980, qui prétendaient, au fond, substituer la Constitution de 1976. Question diverse est la possibilité de soumettre à référendum – ordinaire, non constitutionnel – les traités européens.

Concernant les matières européennes, aucune procédure n'est prévue. Les révisions de 2004 et de 2005 ont suivi les règles générales.

3. La première révision constitutionnelle, réalisée en 1982, a ajouté un nº 3 à l'article 8 (relatif aux rapports entre le Droit international et le Droit interne), prévoyant l'application immédiate des normes créées par les organisations internationales dont le Portugal faisait partie. Quoique de projection plus large, c'était le Droit communautaire qui était visé.

---

[2] Toutefois, il ne ratifia la Charte sociale européenne qu'en 1991.

[3] Ces dernières années, on constate une succession plus intense.

La révision de 1989, déjà effectuée après l'adhésion aux Communautés, a inclu à l'article 7 (relatif aux rapports internationaux de l'Etat) une référence au renforcement de l'identité européenne; elle a constitutionnalisé le Parlement Européen (à cause de son régime électoral); et a permis à la loi d'octroyer à des citoyens étrangers, sous condition de réciprocité, la capacité électorale active et passive aux élections locales (une disposition non restreinte aux citoyens communautaires, mais pensée surtout pour eux).

Ces amendements ont été introduits en raison de la volonté du Portugal de participer pleinement à la construction européenne. Par contre, la révision de 1992 a eu lieu pour permettre la ratification du traité de Maastricht, dans la même perspective que les changements adoptés cette année-là en France, en Allemagne ou en Espagne.

Une clause générale est apparue à l'article 7: "Le Portugal peut, sous conditions de réciprocité, dans le respect du principe de subsidiarité et dans un objectif de cohésion économique et sociale, conventionner l'exercice en commun des pouvoirs nécessaires à la construction de l'Union Européenne". En outre, la possibilité d'attribuer la capacité électorale active et passive aux élections du Parlement Européen aux citoyens des Etats membres de l'Union Européenne résidant au Portugal a été établie; la norme sur la Banque du Portugal a été modifiée pour consentir à l'adoption de la monnaie unique; et le Parlement a reçu certains pouvoirs en matière européenne[4].

La révision de 1997 a aussi affecté les matières européennes, mais exclusivement dans le cadre des rapports entre les organes internes de l'État et ceux des régions autonomes des Azores et de Madère.

La révision suivante, celle de 2001, a été provoquée par le Tribunal Pénal International: en vue de la ratification de son statut, une disposition de caractère général, semblable à celle adoptée en France, a été introduite à l'article 7. Cependant, elle y a inséré une référence à un "espace de liberté, sécurité et justice" en Europe, dans le cadre duquel certaines garanties de l'extradition et de l'expulsion ont été déconstitutionnalisées.

En 2004, dans la perspective du "traité instituant une Constitution pour l'Europe", une sixième révision a été ouverte. Sa particularité

---

[4] Cfr. Jorge Miranda, *Le traité de Maastricht et la Constitution portugaise*, in *Revue Française de Droit Constitutionnel*, 1992, p. 679 et suivantes.

consiste, cependant, dans son achèvement en avril, avant la signature du traité et avant même le Conseil Européen qui a précisé le texte. On peut ici parler d'un excès de zèle ...

Les traits dominants de la révision sont l'insertion de l'idée d'*approfondissement* de l'Union Européenne à l'article 7 et l'ajout d'un nouveau nº 4 à l'article 8, affirmant que les normes des traités de l'Union et les normes provenant de ses institutions, dans l'exercice de leurs compétences, sont applicables dans l'ordre interne, *dans les termes définis par le droit de l'Union, dans le respect des principes fondamentaux de l'Etat de Droit démocratique*. Cette dernière disposition est aussi ambiguë que l'article 6 du traité.

Finalement, en 2005, une septième révision liée aux problèmes européens a été déclanchée. Mais, elle a été réalisée – d'ailleurs, sans nécessité – à cause de certains problèmes du référendum concernant le traité "constitutionnel", et non à cause de son contenu.

4. Il y eu, donc, deux révisions déterminées par le souci d'éviter des contradictions ou des difficultés dans la lecture des traités face à la Constitution. Et certains auteurs en ont conclu que cela traduisait l'existence d'un *pouvoir constituant européen* qui s'imposait aux pouvoirs constituants nationaux. Mais non.

Bien au contraire, le besoin d'altérer au préalable la Constitution portugaise (comme de celles d'autres pays) montre que ces traités n'équivalent pas à une Constitution, car, autrement, l'altération ne serait pas nécessaire. S'ils équivalaient à une Constitution, ils s'imposeraient d'eux-mêmes, lorsque approuvés et entrés en vigueur, et leurs normes primeraient sur les normes constitutionnelles nationales (réputées, désormais, non valables par opposition avec des normes d'un degré supérieur, or cela ne s'est jamais vérifié).

Le traité "instituant une Constitution pour l'Europe" est un traité comme un autre, à peine susceptible de ratification dans un Etat membre s'il n'est pas en désaccord avec sa Constitution. Et s'il a mené à une révision au Portugal, avant même la conclusion de sa procédure d'élaboration, c'est qu'il a seulement fonctionné comme impulsion légiférante, proche de bien d'autres impulsions légiférantes que l'on connaît dans la production de la législation ordinaire. C'est le même phénomène qui s'est produit en 2001 avec la ratification du statut du Tribunal Pénal International.

5. L'article 8 de la Constitution porte sur les rapports entre l'ordre juridique portugais et le droit international. Il établit un système de *réception automatique*.

Ceci signifie que les normes internationales entrent en vigueur en tant que telles dans l'ordre interne portugais, sans qu'il soit nécessaire de les transformer en normes constitutionnelles ou législatives; qu'elles doivent être interprétées et intégrées en accord avec les critères du droit des gens, et qu'elles subissent d'identiques vicissitudes.

La réception est non seulement automatique, mais également *pleine*: elle concerne toute et chaque norme internationale, indépendamment de la matière. Et elle vaut aussi bien pour le droit international général ou commun (§ 1), que pour le droit international conventionnel (§ 2), le droit créé par des organisations internationales (§ 3), ou le droit dérivé de l'Union Européenne (§ 4).

A la réception automatique doit être associée la règle de l'effet direct, tout du moins vertical (dans les rapports entre les particuliers et l'Etat).

B) **Les problèmes du référendum européen**

6. L'intégration du Portugal dans les Communautés et l'Union Européenne s'est accomplie jusqu'à présent en marge de tout référendum.

Lors de la célébration du traité d'adhésion aux Communautés Européennes en 1985 et de l'Acte Unique Européen en 1986, la Constitution n'admettait pas encore le référendum à l'échelon national. Ce dernier ne fut introduit qu'en 1989 et en des termes assez circonscrits, excluant de son champ d'application les traités sur les organisations internationales. C'est pourquoi, en 1992, il ne fut pas possible de soumettre le traité de Maastricht à référendum, nonobstant le fait qu'un large secteur de l'opinion publique le souhaitait.

La révision constitutionnelle de 1997 élimina une telle restriction. Mais le référendum sur le Traité d'Amsterdam, proposé l'année suivante, finit par ne pas avoir lieu, parce que le Tribunal Constitutionnel déclara la non conformité de la proposition avec la Constitution[5], et le Parlement

[5] Arrêt nº 531/98, du 29 Juillet, in *Diário da República*, 1ª série-A, nº 174, du 30 juillet 1998.

– qui pouvait la corriger ou la confirmer à la majorité qualifiée – s'est résigné à rien faire. Et, en 2004, la situation allait être très semblable[6].

7. En effet, la Constitution portugaise prévoit le contrôle *a priori* de la constitutionnalité et de la légalité de tout référendum, qu'il soit à l'échelon national, régional ou local [articles 115, § 8 et 223, § 2, alinéa *f*)], et ce contrôle est obligatoire, contrairement à ce qui est le cas pour les actes législatifs et les conventions internationales. L'objectif est d'empêcher le fait accompli: de vérifier, donc, s'il respecte les normes matérielles et procédurales inscrites dans la Constitution et dans la loi, car, après que le peuple ait décidé, il est très difficile, au regard du principe démocratique, de remettre en cause le vote ou son résultat.

Il s'agit, par conséquent, de déterminer si l'objet du référendum est un objet possible (eu égard à l'énoncé des matières sur lesquelles il peut ou non porter), s'il est contraire à une quelconque norme de fond, s'il ne va pas être organisé dans des périodes ou des conditions prohibées par la Constitution (les périodes électorales ou l'état de siège ou d'urgence), ou encore si la question, ou les questions (jusqu'à un maximum de trois), sont énoncées avec "objectivité, clarté et précision" en vue d'une réponse par oui ou par non (article 115, § 6). En 2004 (à l'instar que ce qu'il avait fait en 1998), fondé uniquement sur les insuffisances de la question, le Tribunal Constitutionnel déclara la proposition contraire à la Constitution[7].

8. La question approuvée par l'Assemblée de la République était la suivante: "Êtes-vous d'accord avec la Charte des Droits Fondamentaux, la règle des votations à la majorité qualifiée et le nouveau cadre institutionnel de l'Union Européenne, dans les termes consignés dans la Constitution pour l'Europe?".

Le Tribunal considéra qu'il s'agissait non d'une question unique ou unitaire, mais d'un ensemble de trois questions en une seule formulation à réponse unique. De là son manque de clarté. Même s'il était possible d'alléguer que l'Assemblée avait voulu rehausser trois aspects du traité,

---

[6] Le Traité de Nice a été approuvé par le Parlement, sans que ce soit posé le problème du référendum.

[7] Arrêt n° 704/2004, du 17 décembre, in *Diário da República*, 1ère série-A, n° 304, du 30 décembre 2004.

dans le contenu de la proposition de référendum, et que la question en soi visait un jugement de pondération globale, la simple possibilité de lui attribuer plus d'un sens portait atteinte à l'exigence d'intelligibilité; et c'était vrai pour chacune des trois questions.

Il y aurait certainement des formulations bien plus satisfaisantes que celle qui fut proposée et, d'un point de vue politique, l'on pourrait même considérer que l'accent mis sur la Charte des Droits Fondamentaux induirait immédiatement une réponse favorable. Au demeurant, si l'Assemblée voulait mettre en relief l'essentiel d'un traité aussi vaste et complexe que le nouveau Traité de Rome, elle trouverait assurément d'autres éléments à mentionner. Cependant, sur le plan strictement juridico-constitutionnel, la ligne de pensée suivie par la Cour nous semble trop raide.

Les questions n'étaient pas au nombre de trois, il s'agissait plutôt de trois segments d'une seule question; et le citoyen aurait voté *oui* s'il était d'accord avec tous les trois, ou non s'il était en désaccord; mais s'il était d'accord avec l'un ou l'autre de ces segments et en désaccord avec un ou deux autres, il n'avait qu'à soupeser l'importance relative de chacun des segments pour pouvoir conclure dans un sens positif ou négatif. Comme l'a écrit l'un des deux juges ayant exprimé une opinion dissidente, dans sa déclaration de vote, on suivrait là un critère rationnel.

Autant dire que ce qui était toujours et uniquement en cause était la "Constitution européenne", bien qu'envisagée à partir du contenu que le Parlement lui avait assigné, et non pas chacun des segments précités; ce qui était en cause et demandé à l'électorat, c'était sa position globale vis-à-vis de la Constitution, et non pas la somme de trois questions autonomes ou détachées d'un certain contexte; ce que le Parlement demandait aux citoyens c'était s'ils étaient d'accord avec la "Constitution européenne", avec sa Charte des Droits Fondamentaux, la règle des votations à la majorité qualifiée et un nouveau cadre institutionnel.

Un aspect fondamental, lié à l'évidente différence de traitement et de régime entre les lois et les traités internationaux, vient s'y ajouter.

Dans le cas d'une loi, c'est-à-dire un acte de droit interne, rien ne s'oppose à ce que l'organe qui propose l'organisation du référendum en détache une matière ou une autre, avec la conséquence nécessaire pour la disposition correspondante. Par contre, dans le cas d'un traité, qui est un acte de droit international, le respect de sa globalité s'impose en vertu d'un principe évident de bonne foi, de telle sorte que, s'il existait plusieurs questions, la simple réponse négative à l'une d'elles empêcherait qu'il soit adopté ou ratifié. Par conséquent, dans la mesure du possible – une proposition de référendum sur un traité devrait être lue sous cet angle.

9. Suite à l'arrêt (et avant même qu'il ne soit rendu), quelques députés affirmèrent que, pour surmonter la difficulté survenue, il faudrait changer l'article concernant le référendum, car cette disposition ne permettait pas de référendum sur les traités.

A notre avis, il s'agit là, cependant, d'une erreur grave et manifeste.

Certes, selon le régime supracité de l'article 115 de la Constitution – inédit en Droit comparé, mais justifié toujours par la crainte du recours direct au peuple – le peuple n'adopte ou ne refuse pas une convention ou une loi; il décide simplement le sens de la délibération du Parlement[8]. C'est très différent de savoir si l'on peut demander au peuple que, en ce qui concerne un certain traité, il se prononce favorablement ou non. Il serait donc entièrement possible de demander au peuple s'il est d'accord ou non avec la "Constitution européenne", tout en sachant qu'une réponse positive ne dispenserait pas le Parlement de pratiquer obligatoirement l'acte d'approbation et qu'une réponse négative impliquerait l'interdiction de le faire.

10. Presque le jour même où le Tribunal rendait son arrêt, le Président de la République dissolvait le Parlement. Soulevons ici une pure hypothèse académique et interrogeons-nous: ce dernier pourrait-il, après cette décision, formuler à nouveau la question (comme la Constitution et la loi le lui permettent), ou bien seule la future Assemblée serait à même de reprendre la procédure référendaire?

Non, il faut considérer que la procédure du référendum s'éteint avec la dissolution, à l'instar de ce qui succède pour les procédures législatives en cours. C'est le nouveau Parlement qui statuera sur le déclenchement d'une nouvelle procédure.

C'est que proposer l'organisation d'un référendum équivaut à lier le Parlement – obligé qu'il est d'adopter ou non l'acte sur lequel porte la

---

[8] Cfr. PIERRE BON, *Le Référendum dans les Droits Ibériques*, in *Perspectivas Constitucionais*, II, ouvrage collectif, Coimbra, 1997, p. 549 et suivants.

question dépendant du vote populaire. Outre le fait que la nouvelle Assemblée peut vouloir modifier ou maintenir la ou les questions, on comprendrait difficilement qu'elle soit liée par un sujet sur lequel elle n'a pas décidé. Et ce serait encore moins compréhensible qu'elle ne puisse pas modifier la ou les questions proposées, au cas où elle souhaiterait reprendre l'organisation du référendum.

11. De toute façon, la classe politique, les deux principaux partis (le parti socialiste et le parti social-démocrate) et le Président de la République avaient assumé le compromis de soumettre au peuple le "traité instituant une Constitution pour l'Europe".

Ainsi, une fois les élections réalisées à la suite de la dissolution, une nouvelle majorité parlementaire constituée et un nouveau Gouvernement formé, le 20 mars, le Premier-Ministre a annoncé immédiatement que le référendum serait réalisé en octobre, le jour même des élections des organes des collectivités locales. Mais, comme la Constitution empêchait cette coïncidence, il aurait fallu opérer une révision constitutionnelle extraordinaire pour le permettre.

Les deux principaux partis acceptèrent cette proposition et, en même temps, se déclarèrent d'accord sur la nécessité de consacrer la possibilité de réaliser un référendum directement sur le traité européen (en dérogation à la règle supracitée de l'article 115 de la Constitution).

12. La justification était double: 1) épargner une nouvelle consultation populaire dans une période de 18 mois (pendant laquelle se sont déjà déroulées les élections pour le Parlement Européen, les élections pour l'Assemblée de la République et où devraient encore avoir lieu les élections municipales et l'élection présidentielle de janvier 2006); 2) effectuer le référendum en temps utile.

Mais le vraie raison était la crainte d'une grande abstention, étant donné le petit nombre de votants aux élections européennes et aux deux seuls référendums réalisés après l'introduction de l'institution (tous les deux réalisés en 1998).

Sans méconnaître le problème, la proposition nous paraissait très incorrecte. Il y aurait probablement une participation significative, parce que les élections locales suscitent beaucoup d'intérêt auprès de la population. Par contre, il y aurait deux graves inconvénients: 1) à cause, justement, de l'importance des élections locales pour les gens, elles étoufferaient le référendum; 2) la question de la soi-disante Constitution Européenne est une question transversale aux partis politiques. Or, s'il y a des élections simultanées, la liberté des citoyens est réduite par la tendance à voter selon les consignes partisanes.

Dans un pays comme le Portugal, où le débat sur l'intégration européenne a été jusqu'à présent très mince et très peu développé (sauf au sein des Universités), le référendum sur le traité devrait être une occasion majeure d'éclaircissement et de participation – mais le référendum tout seul, et non mélangé à d'autres campagnes et votes.

13. Une nouvelle révision constitutionnelle a donc été déclenchée le 15 avril. Cependant, après le rejet du traité par la France et les Pays Bas, la suspension du référendum britannique et *la pause pour réflexion* acceptée par le Conseil Européen le 16 juin, cette révision constitutionnelle s'est trouvée dépourvue d'intérêt pratique immédiat.

Ceci n'a pas empêché le Parlement, le 22 juin, d'aller jusqu'au bout ajoutant à la Constitution une norme exceptionnelle (l'article 294º-A), établissant le vote direct du peuple sur les traités de "construction et d'approfondissement de l'Union Européenne". Naturellement, la possibilité de coïncider avec les élections municipales n'a pas été considérée.

Voilà le résultat de la précipitation avec laquelle notre Assemblée de la République a envisagé le traité "constitutionnel", soit en 2004, soit en 2005. Voilà le résultat d'un processus qui ne peut pas satisfaire ceux qui espéraient du Parlement un peu plus de prudence et de discernement.

II – La prise d'effet international et l'application interne de la Constitution européenne

A) Le statut du TECE dans l'ordre juridique portugais

14. Conformément à la Constitution de la République Portugaise, le TECE aura – s'il entre en vigueur dans l'ordre juridique portugais – le statut bien identifié d'un traité international. Selon l'article 8, paragraphe 2, les traités ne produisent d'effets internes qu'après la conclusion de la procédure constitutionnelle de ratification et l'entrée en vigueur dans

l'ordre juridique international[9]. Donc, pour le TECE il n'y aucune possibilité de produire des effets avant la conclusion de la procédure de ratification par tous les Etats membres, conformément à l'article 48, paragraphe 3, du Traité de l'Union Européenne (TUE).

Le problème posé par les rapports futurs entre le TECE et la Constitution portugaise soulève beaucoup de questions, dont les réponses ici proposées résultent d'une lecture « ouverte» du texte des «clauses européennes» de la Constitution portugaise, encadrée par une interprétation téléologique et systématique qui cherche le compromis possible avec la fonction primordiale – fondatrice et axiologique – de la Constitution en ce qui concerne l'ordre juridique de l'Etat souverain.

15. La Constitution ne définit pas de façon explicite la place du Droit International conventionnel par rapport aux normes constitutionnelles. Nonobstant, une très large majorité de la doctrine portugaise interprète l'article 8, paragraphe 2, associé au principe général *pacta sunt servanda*, dans le sens d'une consécration implicite de la primauté des normes conventionnelles sur les normes internes de rang ordinaire, mais, par contre, les normes conventionnelles sont subordonnées à la Constitution. En effet, la prééminence du Droit International sur la Constitution est expressément exclue par le système de contrôle de constitutionnalité prévu aux articles 277 et suivants, notamment les articles 278, paragraphe 1, 279, paragraphe 4 et 280, paragraphe 3[10].

16. Les traités institutifs de l'Union, y compris, naturellement, le TECE, bénéficient d'une clause spéciale introduite para la 6.ème révision constitutionnelle (Loi Constitutionnelle n.º 1/2004, du 24 juillet) à l'article 8. Le nouveau paragraphe 4 est rédigé comme suit:

> «*Les dispositions des traités institutifs de l'Union Européenne et les normes émanant de leurs institutions, pour l'exercice de leurs compétences, sont applicables dans l'ordre interne, selon les termes*

[9] Article 8, paragraphe 2: «*Les normes prévues par des conventions internationales régulièrement ratifiées ou approuvées s'appliquent dans l'ordre juridique interne après leur publication officielle et tant qu'elles lient internationalement l'Etat portugais*».

[10] Cfr. JORGE MIRANDA, *Curso...*, ob. cit., p. 158 et suivantes.

définis par le droit de l'Union, tout en respectant les principes fondamentaux de l'Etat de droit démocratique»[11].

Il faut souligner, à propos de cette « clause européenne», quelques éléments déterminants, en vue de son interprétation:

- les expressions primauté, applicabilité directe ou effet direct, solidement enracinées dans le vocabulaire juridique communautaire, ont été remplacées par la formule générique «*sont applicables dans l'ordre interne*»;
- la définition des conditions et exigences de l'applicabilité interne du «bloc normatif» de l'Union Européenne se fait par le biais du renvoi, donc de façon indirecte. Etant donné l'importance décisive que la jurisprudence de la Cour de Justice a joué sur les fondements théoriques et pratiques des principes de la primauté et de l'effet direct, ce renvoi au «*droit de l'Union*» doit inclure, au-delà des dispositions des traités, la jurisprudence communautaire. D'ailleurs, cette conclusion s'impose au stade actuel de la version des traités constitutifs résultant du Traité de Nice, car son texte est muet sur ces principes, sauf une référence de l'article 249 à l'applicabilité directe des règlements;
- le renvoi au «*droit de l'Union*» est suivi d'une condition impérative, mais assez élargie dans son contenu. L'applicabilité interne du Droit de l'Union doit, en tout cas, respecter les «*principes fondamentaux de l'Etat de droit démocratique*»;
- selon la logique interne de la Constitution portugaise (Idée de Droit inspiratrice et structure fondamentale), doivent, notamment, être classés comme fondements de l'État de droit démocratique: 1) **Le respect des droits fondamentaux** (v. *Partie I*); 2)

[11] Cette disposition étend pour la première fois au droit primaire et, d'une façon explicite, au droit dérivé, la solution déjà appliquée, depuis la 2.ème révision de 1982, au droit émanant des organisations internationales, selon la formule parallèle de l'article 8, paragraphe 3: «*Les normes émanant des organes compétents des organisations internationales dont le Portugal fait partie s'appliquent directement dans l'ordre juridique interne, pour autant que les traités constitutifs respectifs le prévoient*».

Malgré le silence de cette disposition sur le droit communautaire, la doctrine la qualifiait comme applicable aux règles et actes approuvés par les institutions et organes des Communautés Européennes et, après le Traité de Maastricht, de l'Union Européenne.

Le principe de l'indépendance nationale et de la souveraineté de la République Portugaise (v. *articles 1, 3, 7, paragraphe 1, 288, paragraphe 1)*; 3) **Le principe de la séparation et de l'interdépendance des pouvoirs** (v. *articles 2 et 111)*.

17. A propos du principe de l'indépendance nationale, classé par la Constitution comme limite matérielle de révision (v. article 288, paragraphe 1), il faut souligner l'absence d'incompatibilité avec le statut d'Etat membre de l'Union Européenne. L'article 7, paragraphe 6, introduit para la révision de 1992 et modifié en 2001 et en 2004, dessine le cadre possible de l'engagement européen:

> «*Le Portugal peut, sous condition de réciprocité, dans le respect des principes fondamentaux de l'Etat de droit démocratique et du principe de la subsidiarité, dans le but de réaliser la cohésion économique, sociale et territoriale, et de l'espace de liberté, sécurité et justice, et la définition et l'exécution d'une politique étrangère, de sécurité et de défense communes, conventionner l'exercice, en commun, en coopération ou par les institutions de l'Union, des pouvoirs nécessaires à la construction de l'Union Européenne*».

Cette *clause européenne* assure la base constitutionnelle des limitations de la souveraineté des pouvoirs de l'Etat, pourvu que les exigences juridiques et politiques définies soient respectées. Par contre, la *solution fédérale* ou *fédérative*, laquelle implique, de façon inéluctable, la rupture avec le modèle actuel d'une association des Etats souverains, doit être qualifiée comme étant exclue et absolument incompatible avec l'idée de Constitution d'un Etat souverain. Quoique limitée par des changements introduits par le TECE, la nature souveraine de l'Etat membre résiste, attachée à «*la compétence des compétences*», laquelle s'exprime par le pouvoir légal de participer e d'empêcher la mutation de l'Union Européenne (v. article IV-443 du TECE sur la procédure ordinaire de révision).

Les dispositions citées, notamment l'article 8, paragraphes 3 et 4 et l'article 7, paragraphe 6, appellent à une interprétation à la fois systématique et intégrée. Ce sont les éléments composants d'une clause européenne à laquelle est attachée une double fonction: **1**) le consentement constitutionnel à l'égard du statut juridique et politique d'Etat membre de l'Union Européenne, y compris les changements découlant des actes successifs de révision des traités institutifs; **2**) assurer l'applicabilité interne du Droit de l'Union Européenne.

18. En ce qui concerne la garantie de l'applicabilité du Droit de l'Union Européenne dans l'ordre juridique portugais, il faut ajouter quelques précisions sur le contenu possible du principe de la primauté. L'article I-6 du TECE prévoit expressément la primauté:

> «*La Constitution et le droit adopté par les institutions de l'Union dans l'exercice des compétences qui lui sont attribuées ont la primauté sur le droit des Etats membres*».

Il s'agit d'une déclaration **non-nécessaire** et **incomplète** sur la primauté. **Non-nécessaire**, parce que la jurisprudence de la Cour de Justice a bâti, depuis le début des années soixante, les fondements théoriques et pratiques de la primauté. Une positivation du principe ne va rien ajouter, sauf si, par cette déclaration, on se propose d'atteindre des objectifs qui dépassent le problème actuel de l'absence d'efficacité de la norme interne contraire. En tout cas, dans le cadre des rapports non fédéraux concernant l'ordre juridique de l'Union Européenne et les ordres juridiques des Etats membres, la conséquence de l'invalidité de la norme interne contraire doit être exclue.

La déclaration de primauté de l'article I-6 est, d'autre part, **incomplète**. D'abord, on parle du «*droit des Etats membres*» sans aucune différenciation selon le rang constitutionnel ou ordinaire des normes internes. Mais plus remarquable encore est l'exigence de la primauté, ici présentée comme absolue, exception faite de la référence au principe de la compétence d'attribution, pour caractériser la nature des compétences de l'Union. Pour combler cette lacune, il faut adhérer à une interprétation systématique de l'article I-6. La Déclaration n.º 1 renvoie à la jurisprudence communautaire[12], mais, au-delà, s'impose une lecture articulée de l'article I-6 avec l'article I-2 (*Valeurs de l'Union*), I-5 (*Rapports entre l'Union et les Etats membres, notamment le respect de l'identité nationale et constitutionnelle des Etats), I-9 (Droits fondamentaux*).

---

[12] Déclaration ad article I-6:

"*La Conférence constate que l'article I-6 reflète la jurisprudence existante de la Cour de Justice des Communautés Européennes et du Tribunal de Première Instance*».

19. En conclusion, l'article I-6 ne peut, en ce qui concerne le fondement et les effets, qu'imposer une *primauté fonctionnelle* et, en ce qui concerne les limites, une *primauté relative*. Seulement, cette lecture assure la compatibilité avec la lettre (v. article 8, paragraphe 4) et l'esprit de la Constitution portugaise, en tant que loi fondamentale d'un Etat souverain. La primauté ne présuppose pas une hiérarchie entre norme communautaire et norme interne. La primauté est une conséquence de la répartition des compétences entre le décideur communautaire et le décideur national. La primauté reste une « condition existentielle» de la norme communautaire, qui doit prévaloir, parce qu'elle a été édictée par le centre de décision compétent. Il y a donc une sorte de *complémentarité fonctionnelle* entre l'ordre juridique de l'Union Européenne et l'ordre juridique portugais, acceptée et légitimée para la Constitution portugaise (v. article 7, paragraphe 6 et article 8, paragraphe 4). Alors, la Constitution garde sa fonction primordiale de fondement de validité du droit – tout le droit, y compris le Droit de l'Union Européenne – applicable dans l'ordre juridique interne[13].

B) Les rapports des systèmes de protection des droits fondamentaux induits par le TECE

a) *La «clause ouverte» de l'article 16 de la Constitution de la République Portugaise et la Charte des Droits Fondamentaux de l'Union Européenne*

20. A propos de la portée des droits fondamentaux garantis par la Constitution portugaise, l'article 16, paragraphe 1, dispose:

> *«Les droits fondamentaux consacrés par la Constitution n'excluent pas d'autres droits prévus par des lois et des règles applicables du droit international».*

[13] Sur la nature à la fois fonctionnelle et limitée de la primauté, cfr. Maria Luísa Duarte, « O Tratado da União Europeia e a garantia da Constituição (notas de uma reflexão crítica)", in *Estudos em memória do Professor João de Castro Mendes*, Lisboa, 1995, p. 689 et suivantes.

Le catalogue des droits fondamentaux est, en vertu de cette disposition, ouvert à la protection des droits de source légale ou internationale. Cette technique d'énonciation des droits, connue dans le constitutionnalisme portugais depuis la Constitution républicaine de 1911, est une manifestation du *principe de liberté* en vue de promouvoir la réalisation et le développement de la personnalité (v. aussi l'article 26, paragraphe 1).

L'ouverture admise par l'article 16, paragraphe 1, n'est pas illimitée dans sa portée. Bien que la personnalité humaine soit illimitée, le système constitutionnel pose des limites à la possibilité pratique – soit juridique, soit économique – d'assurer la protection de «*tous les droits*». Le choix des droits susceptibles de protection ne peut pas ignorer leur nature, laquelle doit être analogue à celle des droits formellement consacrés par la Constitution. En définitive, la clause d'ouverture exclut la rupture découlant de la protection des droits de base axiologique contradictoire avec l'idée de Droit, qui a inspiré le catalogue expressément prévu para la Constitution portugaise[14].

La référence aux «*règles applicables de droit international*» couvre l'ensemble des normes obligatoires pour la République Portugaise, y compris la Convention Européenne des Droits de l'Homme et le Droit de l'Union Européenne.

21. Quand on examine la fonction et la portée de la Charte des Droits Fondamentaux de l'Union Européenne (dorénavant, *La Charte*), on ne peut pas oublier qu'il existe une différence en ce qui concerne la force obligatoire de la Charte. Au stade actuel, la Charte, qui est formellement une déclaration interinstitutionnelle, ne jouit pas d'une force juridique uniforme. La signification juridique des droits prévus par la Charte varie selon les sources originelles de révélation: les Traités constitutifs, le droit communautaire dérivé, la Convention Européenne des Droits de l'Homme, la Charte Sociale Européenne, les Constitutions nationales et les traditions constitutionnelles communes, la jurisprudence communautaire. Une partie très significative des droits consacrés

---

[14] Sur les limites implicites de l'ouverture constitutionnelle de l'article 16, paragraphe 1, cfr. JORGE MIRANDA, *Manual de Direito Constitucional. Direitos Fundamentais*, 3ª ed., Coimbra Editora, 2000, Tomo IV, p. 162 et suivantes.

exprime la notion de *principes généraux de Droit* et, selon la conception du Juge communautaire, s'impose aux institutions de l'Union européenne et aux autorités des Etats membres.

Incorporée dans le texte du TECE, la Charte, pourvu que le TECE entre en vigueur, aura la force typique des normes des traités constitutifs. Cette hypothèse sera maintenant analysée en partant des rapports établis entre le système *constitutionnel,* le système *européen* (Convention Européenne des Droits de l'Homme) et le système *communautaire*.

La liste de droits inscrite dans la Constitution portugaise est très élargie et complète. Il sera difficile de trouver une situation relative à la reconnaissance d'un droit par la Charte, qui ne soit pas déjà protégée par la Constitution portugaise. Par contre, une situation de conflit entre norme de la Charte, moins protectrice, et norme de la Constitution portugaise, de protection supérieure, n'est pas improbable. Dans de cas, il faudra appliquer l'article II-113° du TECE. Cette disposition fait prévaloir la norme de droit fondamental la plus protectrice, même s'il s'agit d'une norme prévue par la Constitution d'un État membre. De toute façon, reste le doute de l'interprétation, devant le conflit qui oppose une norme de la Charte à une norme de source constitutionnelle, sur le sens concret d'une protection plus élevée.

Un exemple: l'article 57, paragraphe 4, de la Constitution interdit le *lock-out*; par contre, la Charte ne prévoit pas cette interdiction et consacre une protection très affaiblie aux droits des travailleurs; à l'égard du droit de propriété et de libre initiative économique, est-ce que la règle constitutionnelle d'interdiction du *lock-out* serait écartée, parce qu'étant plus restrictive? La question est de savoir, dans la situation typique du conflit de droits, quels sont les critères valables du choix du droit à protéger, au détriment du droit assujetti à des restrictions. Un autre exemple: l'article 66 de la Constitution consacre le droit à l'environnement et l'article 52 prévoit des formes de garantie judiciaire; la Charte de Berne a établi des politiques de protection; comment résoudre des problèmes de conflit entre environnement et propriété ou initiative économique?

22. La Cour Constitutionnelle portugaise et le juge ordinaire sont liés par le devoir d'appliquer la norme – interne, européenne ou communautaire – dont la portée de protection est, non seulement plus élevée, mais aussi plus adéquate à la structure axiologique du système constitutionnel de garantie des droits.

Le système de contrôle de la constitutionnalité et de la conventionalité prévu par la Constitution portugaise fonctionne, avec des spécificités, pour résoudre les conflits qui opposent des normes de droits fondamentaux de source européenne ou communautaire. D'une façon systématique, on peut envisager les principales situations:

1) **Norme européenne (CEDH) ou de la Charte (TECE) contraire à une norme de la Constitution portugaise** – contrôle de constitutionnalité déclenché pour assurer la primauté de la norme plus favorable de la Constitution portugaise; dans le cas particulier de la norme du Droit de l'Union, l'application de la norme constitutionnelle ne rend pas nécessaire la déclaration d'inconstitutionnalité. La norme du Droit de l'Union Européenne, puisqu'il n'existe pas de hiérarchie, reste seulement inapplicable.
2) **Norme de la Constitution portugaise contraire à une norme de la Charte, de portée plus protectrice** – le Juge, soit la Cour Constitutionnelle, soit le juge ordinaire, applique la norme de la Charte par le biais d'une interprétation conforme à la Constitution, découlant de l'article 16, paragraphe 1.
3) **Norme de droit interne ordinaire contraire à une norme de la CEDH** – le juge ordinaire doit appliquer la norme européenne et la Cour Constitutionnelle peut se prononcer, par voie de recours, sur cette situation d'illégalité *sui generis,* limitée au contrôle successif et concret des normes.
4) **Norme de droit interne ordinaire contraire à une norme de la Charte** – selon la jurisprudence de la Cour Constitutionnelle[15], le système de contrôle de la constitutionnalité ne s'applique pas à cette modalité d'illégalité *sui generis*. En effet, le système de garanties dans cette situation est le système des voies communautaires, notamment la procédure du renvoi préjudiciel, le recours en annulation ou le recours en manquement. Le juge portugais est lié par le principe de la primauté et, ainsi, il doit dicter l'inapplicabilité de la norme interne contraire. L'intervention spécifique de la Cour Constitutionnelle est exclue

[15] Voir arrêt 621/98 du 3 novembre, in *Diário da República*, 2ª série,n.º 65, du 18 mars 1999.

dans ce cas d'espèce, mais cette juridiction est elle aussi obligée de respecter la primauté de la norme communautaire dans toutes les affaires qui lui sont soumises.

b) *L'éventuelle adhésion de l'Union Européenne à la Convention Européenne des Droits de l'Homme et le futur «dialogue des juges»*

23. Après la révolution du 25 avril 1974, le Portugal est devenu le 19e État membre du Conseil de l'Europe. Il faut souligner que le Portugal a été le premier à faire coïncider l'admission au Conseil de l'Europe avec la signature de la Convention Européenne des Droits de l'Homme, le 22 novembre 1976. La procédure de ratification a été conclue en novembre 1978, accompagnée de la déclaration d'acceptation de la compétence de la Commission Européenne des Droits de l'Homme et de la juridiction de la Cour Européenne des Droits de l'Homme.

Le texte de la Constitution portugaise ne contient pas de références expresses à la CEDH et au respectif système juridictionnel de contrôle. L'encadrement constitutionnel du système européen des droits de l'Homme résulte, d'une part, de l'article 16, paragraphe 1 et de l'article 8, paragraphe 2, applicable au régime matériel et procédural prévu para la CEDH et, d'autre part, de l'article 8, paragraphe 3, en ce qui concerne la valeur obligatoire et interprétative des arrêts de la Cour de Strasbourg.

24. La perspective ouverte par le TECE d'adhésion de l'Union européenne à la CEDH (v. *article I-9, paragraphe 2*) ne pose pas de problèmes particuliers au fonctionnement du système constitutionnel de garantie des droits fondamentaux. L'éventuelle adhésion de l'Union Européenne aura surtout des conséquences sur les rapports entre le juge national, le juge communautaire et le juge européen, en permettant, nous l'espèrons, une clarification des critères de définition du rôle respectif au sein du «triangle judiciaire européen»[16].

---

[16] V. Maria Luísa Duarte, "Le Droit de l'Union européenne et le Droit européen des droits de l'Homme – sur les fondements du «triangle judiciaire européen», in *Justice constitutionnelle, justice ordinaire, justice supranationale. À qui revient la protection des droits fondamentaux en Europe, XXe Table ronde internationale, Rapports nationaux*, Aix-en-Provence, 17-18 septembre 2004.

III – Traité qui établit une Constitution pour l'Europe et processus constituant

A) **Traité ou Constitution**?

25. Comme cela a déjà été souligné, le TECE est, en ce qui concerne la procédure de ratification, un traité international.

Pour les auteurs de ce rapport, il est clair que la désignation choisie par la Convention – «*Constitution pour l'Europe*» – est inappropriée et, après tout, s'est révélée être le pire moyen de présentation du texte aux citoyens des Etats membres. Il faut reconnaître que, dans ce cas-là, le nom de baptême n'a pas de vraie correspondance avec la nature du pouvoir créateur du TECE. C'est vrai que le texte a été préparé par la «Convention» qui a rassemblé des représentants des Etats, des institutions de l'Union, des Parlements nationaux. Mais, après cette phase préliminaire, nous sommes revenus au processus intergouvernemental de l'article 48 du Traité de l'Union Européenne – le projet a été adopté par la Conférence Intergouvernementale, suivi de l'exigence de la ratification de la part de **tous les Etats membres**.

Donc, il n'y a pas un pouvoir constituant de l'Union Européenne, car ce sont les Etats membres, sur la base de leurs constitutions, qui gardent la maîtrise de ce pouvoir fondamental, expression tangible de la souveraineté qui, malgré les multiples limitations imposées par les Traités, maintient l'identification avec la «*compétence des compétences*». En effet, il s'agit d'une autolimitation, consentie dans le cadre de la volonté souveraine des Etats membres – aujourd'hui, comme par le passé, depuis la genèse des Communautés Européennes dans les années 50. Sur ce point là, le TECE ne provoque pas de rupture avec la nature déléguée du pouvoir politique exercé par les institutions et organes de l'Union Européenne. **La créature** – l'Union Européenne – **reste**, pour l'essentiel, ce qui est réglé par les traités institutifs et par des décisions adoptées à l'unanimité, **l'œuvre des créateurs**, les Etats membres[17].

---

[17] Sur le fondement contractuel de l'Union Européenne, cfr. Maria Luísa Duarte, *A teoria dos poderes implícitos e a delimitação de competências entre a União Europeia e os Estados-membros*, Lisboa, Lex, 1997, p. 357 et suivantes.

26. L'emploi des expressions ou concepts liés à la théorie constitutionnelle de l'Etat (loi, parlement ou droits fondamentaux au lieu de la désignation Droits de l'Homme, plus courante en Droit International) ne peut devenir un critère valable de classification du TECE comme Constitution.

Si on retient la notion matérielle de Constitution, comme statut juridique du pouvoir politique, nous devons reconnaître que le TECE dispose sur des matières de nature constitutionnelle: valeurs et principes, définitions des compétences, structure institutionnelle et rapports entre organes, système juridictionnel, protection des Droits Fondamentaux. En ce qui concerne le contenu, le TECE ressemble à une constitution, mais il ressemble aussi aux traités institutifs d'organisations internationales[18]. En effet, le souci de la communauté internationale avec la démocratie et la protection des Droits de l'Homme a culminé en une sorte d'acquis normatif, partagé par les sociétés démocratiques, qui inspire, soit les constitutions des Etats, soit les «constitutions» des associations des Etats, de type coordination ou de type intégration.

Plus important encore, le TECE n'est pas si différent des traités institutifs de l'Union Européenne en vigueur. Même la Partie II du TECE, qui incorpore la Charte, n'est pas tellement innovatrice, étant donné l'équivalence de protection des Droits Fondamentaux assurée depuis longtemps par la jurisprudence communautaire.

27. En conclusion, le mot «Constitution» offre une considérable diversité de conceptions. A l'abri de cette diversité, la Convention a été tentée d'attacher au texte du nouveau traité la mission de devenir «*Une Constitution pour l'Europe*». La démarche exprime, à notre avis, une volonté de mutation de la réalité juridique et politique de la construction européenne vers une Union fédérale, qui est contraire au pouvoir constituant gardé par les Etats membres et qui a été contrariée par les résultats des référendums en France et aux Pays Bas.

[18] Cfr. Jorge Miranda, "A Constituição europeia e a ordem jurídica portuguesa", in *O Direito*, 134º-135º (2002-2003), p. 23.

B) Transformation du Traité en Constitution?

28. Par définition, aucun traité ne peut jamais se transformer en Constitution. Un acte de Droit international ne peut pas se convertir en acte de Droit interne, avec les inhérentes conséquences sur ses normes.

Par conséquent, le soit-disant Traité qui établit une Constitution pour l'Union Européenne (d'ailleurs, après le rejet par la France et les Pays Bas, c'est le destin du Traité lui-même qui semble compromis) ne peut jamais se transformer en Constitution.

29. Alors, comment concevoir une Constitution de l'Union Européenne, dans le sens précis du mot?

L'Union Européenne est une entité *sui generis*, avec des traits d'organisation internationale, de confédération et de fédération[19], et les Etats membres restent toujours juridiquement souverains, soit en face de leurs ordonnancements constitutionnels, soit en face du soit-disant Traité constitutionnel (qui affirme le respect des structures politiques et constitutionnelles fondamentales à l'article I-5 et les principes des compétences par attribution et de subsidiarité à l'article I-11, admet explicitement le droit de sortie de l'Union à l'article I-60 et inclut des règles sur la ratification et sa révision, dans l'essentiel, coïncidentes avec les règles générales du Droit des traités, aux articles IV-447 et IV-443 et 444).

On ne pourra penser à l'émergence d'une véritable Constitution qu'au moment où l'Union Européenne deviendra un Etat. Toutefois, ceci supposerait une mutation radicale dans les opinions publiques et dans les sentiments des peuples européens, une forte volonté politique commune

---

[19] On parle couramment de *Union Européenne*, mais en rigueur on devrait parler de *Communauté Européenne*, parce que, jusqu'au nouveau Traité, l'Union n'a pas de personnalité juridique. Elle est plutôt l'ensemble composé par la Communauté (ou les Communautés) et les deux piliers de la politique extérieure et de défense commune et des affaires internes et de justice.

Sur le problème, cfr., par exemple, dans la doctrine portugaise, Francisco Lucas Pires, *Introdução ao Direito Constitucional Europeu*, Coimbra, 1997, p. 85 et suivants; Carla Gomes, *A natureza constitucional do Tratado da União Europeia*, Lisboa, 1997; Mota de Campos, *Manual de Direito Comunitário*, Lisboa, 2000, p. 239 et suivants; Ana Maria Guerra Martins, *Curso de Direito Constitucional da União Europeia*, Coimbra, 2004, p. 270 et suivants; Fausto de Quadros, *Direito da União Europeia*, Coimbra, 2004, p. 183 et suivants.

et la création d'un *patriotisme constitutionnel*[20], très peu envisageables sinon à long, long terme. Ou, d'un autre point de vue, ceci supposerait un processus constituant tout-à-fait différent de celui qui s'est déroulé de la «Convention» de Laeken jusqu'au Traité signé à Rome, en novembre 2004.

30. Par hypothèse académique, on pourrait ne pas exclure l'éventualité de la transformation du Traité en Constitution. Le rejet en France et aux Pays Bas, les réactions contraires présentes dans plusieurs autres Etats, la prudence des dirigeants à Bruxelles en juin, la profonde crise en cours en matière budgétaire éloignent cette hypothèse. De toute façon, ce serait une novation de titre, et non une simple transformation.

Bien plus probable – et souhaitable, dans la logique démocratique – serait l'élaboration d'un nouveau traité, qui prévoirait la formation d'une Constitution européenne. Non un traité-Constitution, mais un traité conduisant à une Constitution; un traité discuté d'abord par les Parlements, sans le avant-gardisme qui a caractérisé les Traités antérieurs; plus tard, une assemblée constituante, paritaire, des Etats membres; et le processus concluant par des référenda nationaux.

L'Europe politique, quelle qu'elle soit – union, confédération, fédération –, s'accomplit ayant comme fondements la participation des citoyens et l'égalité des Etats (qui sont et resteront des Etats nationaux), ou elle ne s'accomplit pas. Les exemples historiques du passage des confédérations nord-américaine et helvétique à des Etats fédéraux, en 1787 et 1848, et de l'unification allemande en 1871 ne sont pas susceptibles de se répéter ici.

31. Raisonnant encore dans l'hypothèse de la formation d'une Constitution européenne (c'est-à-dire d'un Etat européen), les Constitutions nationales actuelles disparaîtraient en tant que telles, même si formellement elles pourraient persister. L'idée de droit sur laquelle elles reposent[21] ne pourrait survivre en cas d'intégration dans un Etat européen et de subordination à la Constitution de cet Etat. La souveraineté comme

---

[20] D'après l'expression de JÜRGEN HABERMAS.

[21] Pour recourir à une pensée de GEORGES BURDEAUX.

compétence des compétences appartiendrait, dorénavant, au nouvel Etat ainsi émergeant.

Il y aurait, donc, matériellement, de nouvelles Constitutions semblables aux Constitutions des Etats fédéraux, très diffusées dans le Monde[22].

[22] Cfr. JORGE MIRANDA, *Manual de Direito Constitucional, Estrutura Constitucional do Estado*, III, 5ª ed., Coimbra, 2004, p. 286 et suivants, et auteurs cités.

A CONSTITUIÇÃO ECONÓMICA EUROPEIA

EDUARDO PAZ FERREIRA
Faculdade de Direito da Universidade de Lisboa

Gostaria de manifestar o meu prazer pessoal em estar aqui, em mais uma edição do Curso de Verão do Instituto Europeu da Faculdade de Direito de Lisboa, que tem vindo a constituir um fórum particularmente importante para a discussão das questões da integração europeia entre nós.

Permito-me saudar de uma forma muito especial o Professor Pitta e Cunha pelo dinamismo que tem sabido imprimir aos estudos europeus em Portugal e pela forma percursora como há mais de 40 anos vem trabalhando os temas de integração, a par com outros pontos de interesse que todos conhecemos, o que nós dá um manancial de reflexões extremamente importante. Tive, aliás, o privilégio de ser seu aluno, e lembro-me muito bem que, nesse período em que vivíamos num Estado repressivo, não democrático, onde a questão europeia não se colocava na agenda política e em que outros horizontes eram considerados preferenciais, o Professor Pitta e Cunha tinha, já nessa altura, a coragem de marcar uma clara preferência pela integração Europeia. Creio que ele motivou gerações e gerações para os estudos europeus e está na origem do aparecimento de muitos europeístas nesta faculdade, entre os quais modestamente me encontro.

Não me surpreende, portanto, que, quando a integração europeia ganhou um novo impulso e se começou a colocar questões que tocam mais directamente com a integração política, com a perspectiva de uma evolução federal, o Professor Pitta e Cunha, que tinha tido uma curiosidade inicial sobre os temas de integração, voltasse a eles, com a energia que todos temos visto, e creio que o debate em Portugal ganhou muito com a circunstancia de ele se ter empenhado nesse mesmo debate.

Ainda assim, não podemos deixar de pensar que o debate em Portugal tem sido reduzido, pouco profundo e estimulante, ao contrário do que qualquer um de nós gostaria ou do que sucedeu em outros países, designadamente em França. Talvez algumas pessoas vejam no exemplo francês razões para que esse debate não exista, para mim, só posso concluir que é sempre bom que esse debate exista, independentemente dos seus resultados, porque se a lógica da integração europeia, nomeadamente da integração política, é necessariamente uma lógica democrática, então, ela só se pode construir com base nas opiniões livre e esclarecidamente expressas pelo conjunto de cidadãos.

Tendo em conta os resultados dos dois referendos com opções negativas, e designadamente o francês, convenço-me que foi decisivo uma certa ausência de debate prévio e um sentimento de sigilo sobre estas questões. Teria sido melhor discutir os assuntos do que reunir grupos de peritos, cuja legitimação não era muito evidente, e apresentar textos consumados.

Creio, aliás, que todo este processo contribuiu para agravar uma situação de divórcio entre a estrutura tecnocrática e política comunitária e a população europeia, divórcio que já se vinha sentindo desde há bastante tempo.

As consequências das recusas de ratificação por parte da França e da Holanda não são claras. Portanto, parece-me mais importante discutir os problemas que se colocam, os caminhos a seguir para o futuro e as diferentes sensibilidades existentes, do que discutir o texto da própria Constituição.

O tema que me foi sugerido tem a dificuldade que todos terão notado quando fizeram a inscrição, em matéria económica, o texto de Tratado da Constituição Europeia praticamente se limitou a recolher aquilo que estava consagrado anteriormente, sem se ter preocupado, como deveria ter feito, em minha opinião, em temperar os aspectos de maior rigidez da Constituição económica europeia ou aqueles em que é evidente que o consenso está mais debilitado. É, aliás, um pouco chocante olhar para o preâmbulo do Tratado de Roma, o texto dos pais fundadores das Comunidades Europeias, cheio de referências económicas e olhar para o preâmbulo do Tratado da Constituição Europeia, ficando-se com o sentimento que, afinal, tudo não começou na economia e como se, em tempos de globalização, a Constituição de uma União económica não continue a ser um dos objectivos fundamentais de qualquer projecto europeu que se pretenda com repercussão e com um estatuto na cena política mundial.

Não se pode, no entanto, pensar que o tema da Constituição económica tenha andado completamente arredado das preocupações da Convenção Europeia. É verdade que, já antes da Convenção, a declaração sobre o futuro da União Europeia anexa ao Tratado de Nice era omissa nesses aspectos económicos, mas, mesmo assim, foi criado no seio da Convenção Europeia um grupo de trabalho para a governação económica. Esse grupo de trabalho viu-se confrontado com uma questão económica formulada nos seguintes termos: " A introdução de uma moeda única implica uma cooperação económica e financeira muito mais aprofundada, que formas poderá assumir essa cooperação". Para encontrar uma resposta, procedeu a uma análise sistemática de um conjunto muito vasto de questões dividido em três áreas: política monetária, política económica e política e questões institucionais. O relatório final que elaborou, além de ser bastante sintético, é sobretudo um relatório de dúvidas e de posições dissidentes, bastante variáveis, assente na audição de um conjunto de peritos, demasiado reduzido para um trabalho dessa natureza. O grupo ocupou-se de questões muito diversas como, por exemplo, a assimetria da política económica e da política monetária, o estatuto jurídico do Pacto de Estabilidade e Crescimento, os instrumentos de coordenação das políticas económicas, a harmonização da fiscalidade directa, a regulamentação dos mercados financeiros, a atribuição de responsabilidades entre as diferentes instituições na área económica e financeira e o estatuto do eurogrupo. Como projecto de reflexão era um projecto bastante ambicioso, que cobria uma área extremamente vasta. Porém, os resultados dessa reflexão foram bastante escassos. A perspectiva com que o grupo arrancou para o trabalho, foi uma perspectiva bastante interessante. O presidente do grupo, Klaus Hänsch, por exemplo, definia o trabalho do grupo nos seguintes termos: "O grupo deverá ponderar se o Pacto de Estabilidade e Crescimento funciona de modo eficaz e, em caso negativo, estudar a forma de o melhorar. Poderá prestar-se especial atenção aos défices excessivos. Será que a introdução do euro afecta os argumentos invocados a favor da adaptação destes procedimentos, a fim de ter em conta as diferençam entre os défices estruturais e os défices conjunturais?".

No entanto, apesar de terem consciência que o Pacto de Estabilidade e os aspectos relacionados com ele eram questões centrais para a futura Constituição Europeia, a versão final dos trabalhos do grupo não deu grandes respostas. O relatório final limita-se, praticamente, a dizer que o Pacto de Estabilidade é um mero instrumento de execução do Tratado e que, portanto, não há razão para o inscrever no Tratado. Tenderia a concordar com essa conclusão, que, aliás, dá conta de algumas propostas de alguns membros, designadamente no sentido de levar em consideração uma ponderação dos défices, a regra de ouro relativa aos investimentos públicos. De qualquer forma, creio que se pode dizer com alguma tranquilidade que o projecto de Constituição Europeia em nada mexe na Constituição económica, tendo-se limitado aos aspectos políticos e institucionais. Esta separação que é feita entre os aspectos políticos e aos aspectos económicos, cada vez que se trabalha numa revisão dos Tratados, é um aspecto que merece atenção. Essa dissociação entre economia e política é um aspecto profundamente negativo, até porque essa dissociação não é real. Aquilo a que se tem assistido é uma técnica de integração, que começa normalmente por formas de integração económica para a seguir, a pretexto e por causa dos passos dados no domínio económico, darem-se passos no domínio político, é a técnica funcionalista. O projecto de Constituição Europeia, aliás, é ainda uma sequência do projecto de União económica e monetária inserido no Tratado de Maastrich e é um passo que, já nessa altura, era o seu desenvolvimento lógico e provável, segundo a maior parte dos observadores. Na altura, por exemplo, recordo que Dusan Sidjanski, Professor na Suíça do actual presidente da Comissão, não hesitou em afirmar que, ao dar esse passo decisivo, desencadeou-se a engrenagem da integração política, ou Hans Tietmeyer, da BundesBank, que considerou que são provavelmente necessários novos progressos da União política para o sucesso duradouro da União monetária. Também entre nós, particularmente Lucas Pires, europeísta convicto entre todos, a quem presto a minha honrosa homenagem, também não deixou de pugnar pelo aparecimento de uma Constituição política que seguiria, na sua expressão, "na peugada da união monetária", como se fosse apenas a sombra que esta deixa atrás de si. Em tempos, aquele parecia ser um avanço no sentido federalista consagrado. Este federalismo prende-se com a política monetária e não se trata de um federalismo político, mas de um federalismo técnico, em que competências anteriormente exercidas por órgãos legitimados nos Estados membros são transferidas para uma estrutura tecnocrata europeia, o Banco Central Europeu ou, se quisermos manter as aparências, o seu biombo, o Sistema Europeu de Bancos Centrais. Quando se pensa nisso, portanto, não se pode negar lógica à proposta avançada pela França de criação de um governo económico europeu, para contrabalançar, de alguma forma, esse federalismo técnico e o relativo défice democrático que ele induzia, ao deixar a política monetária sem um qualquer equilíbrio lateral dado pela condução centralizada da política económica. Esta solução não foi aprovada por oposição radical da Alemanha a essa proposta.

A União económica e monetária foi, obviamente, decisiva no avanço da integração política europeia. Mas não podemos esquecer que a União Europeia também encontra as suas raízes no mercado único – ou no mercado interno, como mais tarde veio a ser designado. Com efeito, a substituição dos mercados nacionais por um único mercado impôs a elaboração de uma regulação jurídica em torno desse mercado e, portanto, potenciou o fortalecimento da integração política. De alguma forma, o Acto Único Europeu correspondeu a um período de recurso de acentuação dos poderes da Comunidade e a União económica e monetária foi fundamental para o avanço da integração. Tendo em conta a divisão das opiniões sobre essa união económica e monetária, teria feito todo o sentido reabrir o debate sobre a Constituição económica, no período em que se está a reflectir sobre o futuro geral da Europa. Tanto mais porque essa Constituição económica, claramente, não era consensual e, em minha opinião, parecem-me legítimas as dúvidas quanto aos resultados efectivos dessa Constituição, em particular da Constituição monetária europeia.

A Constituição económica europeia não nasceu com Maastrich ou com qualquer Acto Único Europeu. Pelo contrário, já estava presente na versão originária do Tratado da Comunidade Europeia, embora o seu desenvolvimento se tenha ficado a dever ao Tribunal da Justiça das Comunidades e à sua interpretação, num momento em que os Estados não pareciam querer avançar. Foi o Tribunal que deu o impulso decisivo, dizendo que a versão originária do Tratado de Roma, por se tratar de uma nova forma de integração, que não era uma integração pela negativa, pela abolição de barreiras aduaneiras ou outras, mas que ia mais longe ainda do que no domínio do desarmamento aduaneiro, tinha já implícita uma Constituição económica. Era, de facto, possível encontrar na primeira versão do Tratado de Roma um conjunto de valores a que se subordinava a Comunidade Europeia e que consistia num desenvolvimento harmonioso do conjunto de actividades da Comunidade, numa expansão contínua e equilibrada, numa estabilidade acrescida, numa subida acelerada do nível de vida e no estreitamento das relações entre os Estados membros. O Tratado, além da enunciação desses objectivos, integrava também uma definição dos instrumentos necessários a sua prossecução, que, na sua versão originária, eram o mercado comum e a aproximação das políticas económicas. A enumeração de um conjunto de objectivos veio favorecer o desenvolvimento de uma perspectiva funcionalista da integração europeia, permitindo assim a alguns autores trabalharem desde muito cedo o tema da Constituição económica europeia. Deve-se, porventura, ao Professor Constantinesco, num artigo de 1977, a primeira reflexão teórica aprofundada sobre a Constituição Económica Europeia. É uma reflexão que mantém, ainda hoje, uma grande actualidade, embora muitos aspectos do Tratado tenham sido alterados. Na sua exposição dos objectivos, Constantinesco parte das finalidades definidas para a Comunidade para depois verificar que a generalidade do Tratado não representava mais do que uma forma de concretizar esses objectivos.

Apesar da forma sintética em que se encontravam enumerados os objectivos da integração, impõe-se uma reflexão um pouco mais aprofundada sobre os mesmos. Em minha opinião, eles revelam, por parte dos pais fundadores da comunidade, uma grande inteligência e uma grande capacidade de pensar o futuro, na medida em que, ao fixarem estes objectivos, por um lado, afastaram claramente a ideia de uma integração pela negativa e, por outro lado, anteciparam valores que só mais tarde viriam a ser realmente assimilados e desenvolvidos. Com efeito, só então se começa a falar em desenvolvimento harmonioso, o que implica claramente o conhecimento da diversidade dos processos de desenvolvimento dos diversos Estados e sectores de actividades, bem como a necessidade de um crescimento que recuse as crises que poderiam resultar do próprio projecto de integração. Segundo objectivo apontado, o da expansão económica contínua e equilibrada envolve a necessidade de eliminar os sectores de equilíbrio e de assegurar que todos os sectores participam na expansão. Terceiro objectivo, a estabilidade acrescida contém especiais preocupações de ordem social, designadamente a ideia de pleno emprego, a estabilidade de preços, o aumento da produção para evitar crises e atrasos no desenvolvimento económico. Quarto objectivo, o aumento acelerado do nível de vida é, no fundo, uma consagração do segundo objectivo. E, finalmente, o quinto e último objectivo, o desenvolvimento de relações mais estreitas entre os Estados membros corresponde a uma ideia, já afirmada no próprio preâmbulo e que justificaria os desenvolvimentos posteriores na área da política externa, da defesa e da cultura.

Esses objectivos e os instrumentos que, desde logo, foram previstos para a sua concretização, nalguns casos, não implicavam a assunção de competências comunitárias, bastando-se a restrição da autonomia dos Estados membros. Noutros, determinaram a assunção de competências pela Comunidade, como sucede com todas as acções relativas ao estabelecimento do mercado comum. Os objectivos do mercado comum implicaram, de facto, um conjunto de novas realidades como, por exemplo, a criação de novas estruturas económicas através da passagem de mercados nacionais para o mercado europeu unificado, a aceitação por parte dos Estados membros de limitações de carácter jurídico permanente, o estabelecimento de novos centros de decisão anteriormente reservados aos Estados membros, a utilização pelas instituições comunitárias de actos jurídicos vinculativos, a adopção de regras susceptíveis de afectar directamente a esfera dos particulares e o controlo da correcta aplicação das normas através das competências atribuídas a um Tribunal supranacional. Foi este processo que levou a que se falasse da Comunidade como de um Estado regulador – expressão que acho extremamente feliz e que foi especialmente desenvolvida por um autor italiano para sublinhar a forma como a Comunidade foi assumindo um papel de legislador e de mediador dos equilíbrios na organização económica e social. Este processo esteve longe de se desenrolar de forma pacífica, e foi a jurisprudência do Tribunal de Justiça das Comunidades que assumiu um papel decisivo para o seu avanço. Esse avanço tem algumas características federalistas. O Tribunal desenvolveu a sua acção em três direcções fundamentais: primeiro, a afirmação da doutrina da eficácia directa do direito comunitário, reclamando que esse confere direitos que podem ser invocados perante as jurisdições nacionais; segundo, a consagração do primado das normas comunitárias sobre as normas nacionais, inclusive sobre as normas posteriores e constitucionais; finalmente, a integração num sistema judiciário único das jurisdições nacionais e da jurisdição comunitária. As consequências dessa jurisprudência foram profundas, principalmente em Estados como Portugal onde a Constituição económica tinha forte pendor intervencionista, conduzindo a uma situação em que toda uma série de disposições sobre política agrícola, política comercial e política industrial se tornaram puramente letra morta.

A Constituição económica europeia foi espalhando a sua sombra sobre as Constituições nacionais, especialmente sobre as essas Constituições nacionais que divergiam da Constituição Europeia, como era o caso de Portugal e da Itália, por exemplo, e eventualmente o caso Alemanha. Em Portugal, por exemplo, podemos falar numa primeira fase da Constituição económica de 1976 e, depois, numa nova Constituição económica que resultou simultaneamente da revisão da Constituição de 1989, a qual alterou profundamente o regime económico, e da sombra cada vez mais importante da Constituição económica europeia.

No entanto, devo dizer que, naquilo que se pode considerar ser a Constituição económica originária da Comunidade Europeia, não existe um modelo económico afirmado. Existe, sobretudo, uma preocupação em facilitar a integração económica. Os fundadores da Comunidade não assumiram a defesa de qualquer modelo económico para além daquilo que fosse estritamente necessário ao objectivo da integração. A título de exemplo dessa preocupação de neutralidade, podemos citar a questão da propriedade pública ou privada que constava então do art. 222.º e que ainda se mantém no art. 299.º, e que não é talvez tão folha morta como algumas disposições da Constituição portuguesa. É também essa percepção que levou a que, no seu parecer, quando Portugal pediu a adesão à Comunidade, não se considerasse que o sector empresarial português, empolgado pelas nacionalizações, fosse de qualquer forma um impeditivo para o alargamento, ao contrário do que sustentavam muitas vozes, mesmo em Portugal.

No entanto, é certo que, com a preocupação de assegurar as condições da integração económica, adoptaram uma série de medidas e de decisões judiciais que, embora determinadas por uma preocupação de evitar a discriminação no comércio intracomunitário, acabaram por levar, na prática, a uma redução do intervencionismo do Estado. Não era esse o objectivo principal, mas, ao questionar uma série de medidas, a jurisprudência comunitária acaba por afirmar as liberdades de circulação, o que tem efeitos sobre determinados aspectos da regulação estatal. Da mesma forma, por exemplo, o valor da defesa da concorrência, assumido no Tratado numa lógica estreitamente dependente da integração – repare-se que a política da concorrência só funciona quando há afectação do comércio entre os Estados membros –, vai permitir à Comissão desenvolver uma acção profundamente liberalizadora e intervir sobre o fim da propriedade interna, a propósito da questão dos monopólios públicos, levando ao desmantelamento de vários monopólios, por exemplo, na área das telecomunicações e da energia. A comissão foi mais longe. Não se limitou a obrigar os países a abrir esses sectores à concorrência, definiu também o modelo a seguir, isto é, o modelo da regulação económica, impondo aos Estados a criação de entidades reguladoras. É certo que, a seguir, alguns Estados aproveitando essa boleia multiplicaram as entidades reguladoras, e hoje temos entidades chamadas reguladoras em cada esquina. Mas, nos grandes sectores, os chamados sectores de serviços públicos essenciais, a Comunidade empurrou os Estados para essa forma de regulação económica, como modo de garantir a transição, relativamente pacífica, do monopólio para a concorrência e a separação entre o Estado produtor, legislador e administrador.

Pode, portanto, dizer-se que, a partir de um princípio que, por si não definia uma opção por um regime económico, mas sim um regime de integração económica, desenvolveu-se uma perspectiva basicamente liberal e fez-se uma leitura liberal da Constituição económica europeia. Aconteceu, naturalmente, a contra-gosto de algumas correntes e de países com uma maior tradição de intervencionismo estatal, em particular da França, conhecida pela grande importância dos serviços públicos e onde houve uma teorização importante sobre essa matéria. Os franceses, os partidos socialistas e os sectores públicos de vários Estados membros foram, de alguma forma, protelando até que o Tratado de Amesterdão veio consagrar no seu art. 16.º, numa fórmula genérica, não os serviços públicos à francesa – e a terminologia não é completamente neutra –, mas os serviços de interesse económico geral. Estes serviços têm uma posição especial no conjunto dos valores comuns da União e na promoção da coesão social e territorial. Marcam uma directiva para os Estados e para as Comunidades, para que zelem pelo bom funcionamento destes serviços, em princípios e condições que lhes permitam cumprir as suas missões. Se em Amesterdão os serviços de interesse público conseguiram essa consagração, compreende-se bem que tenha havido uma grande desilusão quando a Constituição europeia não recuperou a ideia de serviço público, nem acrescentou nada de novo a essa noção. A Constituição europeia poderia ter ido mais longe quanto aos serviços de interesses geral.

Olhando para o Tratado da Comunidade, com a redacção que lhe foi dada em Maastricht e com os aperfeiçoamentos de Amesterdão ou de

Nice, não podemos deixar de encontrar aquilo que é uma evidente contradição entre os fins apontados para a Comunidade. O conjunto de fins anunciados no domínio social, ecológico, de igualdade dos géneros, e de coesão social é vastíssimo e há aqui uma evidente contradição entre esses objectivos e a afirmação de uma concepção liberal que está muito patente na Constituição de Maastricht. Dá um pouco a ideia que estabeleceram um compromisso entre duas aspirações, a aspiração mais intervencionista e a corrente mais liberal, lembrando de alguma forma o que se passou com a constituinte portuguesa de 1976, em que a corrente socialista deteve alguma gratificação com a inclusão de normas programáticas e de um conjunto de afirmações de defesa das afirmações socialistas, mas em que concretamente as soluções mais moderadas ganharam. Aqui também aconteceu algo de semelhante, proclamaram-se um conjunto de objectivos extremamente ambiciosos e, a seguir, uma política liberal, que normalmente não anda associada a esses objectivos. O art. 2.º proclama, de facto, que, através da criação de um mercado comum e de uma união económica e monetária, da aplicação das políticas e das acções comuns a que se referem os artigos 3.º e 4.º, a Comunidade tem por missão: "Promover em toda a Comunidade o desenvolvimento harmonioso equilibrado e sustentável das actividades económicas, um elevado nível de emprego e de protecção social, a igualdade entre homens e mulheres, um crescimento sustentável e não inflacionista, um alto grau de competitividade e de convergência dos comportamentos das economias, um elevado nível de protecção e de melhoria da qualidade de vida, a coesão económica e social e a solidariedade entre os Estados Membros". A esta proclamação, já bastante ambiciosa, junta-se, no artigo seguinte, uma pormenorizada lista das acções a desenvolver para alcançar os fins assinalados. O actual texto do Tratado da Comunidade Europeia revela, claramente, a opção por um modelo de economia de mercado aberto e de livre concorrência. Se anteriormente era legítimo dizer que as vias da integração permitiam varias sensibilidades económico-políticas, hoje, encontramos a clara afirmação de um modelo económico neo-liberal. Esta assunção neoliberal é ainda aprofundada no n.º 2 do art. 4.º pela definição da grande inovação que constitui o projecto de união monetária, consubstanciado na criação de uma moeda única e na definição de políticas monetária e cambial igualmente únicas, tendo por objectivo principal a manutenção dos preços. Na mesma linha, o n.º 3 do mesmo artigo especifica que, quer os Estados membros, quer a Comunidade devem orientar-se pelo conjunto de princípios que segue: preços estáveis, finanças públicas e condições sólidas, balança de pagamento estável, ou seja, uma ideologia puramente liberal, aquilo que muito dificilmente os textos constitucionais dos Estados membros foram capazes de assumir.

A importação pró Europa de aquilo que se pode considerar as bandeiras fundamentais da revolução económica conservadora dos anos 80 foi, aliás, vivamente criticada pelos autores norte-americanos, entre eles naturalmente Paul Grauwe, para quem os critérios definidos no Tratado de Maastricht constituem puro disparate, ou Willem Buiter, que alinhou catorze argumentos contra os mesmos critérios definidos em Maastricht.

Importa notar que, depois de ter sido dotada de uma Constituição económica, que resultava do modelo de integração subjacente à própria Comunidade e do trabalho da jurisprudência, a Constituição económica tornou-se bem mais pesada após o Tratado de Maastricht. Há dois aspectos em que este peso da Constituição económica é mais sensível. Como já foi aqui referido, o modelo de sociedade inscrito na Constituição europeia, o modelo liberal, manteve-se praticamente inalterado. O que há realmente de novo são as duas vertentes fundamentais da Constituição económica, as políticas e acções comuns e a união económica e monetária. No que respeita às políticas e acções comuns, elas surgem como uma tentativa de prolongar o lado de maior activismo europeu, a política regional europeia, a política social europeia e correspondem aos tais objectivos mais ambiciosos. Todavia, essas políticas estão fortemente condicionadas por duas circunstâncias: por um lado, o princípio da subsidiariedade enunciado no art. 5.º, que vai preferir a actuação estatal à actuação comunitária; por outro lado, a ausência de meios no orçamento comunitário para poder realmente desenvolver políticas ambiciosas. É certo que assistimos ao aparecimento de políticas de coesão económica e social, mas são políticas claramente insuficientes no quadro da Comunidade existente e, por maioria de razão, depois do alargamento. Essa ausência de meios financeiros funcionou como forte condicionante daquela que poderia ser uma área mais significativa das novas ambições da Comunidade que é a união económica e monetária.

Na lógica do Tratado de Maastricht, parecem existir dois braços totalmente distintos, o braço económico e o braço monetário. Enquanto este último pertenceria agora à Comunidade, o braço económico manter-se-ia na esfera dos Estados membros. É errado aceitar essa versão segundo a qual existem duas vertentes tão diferentes. A necessidade de coordenação das políticas económicas e a afirmação de que o Estado e a Comunidade devem respeitar princípios orientadores, tais como preços estáveis, finanças públicas sãs, condições monetárias sólidas, balança de pagamento sustentável, veio, de facto, diminuir a diferença entre esses dois braços. Além disso, as políticas nacionais passaram a estar sujeitas a fortes limites resultantes de uma forma mitigada de harmonização das políticas fiscais e de uma forma bastante mais evidente de disciplina em matéria de finanças públicas, introduzida e aprofundada pelo Pacto de Estabilidade e Crescimento. Os resultados da experiência do Pacto de Estabilidade e Crescimento são susceptíveis de várias avaliações mas, em minha opinião, estão longe de ser brilhantes. Para além das dificuldades com que muitos Estados membros se têm confrontado, subsistem as maiores dúvidas quanto aos fundamentos económicos, dado que os tempos de recessão pareciam aconselhar uma margem mais acrescida para os governos dos Estados membros. Para além das formulações dos Estados que insistem em apresentar-se como bons alunos, embora algo indiferentes quanto aos métodos para se apresentarem como tal, assistiu-se, de facto, à recusa de alguns dos Estados mais importantes, inclusive do Estado fundador, a Alemanha, em cumprir os seus termos. Por outro lado, a imagem do Pacto foi-se degradando em consequência de críticas, não por parte de economistas, mas de personalidades relevantes.

PORTUGAL E OS DÉFICES EXCESSIVOS – O PILAR ECONÓMICO DA UNIÃO ECONÓMICA E MONETÁRIA E A DISCIPLINA DO "*PACTO DE ESTABILIDADE E CRESCIMENTO*"[1]

LUÍS D. S. MORAIS
Faculdade de Direito da Universidade de Lisboa

1. Introdução

Uma reflexão sobre a problemática dos défices orçamentais excessivos em Portugal tem necessariamente subjacente uma análise crítica do que podemos denominar como *pilar económico* da União Económica e Monetária (UEM). Nesse contexto, uma caracterização da disciplina orçamental (financeira) e económica (em sentido mais lato) que configura tal *pilar económico* tem presentemente no seu núcleo, em relação aos Estados que integram a zona Euro, o regime do Pacto de Estabilidade e Crescimento (PEC). *Propomo-nos, pois, equacionar a disciplina comunitária relativa à política financeira dos Estados e – nesse âmbito – analisar algumas das principais repercussões dessa disciplina para Portugal.* Não está em causa naturalmente qualquer análise geral das

[1] *O presente estudo teve na sua origem uma Comunicação apresentada no Curso de Verão sobre Direito da União Europeia promovido pelo Instituto Europeu da Faculdade de Direito de Lisboa em Julho de 2005, procedendo-se, entretanto, a significativos ajustamentos do texto com vista à sua inclusão nos Estudos Jurídicos e Ecoómicos em Homenagem ao Prof. Doutor* ANTÓNIO DE SOUSA FRANCO. *Atendendo à sua origem e sem prejuízo da inclusão no referido Livro de Homenagem, procede-se agora, sem alterações, à inclusão do mesmo na presente publicação referente ao Curso de Verão de 2005 promovido pelo Instituto Europeu.*

causas dos desequilíbrios orçamentais nacionais, nem das políticas tendentes à sua correcção.[2] Essas vertentes apenas serão consideradas indirectamente a propósito do estudo da disciplina comunitária das finanças públicas e das suas consequências para a economia portuguesa.

Deste modo, e em síntese, o nosso *iter* analítico compreende diversos aspectos encadeados entre si. Em primeiro lugar, (**i**) procedemos a uma identificação das componentes essenciais do projecto da UEM – formalmente desencadeado pelo Tratado de Maastricht – salientando a sua *dupla e complexa dimensão, económica e monetária*, e concentrando a nossa atenção na primeira dessas dimensões. O carácter muito sintético e selectivo da análise efectuada leva-nos a excluir o tratamento numa perspectiva histórica da ideia de UEM no decurso do processo comunitário de integração,[3] bem como o estudo *ex professo* das diferentes fases de realização dessa UEM na sequência do Tratado de Maastricht. Os aspectos selectivamente versados nesta análise reportam-se, pois, essencialmente, ao funcionamento da UEM no contexto da introdução do Euro e pressupondo a concretização das fases transitórias que a antecederam.[4]

---

[2] Trata-se de matérias que exigem desenvolvidos estudos *ex professo* sobre problemas estruturais da economia e das finanças públicas nacionais, sem cabimento na presente análise. Cfr., de qualquer modo, sobre essas matérias, Silva Lopes, "Despesas e Deficits do Sector Público", in Conferência sobre Políticas de Desenvolvimento Económico, II Vol., Lisboa, Instituto de Estudos para o Desenvolvimento, 1985, pp. 897 ss.; A. Sousa Franco, *A Economia*, in A. Reis (ed.), *Portugal: 20 Anos de Democracia*, Circulo de Leitores, 1994; Alfredo de Sousa, "Balanço da Economia Portuguesa (1986-94)", in Brotéria, 1994, pp. 271 ss; António Barreto (Org.), *A Situação Social em Portugal*, 1960-1995, Lisboa, Instituto de Ciências Sociais da Universidade de Lisboa, 1996; *Relatório da Comissão para a Análise da Situação Orçamental*, Maio de 2005.

[3] Para essa perspectiva histórica, cfr., *inter alia*, Jean Victor Louis, *From EMS to Monetary Union*, Commission of the European Communities, 1992; Paulo de Pitta e Cunha, *A Experiência do Sistema Monetário Europeu*, in *Integração Europeia*, Almedina, Coimbra, 2004, pp. 665 ss; Michel Dévoluy, *L'Europe Monétaire: Du SME à la Monnaie Unique*, Hachette, Paris, 1996; Barry Eichengreen, Jeffry Frieden, *The Political Economy of European Monetary Unification*, Westview Press, Boulder, 1994.

[4] Sobre essas fases transitórias de realização da UEM, compreendendo, designadamente, *(i)* uma primeira fase no decurso da qual se deveriam eliminar todas as barreiras físicas, técnicas e fiscais dentro da Comunidade – *maxime* no que respeita à liberdade de circulação de capitais – bem como reforçar a cooperação económica e monetária entre os Estados, *(ii)* uma segunda fase cuja duração não foi originariamente estabelecida de forma fixa e que foi assumida – nos termos do próprio Relatório DELORS ("*Report on Economic and Monetary Union in the European Community*" – Committee for the Study

Após caracterizar na primeira parte deste estudo as duas dimensões essenciais da UEM – *económica* e *monetária* – tal como vêm sendo configuradas desde o Tratado de Maastricht e nos Tratados ulteriores,[5] equacionamos criticamente **(ii)** um conjunto limitado de aspectos relativos a essa dimensão *económica* (que podemos de algum modo qualificar como "*união económica*").[6] Diversas razões militam no sentido desta particular delimitação do objecto do nosso estudo. Desde logo, afigura-se-nos ser no presente consensual a ideia de que a dimensão correspondente à "*união monetária*" (em sentido estrito) se encontra mais estabilizada e mais claramente definida e concretizada, quer em sede de direito constituído, quer no plano doutrinário. Em contrapartida, a dimensão

of Economic and Monetary Union, Luxembourg, August, 1989) – como uma fase de transição para o estádio final da UEM, envolvendo o reforço da coordenação das políticas monetárias, a criação do Instituto Monetário Europeu que iria preparar a instalação do Banco Central Europeu, a preparação técnica do enquadramento da fase final e análise dos progressos em matéria de convergência com vista à selecção dos Estados aptos a transitar para essa fase final. No decurso dessa segunda fase o Conselho Europeu de Madrid, de Dezembro de 1995, veio a fixar a data de arranque da terceira fase em 1 de Janeiro de 1999, estabelecendo, em paralelo, a data de entrada em circulação da moeda única europeia para o dia 1 de Janeiro de 2002, o mais tardar (cfr., na doutrina nacional, sobre esta crucial fase intermédia de realização da UEM, Luís Máximo dos Santos, "A Segunda fase da União Económica e Monetária. Aspectos Fundamentais", in Documentação e Direito Comparado, 1995, pp. 85 ss.). Finalmente, a terceira fase *(iii)* envolve a criação do Banco Central Europeu e a transferência para esta Instituição das anteriores competências estaduais de condução da política monetária e a adopção do Euro como moeda única escritural – desde 1 de Janeiro de 1999 – passando as moedas nacionais dos Estados seleccionados em função do cumprimento de critérios de convergência para integrar este estádio da UEM a corresponder a meras subunidades não decimais do Euro. Para uma perspectiva integrada destas três fases de realização da UEM, destacando o posicionamento económico de Portugal no contexto das mesmas, cfr. A. Sousa Franco, *Facing Europe and the EMU: Reform or Die*, in *O Euro e o Mundo*, Paulo de Pitta e Cunha, Manuel Lopes Porto (Coord.), Almedina, Coimbra, 2002, pp. 383 ss..

[5] Reportamo-nos, bem entendido, ao Tratado de Amsterdão e ao Tratado de Nice. O Tratado relativo à Constituição Europeia (*Tratado que Estabelece uma Constituição para a Europa* – de acordo com o documento CIG/87/2/04 REV 2, de 29 de Outubro de 2004) só de modo muito incidental será considerado.

[6] Essa qualificação aplicada a uma dimensão correspondente à "*união económica*" subjacente à UEM apenas pode ser utilizada, em nosso entender, num sentido algo impróprio por razões de que se seguida se explicitam, mas que se relacionam com o *desequilíbrio existente entre as dimensões económica e monetária da UEM.*

correspondente à "*união económica*" terá recebido contornos mais indefinidos e mais abertos a diferentes modos de concretização futura. *Essas diferenças entre as duas dimensões fundamentais da UEM suscitam, de resto, problemas vários de potencial desequilíbrio entre, por um lado, a dinâmica de integração monetária e, por outro lado, a dinâmica referente ao conjunto das políticas económicas no espaço comunitário.*[7]

No que respeita aos aspectos centrais para o funcionamento da dimensão correspondente à "*união económica*" na UEM vamos concentrar a nossa atenção **(iii)** em desenvolvimentos recentes relativos ao PEC. Trata-se, em especial, de analisar a *forma* como este instrumento vem sendo aplicado – *maxime*, em relação à França, à Alemanha e a Portugal – tomando em consideração o importantíssimo Acórdão do TJCE, de 13 de Julho de 2004 (que versou precisamente as condições de aplicação do PEC)[8] e culminando essa reflexão crítica com uma análise de documentos relativos à reforma do PEC e do próprio processo final de revisão deste instrumento, materializada nas conclusões do Conselho Europeu de Março de 2005 e na adopção dos Regulamentos (CE) n.º 1055/2005, de 27 de Junho, e (CE) n.º 1056/2005 (*ibidem*).[9]

Finalmente, propomo-nos, ainda **(iv)** – conquanto em termos muito sucintos – aquilatar algumas das consequências desta revisão do PEC para a política financeira portuguesa, bem como delinear um balanço crítico sobre a eventual necessidade de novos ajustamentos da disciplina comunitária do *pilar económico* da UEM.

---

[7] Sobre a ideia de *dinâmica jurídico-económica de integração*, que se pode materializar em diversas vertentes, e sublinhando a complexa confluência de factores económicos e elementos jurídicos nesse processo cfr. JEAN-YVES PITARAKIS, GEORGE TRIDIMAS, "Joint Dynamics of Legal and Economic Integration in the European Union", in European Journal of Law and Economics, 2003, pp. 357 ss.; como referem estes As., "*although the operation of economic factors in the construction of legal integration had long been appreciated in the interdisciplinary literature, it is only recently that a systematic attempt has been made to investigate the underlying relations* (...)" (*op. cit.*, p. 357). Para uma perspectiva na doutrina nacional que destaca o modo diferente como são enquadradas no Tratado CE as vertentes *económica* e *monetária* da UEM, cfr. PAULO DE PITTA E CUNHA, "Some Reflections on Monetary Union and Fiscal Federalism", in Revista da Faculdade de Direito da Universidade de Lisboa, vol. XXXVIII, n.º 2, pp. 365 ss..

[8] Reportamo-nos aqui ao Acórdão do TJCE, "*Comissão c. Conselho*", de 13 de Julho de 2004, proc. C-27/04, Col. 2004, I – 6649.

[9] Regulamento (CE) n.º 1055/2005, de 27 de Junho (JOCE n.º L 174/1, 7.7.2005) e Regulamento (CE) n.º 1056/2005, igualmente de 27 de Junho (JOCE n.º L 174/5, 7.7.2005).

2. O Projecto de União Económica e Monetária desenvolvido desde o Tratado de Maastricht

2.1. A instituição da União Económica e Monetária – Perspectiva geral

2.1.1. – Numa caracterização sintética, pode afirmar-se que, através do Tratado de Maastricht, a Comunidade Europeia (CE) foi convertida numa União Económica e Monetária, tendo-se substituído aos *objectivos imediatos de integração*[10] estabelecidos no originário artigo 2.º do Tratado de Roma[11] os objectivos de *criação de um mercado comum* e de uma *união económica e monetária* [de acordo com a nova redacção do artigo 2.º do Tratado relativo à Comunidade Europeia (doravante Tratado CE)[12]].

Contudo, desde a sua origem, a base jurídica da *união económica* difere daquela em que assenta a *união monetária*. Na realidade, a *união monetária* assenta na atribuição de domínios de *competência exclusiva* à CE[13] e – diversamente – a *união económica* assenta na *actuação coordenada* dos Estados Membros (não tendo ocorrido uma transferência de competências relativas à condução de política económica para a CE em moldes comparáveis aos que se verificaram no plano da condução da

---

[10] Sobre os conceitos de *objectivos imediatos e mediatos da integração comunitária*, cfr. P. J. G. KAPTEYN, VERLOREN VAN THEMAAT, (LAWRENCE GORMLEY – Ed.), *Introduction to the Law of the European Communities*, Kluwer Law International, 1998, esp. pp. 72 ss..

[11] Esses objectivos fixados na versão originária do artigo 2.º do Tratado de Roma correspondiam ao *estabelecimento de um mercado comum* e a uma *aproximação progressiva e coordenação das políticas económicas dos Estados-Membros.*

[12] Redacção do referido artigo 2.º que se manteve no Tratado de Nice. Doravante, todas as citações a normas do Tratado CE serão feitas tomando em consideração as disposições vigentes, de acordo com as últimas alterações (incluindo renumeração) emergentes do Tratado de Nice. Apenas em casos excepcionais – e sempre com indicação expressa – se citarão normas do Tratado CE em versões e com numeração anteriores às alterações decorrentes dos Tratados de Amsterdão e de Nice.

[13] Sobre essa base jurídica fundamental da união monetária cfr., *inter alia*, RÉGIS CHEMAIN, *L'Union Economique et Monetaire: Aspects Juridiques et Institutionnels*, A. Pedone, Paris, 1995; DANIEL GROS, NIELS, THYGESEN, *European Monetary Integration – From the European Monetary System to European Monetary Union*, Longman, London, 1992; DANIEL GROS, *Towards Economic and Monetary Union. Problems and Prospects*, Centre for European Policy Studies, Brussels, 1996.

política monetária). Assim, no essencial, as atribuições e competências da CE no domínio da política económica correspondem a uma esfera de coordenação das políticas económicas dos Estados-Membros, embora tal sistema de coordenação tenha sido especialmente reforçado pelo Tratado de Maastricht e por desenvolvimentos ulteriores de direito derivado.

Em termos gerais, podemos admitir que a principal razão que terá militado no sentido de a responsabilidade pela condução de política económica permanecer no domínio dos Estados-Membros foi a percepção de que uma transferência dessa competência para a CE equivaleria a uma conversão da CE numa verdadeira estrutura federal (embora, em nosso entender, a estrutura em que assenta a *união monetária* comporte já, independentemente do destino do Tratado relativo à Constituição Europeia, diversos *elementos federais numa construção jurídica híbrida*).[14] Ora, esse decisivo passo no sentido da instituição de um *união económica* em sentido próprio (ou estrito) não se mostrava em absoluto possível por falta de condições políticas, o que gerou um modelo *sui generis*, correspondente a uma experiência constitucional original de *conjugação de uma estrutura descentralizada de condução da generalidade das componentes da política económica* – embora mitigada através de um enquadramento comum de disciplina financeira – *com uma política monetária e cambial centralizada na UE.*[15]

Nesse contexto, o problema fundamental que se coloca consiste em apurar se existem fundamentos minimamente sólidos para um funciona-

---

[14] Sobre esta ideia relativa à presença de alguns elementos *federais* na *construção jurídica híbrida* sobre a qual foi erigida a UEM cfr. o nosso *O Banco Central Europeu e o seu Enquadramento no Sistema Institucional da União Europeia – Algumas Reflexões*, in *Estudos Jurídicos e Económicos em Homenagem ao Professor João Lumbrales*, Coimbra Editora, 2000, pp. 447 ss.. Para uma análise que suscita igualmente essas questões, cfr. ainda Jean Victor Louis, "A Legal and Institutional Approach for Building a Monetary Union", in Common Market Law Review, 1998, pp. 33 ss..

[15] Sobre experiências históricas de processos de integração, permitindo uma comparação que evidencia a orginalidade da experiência constitucional acima descrita, cfr., por todos, Mauro Cappelletti, Monica Seccombe, Joseph Weiler (Eds.), *Integration through Law – Europe and the American Federal Experience*, esp. Vol. 1 [*Methods, Tools and Institutions*], Book 1 [*A Political, Legal and Economic Overview*], Walter de Gruyter, Berlin, New York, 1986. Cfr. igualmente, Ingolf Pernice, "Multilevel Constitutionalism and the Treaty of Amsterdam: European Constitution-Making Revisited?", in Common Market Law Review, 1999, pp. 703 ss..

mento equilibrado de tal modelo *sui generis* de cumulação de uma *união monetária centralizada* com uma *união económica descentralizada*.

Pela nossa parte – e sem prejuízo dos aspectos substantivos adiante expostos – adiantamos desde já uma avaliação preliminar global no sentido da existência de tensões e desequilíbrios muito complexos gerados por este modelo original de integração. Acresce que, em virtude de equívocos políticos vários, se terá ainda pretendido assumir no Projecto de Tratado relativo à Constituição Europeia[16] objectivos de integração política – de natureza mais marcadamente federal – sem resolver tais desequilíbrios essenciais (como que ignorando tal *fase intermédia de resolução de desequilíbrios entre as vertentes económica e monetária da UEM*, o que se revelou problemático, apesar da percepção desses problemas ser muito difusa e não obstante o carácter mais ou menos inextricável dos vários feixes de elementos que contribuíram para o bloqueamento e indefinições presentes a que se encontra sujeito o processo de ratificação desde a Primavera de 2005).[17]

2.1.2. – Importa reconhecer, em termos gerais, que o Tratado de Maastricht, ao estabelecer em pilares jurídicos distintos as vertentes da união *económica* e *monetária*, não deixou, em paralelo, de procurar a

---

[16] Referimo-nos aqui ao *Tratado que Estabelece uma Constituição para a Europa* – de acordo com o documento cit. *supra*, nota 5.

[17] É, na realidade, difícil avaliar com rigor os múltiplos factores – não raro contraditórios entre si – que determinaram os bloqueamentos do processo de ratificação do *Tratado que Estabelece uma Constituição para a Europa* desde a Primavera de 2005. Para o confronto de perspectivas divergentes sobre as implicações desse Tratado, cfr. Paulo de Pitta e Cunha, *Reservas à Constituição Europeia*, Almedina, Coimbra, 2005; Ana Maria Guerra Martins, *O Projecto de Constituição Europeia – Contributo para o Debate sobre o Futuro da União*, Almedina, Coimbra, 2004; Fausto de Quadros, *Direito da União Europeia*, Almedina, Coimbra, 2004, esp. pp. 563 ss.. De qualquer modo, apesar do inegável carácter contraditório desse conjunto de factores, *algumas das forças que contribuiram para os desencadear parecem explorar – conquanto em múltiplos sentidos desencontrados – uma percepção difusa dos desequilíbrios inerentes à verificação de continuas transferências de soberania estadual a favor da UE desacompanhadas de verdadeiras políticas macro-económicas comunitárias* (estas últimas lacunas resultam, por seu turno, da inexistência de um orçamento comunitário com real peso macro-económico e da indisponibilidade política, ao longo do último decénio, para opções estruturais de alteração das receitas comunitárias num sentido que pudesse contribuir para o reforço da coesão e solidariedade comunitárias).

instituição de processos de articulação da *política monetária* – prosseguida no plano comunitário – com as *políticas económicas* dos Estados, sobretudo através das denominadas obrigações de convergência impostas a estes últimos. Assim, *no quadro da concretização de um requisito geral de convergência económica entre os Estados* – o qual decorre de várias disposições, *v.g.*, dos artigos 4.º, 98.º ou 99.º CE, não havendo aqui espaço para proceder à sua caracterização global –[18] *o Tratado CE estabelece parâmetros orientadores da condução das políticas económicas estaduais*, os quais, no domínio da *disciplina financeira* se materializam em algumas obrigações fundamentais, compreendendo, *inter alia*:

(i) A proibição do financiamento pela via monetária dos orçamentos estaduais ou de entidades públicas, incluindo a proibição da concessão de créditos, sob quaisquer formas, por parte do Banco Central Europeu (BCE) ou de bancos centrais nacionais a estados e a entes públicos (*vd.* a disciplina do artigo 101.º CE, complementada com a do artigo 102.º CE);

(ii) O estabelecimento de um corpo de disciplina em sentido estrito que integra, designadamente, limites ao crescimento da dívida pública e limites ao crescimento dos défices orçamentais dos Estado (corpo normativo essencialmente consagrado no artigo 104.º CE).

Ensaiando uma sistematização, numa perspectiva global, dos aspectos basilares em causa neste domínio, justifica-se destacar que o tratado CE, em ordem à concretização do *requisito geral de convergência económica* imposto aos Estados, prevê, sobretudo, dois processos especiais, consagrados nos regimes dos artigos 99.º CE (*coordenação de políticas económicas*) e 104.º CE, já cit. (*disciplina financeira em sentido estrito*).

---

[18] Sobre esse requisito geral de *convergência económica*, e as suas principais implicações cfr., por todos, PATRICK ARTUS, "Les Critères de Convergence avant l'Union Monétaire: Perspectives et Problématiques", in Revue d'Économie Financière, 1996, pp. 57 ss.; CAROLA MAGGIULLI, "Convergence et Union Monétaire Européenne", in Revue du Marché Commun et de l'Union Européenne, 1993, pp. 620 ss.

2.2. Os principais processos de concretização do requisito da convergência económica entre os Estados no quadro da União Económica e Monetária

2.2.1. – O mecanismo previsto no artigo 99.º CE corresponde a um processo de coordenação de políticas económicas dos Estados-Membros assente na adopção de Orientações Gerais aprovadas por Recomendação (*rectius*, o Conselho adopta, por maioria qualificada, Orientações Gerais com base em propostas iniciais da Comissão). No âmbito desse procedimento, o Conselho, com base em Relatórios apresentados pela Comissão, deve acompanhar a evolução económica de cada Estado e verificar a compatibilidade das suas políticas económicas com as Orientações Gerais que tenham sido previamente adoptadas em relação ao mesmo. Trata-se, pois, de um procedimento de supervisão multilateral – como tal qualificado *ex vi* do n.º 3 do artigo 99.º CE – no âmbito do qual, caso sejam identificadas políticas económicas estaduais incompatíveis com as grandes orientações anteriormente definidas ou susceptíveis de comprometer o bom funcionamento da UEM, o Conselho pode dirigir Recomendações necessárias, mais específicas, aos Estados-Membros e, bem assim, tornar públicas tais recomendações.

Este processo de supervisão – que não se limita apenas aos Estados da zona Euro – implica uma complexa interacção entre a Comissão, o Conselho (*maxime*, na sua configuração de ECOFIM) e, também, o denominado *Eurogrupo* (organismo informal resultante das Conclusões do Conselho Europeu do Luxemburgo, de Dezembro de 1997, integrando os ministros das Finanças de Estados da zona Euro, representantes da Comissão, do BCE e outros representantes específicos dos Estados da zona Euro).[19] Essa interacção envolve, ainda, múltiplos organismos como o *Comité de Política Económica* (para questões estruturais) ou o *Comité Económico e Financeiro* (para questões monetárias, financeiras e orçamentais) que apoiam o Conselho nos domínios em causa e vêm assumindo um papel cada vez mais significativo na concepção de princípios e orientações de política económica (embora funcionando num quadro de grande *opacidade* que não favorece a transparência e clareza destes processos).

---

[19] Sobre o *Eurogrupo* e as suas funções, cfr, por todos, BENOIT COEURÉ, "L'Eurogroupe: Bilan et Perspectives", in Revue d'Économie Financière, 2002, pp. 69 ss.

Trata-se, pois, de um sistema complexo, combinando a intervenção de instituições formais com a de organismos relativamente informais e os seus resultados – consubstanciados na definição de *Grandes Orientações de Política Económica* (GOPE) – não correspondem a obrigações jurídicas que vinculem os Estados Membros. Acresce que, em regra, o conteúdo dessas GOPE é excessivamente genérico e compromissório, tornando a avaliação do seu efectivo cumprimento um processo algo fluido e de reduzida eficácia substantiva.[20]

De resto, a própria Comissão reconhecia já, em 2001, diversas lacunas ou insucessos significativos deste processo de *coordenação de políticas económicas dos Estados* em áreas fundamentais, compreendendo, a saber:

- Insuficiente coordenação de políticas no que respeita à descida da carga fiscal;
- Insuficiente coordenação no que respeita ao papel apropriado a conceder às políticas orçamentais para contrabalançar as situações de "*sobreaquecimento*" das economias.[21]

Pela nossa parte, e beneficiando já de um balanço posterior a esse exercício analítico de 2001 da Comissão, pensamos que outras insuficiências sérias podem ser detectadas, *v.g.*, no que respeita ao papel adequado dos défices orçamentais nas situações inversas, de abrandamento económico e recessão. Ora, como de seguida assinalaremos, *estes dois últimos tipos de lacunas tendem a perturbar – numa óptica global, comunitária,*

---

[20] Tenha-se presente, a título de exemplo, os objectivos definidos pelas GOPE para Portugal em relação ao período 2003-2005, compreendendo metas tão genéricas e pouco susceptíveis de avaliação concreta *ex post* como a aceleração da consolidação das finanças públicas e o enquadramento das dinâmicas de crescimento da despesa pública ou o reforço da competitividade global – colocada em risco pela baixa eficiência do sistema de educação, pelo reduzido nível de despesas de investigação e desenvolvimento e pelo excessivo crescimento dos salários nominais.

[21] Cfr. sobre essa análise crítica da própria Comissão Europeia, o documento "*Commission Communication on Strengthening Economic Policy Co-ordination within the Euro Area*" (COM 82 final – Brussels, 7.2.2001). Cfr., igualmente sobre esta matéria e comentando as conclusões desse estudo da Comissão, STEFAN COLLIGNON, "Les Conditions Politiques et Institutionnelles d'une Coordination des Politiques Économiques dans l'Euroland", in Revue d'Economie Financière, 2002, pp. 81 ss..

de desenvolvimento de políticas económicas – o funcionamento do corpo normativo mais específico de disciplina orçamental em sentido estrito (assente no artigo 104.º CE e em normas de direito derivado).

2.2.2. – A propósito deste segundo processo especial de concretização do requisito de convergência económica importa ter presente a sua génese no contexto do desenvolvimento do projecto de UEM. Assim, no decurso das várias fases de realização da UEM[22] foi sendo equacionada a possibilidade ou conveniência de se caminhar para o que se denominou como um verdadeiro "*governo económico europeu*".[23] Dessa discussão resultaram múltiplos documentos programáticos que não cabe aqui analisar, justificando-se apenas destacar que tais projectos mais ambiciosos foram definitivamente abandonados nas conclusões do Conselho Europeu de Dezembro de 1997. O consenso que então prevaleceu foi no sentido de que as disposições introduzidas pelo Tratado de Maastricht sobre *coordenação de políticas económicas* e sobre *disciplina financeira* seriam, entretanto, suficientes para assegurar o funcionamento coerente da UEM, mesmo no seu *pilar económico*. Contemplou-se, tão só, em relação aos Estados que integrassem a zona Euro depois da terceira fase da UEM, um reforço específico do *regime da disciplina financeira previsto no artigo 104.º CE*[24] através de um corpo de normas de direito derivado.

---

[22] Como já referimos, não cabe aqui uma caracterização histórica do processo de realização da UEM, tal como concebido a partir do Tratado de Maastricht. Sobre as três fases de realização da UEM, cfr. os aspectos já expostos *supra* na nota 4, bem como as remissões bibliográficas aí feitas sobre a matéria.

[23] Sobre essa ideia de criação de um verdadeiro "*governo económico europeu*" cfr. o Manifesto de Dezassete Professores Jean Monnet, tendo PIERRE MAILLET como primeiro subscritor – "La Cohérence des Politiques Économiques dans une Europe Differenciée: Une Exigence pour les Nouvelles Institutions", in Revue du Marché Commun et de l'Union Européenne, 1996, pp. 422 ss..

[24] Regime de disciplina financeira do artigo 104.º CE que é, no essencial, mantido no Projecto de Tratado relativo à Constituição Europeia – *vd.* artigo III-184.º do Projecto de Tratado.

3. O regime de disciplina financeira desenvolvido pelo Pacto de Estabilidade e Crescimento

3.1. A adopção do Pacto de Estabilidade e Crescimento

3.1.1. – O reforço especial da disciplina financeira acima referido resultou da adopção do PEC – instrumento jurídico que integrou, formalmente, três elementos essenciais:

(i) A Resolução do Conselho Europeu de Amsterdão, de 17 de Junho de 1997, relativa ao PEC;

(ii) O Regulamento do Conselho (CE) n.º 1466/97, de 7 de Julho [recentemente alterado pelo Regulamento (CE) n.º 1055/2005, já cit.];

(iii) O Regulamento do Conselho (CE) n.º 1467/97, de 7 de Julho [alterado pelo Regulamento (CE) n.º 1056/2005, também já cit.].[25]

Em termos gerais, a Resolução do Conselho Europeu, de 17 de Junho de 1997, encerra um compromisso político de reforço da disciplina financeira e estabelece, para o efeito, metas globais de actuação dos Estados, com vista a prosseguir continuadamente um objectivo a médio prazo de situações próximas do equilíbrio orçamental (ou de excedente orçamental) e a evitar défices orçamentais excessivos, que excedam um valor de referência de 3% do PIB de cada Estado Membro.

Importa referir que estes objectivos de disciplina financeira já resultavam do regime do artigo 104.º CE e que os respectivos valores de referência tinham sido fixados no *Protocolo* referente ao *Procedimento sobre Défices Excessivos*, anexo ao Tratado CE (alterado pelo Tratado de

---

[25] Para além da revisão desses dois Regulamentos do Conselho, o PEC foi também complementado pelo Relatório "*Melhorar a Aplicação do Pacto de Estabilidade*", aprovado pelo Conselho Europeu de 23 de Março de 2005. Nos termos do próprio documento em causa, o mesmo terá sido considerado "*parte integrante*" da disciplina do PEC, embora configure, de algum modo, um elemento de "*soft law*" (orientações gerais que não se revestem, formalmente, de carácter jurídico vinculativo). Sobre o peso significativo deste tipo de instrumentos de "*soft law*" no sistema jurídico comunitário, cfr., por todos, LINDA SENDEN, *Soft Law in the European Community* Law, Hart Publishing, Oxford and Portland Oregon, 2004.

Maastricht). Aí se estabeleciam, efectivamente, como valores de referência para os objectivos de disciplina financeira a meta de 3% de relação entre o défice orçamental programado ou verificado e o Produto Interno Bruto (PIB) a preços de mercado de cada Estado e a meta de 60% para a relação entre a dívida pública e o PIB. Igualmente se previu, desde logo, uma função central do Conselho, actuando com base em pareceres da Comissão, para supervisionar esses objectivos.

O elemento de novidade subjacente ao PEC corresponde ao facto de, a partir da terceira fase da UEM, os Estados admitidos na zona Euro passarem a estar sujeitos ao cumprimento desses objectivos em matéria de disciplina financeira no quadro de obrigações vinculativas, sujeitando-se, em conformidade, à aplicação de sanções específicas em caso de incumprimento de tais obrigações (a possibilidade de aplicação de sanções encontrava-se também *ab initio* contemplada no artigo 104.º, n.º 11 CE). Tais sanções podem culminar, em situações mais graves, na obrigação de constituir junto da CE um depósito não remunerado de montante apropriado até que certas situações de défice excessivo tenham sido corrigidas.

Verifica-se, contudo, neste domínio, a particularidade de essas obrigações vinculativas dirigidas a impedir a verificação de défices excessivos não serem garantidas através da possibilidade de recurso à figura da acção por incumprimento junto do TJCE, em caso de sua violação pelos Estados (o que decorre do regime estabelecido no artigo 104.º, n.º 10 CE), diversamente do que sucede com a generalidade das obrigações emergentes de outros normativos comunitários.

Assim, se o núcleo da disciplina financeira em causa se encontrava já regulado no próprio Tratado CE (artigo 104.º CE), o que se pretendeu, em última análise, através dos instrumentos normativos que integram o PEC, foi limitar de modo mais eficaz a soberania orçamental dos Estados integrantes da zona Euro e, em paralelo, assegurar a existência de um enquadramento processual que reforçasse os mecanismos coercivos concretos a que os Estados se encontrem sujeitos. Nesse sentido, *o Conselho auto-vinculou-se a um quadro determinado de aplicação de sanções e a uma sequência precisa de actuações em detrimento da flexibilidade contemplada nesta matéria no Tratado CE*. Adoptou-se, pois, um dispositivo processual em que se atribui um impulso decisivo à Comissão para *acelerar os processos de supervisão do cumprimento de objectivos orçamentais*,[26] bem como para acelerar os processos conducentes à aplicação de sanções (nos casos em que os Estados Membros não adoptarem as medidas necessárias para pôr termo a situações de défices excessivos previamente detectados).

Além disso, o PEC veio concretizar em termos mais rígidos as sanções aplicáveis aos Estados que não cumpram os objectivos previamente definidos, *maxime* através da figura acima referida de imposição de um depósito a esses Estados com uma componente fixa correspondente a 0,2% do PIB e uma componente variável [nos termos especialmente previstos nos artigos 12.º e 13.º do Regulamento (CE) n.º 1467/97, cit.].[27]

Em síntese, como o TJCE veio a reconhecer no seu Acórdão "*Comissão c. Conselho*", de 13 de Julho de 2004, já cit., a disciplina financeira estabelecida no artigo 104.º CE foi *precisada* e *reforçada* pelo PEC,[28] continuando o Conselho a assumir um papel central no processo de supervisão dos objectivos fixados nesse domínio e a dispor de um "*significativo poder de apreciação*" dos dados económicos pertinentes relativos a situações previamente analisadas pela Comissão.[29] De qual-

---

[26] Tenha-se presente sobre essa ideia de *aceleração* dos processos de supervisão do cumprimento de objectivos orçamentais – assim privilegiados face aos objectivos referentes aos níveis de dívida pública acumulada – e de aceleração dos processos conducentes à possível aplicação de sanções, Volker Kollmann, Andri Kopperschmidt, "A More Stable Stability Pact", in Cahiers de la Banque Européenne d'Investissement, 1997, pp. 97 ss..

[27] De acordo com o referido artigo 12.º, "*quando o défice excessivo resultar do não cumprimento do critério relativo à relação do défice orçamental (...) o montante do primeiro depósito incluirá uma componente fixa, correspondente a 0,2% do PIB, e uma componente variável, correspondente a um décimo da diferença entre o défice expresso em percentagem do PIB no ano anterior e os 3% do valor de referência do PIB*". Segundo o estatuído no acima referido artigo 13.º, "*o depósito será, regra geral, convertido numa multa pelo Conselho (...) se, dois anos após a decisão de impor ao Estado Membro participante a constituição de um depósito, o Conselho considerar que o défice excessivo não foi corrigido*".

[28] Cfr., nesse sentido, esp. o ponto 71 do Acórdão "*Comissão c. Conselho*", cit.. Refere aí o TJCE que "*as regras constantes do artigo 104.º CE são **precisadas** e **reforçadas** pelo Pacto de Estabilidade e Crescimento, constituído, designadamente, pela Resolução do Conselho Europeu de 17 de Junho de 1997 e pelo Regula mento n.º 1467/97*". (ênfase acrescentada)

[29] Quanto ao reconhecimento desse "*significativo poder de apreciação*", cfr. esp. o ponto 80 do Acórdão "*Comissão c. Conselho*", cit.

quer modo, e sem prejuízo dessa margem de apreciação, o Conselho auto-vinculou-se a um processo de acompanhamento (ou supervisão) da situação financeira de cada Estado Membro, incorporando regras das quais "(...) *não pode exonerar-se*"[30] e que pressupõem a sua articulação com um essencial poder de iniciativa da Comissão.

3.1.2. – Importa destacar que este reforço da disciplina financeira estabelecida em relação aos Estados – subjacente à adopção do PEC – ocorreu num contexto em que não se deu qualquer passo no sentido do reforço da dimensão do orçamento comunitário propriamente dito. Não ocorreu qualquer reforma das finanças públicas comunitárias que se traduzisse num reforço das receitas próprias e das despesas da CE e que permitisse àquele orçamento alcançar uma real expressão macroeconómica. Ora, sem um *orçamento comunitário* que – seja numa óptica global, seja através de despesas dirigidas preferencialmente a certos Estados ou áreas da CE – possa compensar as metas orçamentais estritas do PEC, corre-se o risco de este último funcionar, na expressão sugestiva de JOSEPH STIGLITZ, como um "*desestabilizador automático*".[31]

Na realidade, caso o PEC – na sua formulação originária – seja interpretado e aplicado rigidamente, o mesmo impede a utilização de políticas a nível estadual que fomentem o desempenho das economias nos períodos em que estas conheçam um abrandamento significativo (políticas que, numa lógica neo-Keynesiana, funcionam como "*estabilizadores automáticos*").[32] Se essa situação não for compensada com

---

[30] cfr. a esse propósito o ponto 81 do Acórdão "*Comissão c. Conselho*", cit.

[31] Sobre essa análise relativa ao PEC e às consequências da sua aplicação, cfr. JOSEPH E. STIGLITZ, "The False Promise of Stability", in I Dissent: Unconventional Economics Wisdom – Monthly Column – Project Syndicate – May 2003. Como aí refere este A., "*When an economy faces a downturn, one should engage in expansionary fiscal policies. But in a downturn tax revenues fall. Thus, debt must increase. But the EU's Stability Pact, as commonly interpreted, requires either that tax rates be raised (always difficult, especially in a recession) or that expenditures be cut. Either way, such policies will exacerbate the downturn. The Stability Pact put into place an automatic economic destabilizer. But the EU—indeed, every country—should seek automatic stabilizers, policies that automatically boost the economy in a downturn. The US is facing, albeit in somewhat weaker form, a similar problem*". Ainda sobre esta matéria, cfr., ainda, JOSEPH E. STIGLITZ, BRUCE GREENWALD, *Towards a New Paradigm in Monetary Economics*, Canbridge, 2003.

[32] Para uma perspectiva sobre o funcionamento dos denominados "*estabilizadores automáticos*", que não cabe aqui naturalmente analisar, cfr. DE GRAUWE, *The Economics*

determinados impulsos macroeconómicos ou com estímulos económicos selectivos ao nível do orçamento comunitário – o que se afigura impossível no actual estádio de evolução das finanças comunitárias, pois esse orçamento é globalmente ínfimo e não tem expressão como instrumento efectivo de política macro-económica – então tal efeito de "*desestabilizador automático*" do PEC torna-se dificilmente evitável.

3.1.3. – Podemos, mesmo, anotar, num curto parênteses, que, em relação a Portugal, o PEC tem possivelmente exercido esse efeito desde 2002, porque pressupôs a rápida – quase imediata – correcção de ciclos orçamentais negativos sem acolher ou ponderar a natureza *estrutural* dos défices orçamentais excessivos portugueses.

Será difícil não reconhecer que a crise orçamental portuguesa resulta de factores que se encontram para além do baixo crescimento conjuntural da economia nacional (embora este seja um importante factor de agravamento dos défices nacionais[33]). Essa crise apresenta *causas estruturais*[34] que só podem ser realmente anuladas através de políticas sustentadas e com um horizonte temporal mais dilatado. Sem esse espaço temporal mais dilatado para corrigir as causas estruturais dos desequilíbrios orçamentais nacionais, incorre-se no risco de criação de uma verda-

of Monetary Union, Oxford University Press, Oxford. 2003; De Grauwe, *Monetary Policy in the Presence of Asymmetries*, CEPR Discussion Paper, n.º.2393. 2000; Avinash Dixit, Luisa Lambertini, "Monetary-Fiscal Policy Interactions and Commitment Versus Discretion in a Monetary Union", in *European Economic Review*, 2001, pp. 977 ss.. Importa, em qualquer caso, salientar que, mesmo orientações de política económica que se reclamam críticas do Neo-Keynesianismo, têm, em última análise, desembocando na utilização – sob diversas formas, por vezes menos evidentes – de tais "*estabilizadores automáticos*". Pensamos, *v.g.*, em diversos aspectos da denominada "*Reaganomics*" na década de oitenta do século passado (cfr. sobre a *praxis* da política económica da administração Reagan nesse período, *inter alia*, Franck Ackerman, *Reaganomics – Rethoric vs. Reality*, South End Press, Boston, 1982; Antony S. Campagna, *The Economy in the Reagan Years: The Economic Consequences of the Reagan Administrations*, Greenwood Press, 1994).

[33] Cfr. sobre esse aspecto, "Perspectivas para a Economia Portuguesa 2005-2006", in Banco de Portugal, Boletim Económico, Verão-2005, pp. 7 ss..

[34] Sobre as causas estruturais dos défices orçamentais nacionais nos últimos dois decénios, cfr. "*Relatório da Comissão para a Análise da Situação Orçamental*", Maio de 2005, bem como a respectiva INTRODUÇÃO pelo Governador do Banco de Portugal. Cfr. igualmente *Études Économiques de l'OCDE – PORTUGAL* – referentes aos anos de 2001, 2002 e 2003.

deira *espiral económica perversa* quando se pretende uma correcção nominal quase imediata de tais desequilíbrios.

Na verdade, o propósito de obter efeitos aparentes de rápida consolidação orçamental (nominal), prosseguido através de medidas de curto prazo de contenção da despesa pública – e que não eliminam as causas reais dessa despesa – tende a provocar reflexamente situações de estagnação económica ou, mesmo, de recessão. Tais efeitos laterais recessivos tendem a provocar diminuições da receita fiscal e agravam, assim, a base do défice orçamental nacional, com a agravante de não se terem corrigido as causas estruturais do desequilíbrio orçamental.

Neste contexto, quando se atenua ligeiramente o esforço – por natureza transitório – de contenção orçamental, a despesa pública regressa ao seu nível "*natural*" mais elevado, impondo novas medidas de emergência e novas consequências recessivas (podendo o processo prolongar-se indefinidamente ou conhecer, mesmo, agravamentos). Com toda a probabilidade, uma evolução com essas características económicas perversas ter-se-á verificado em Portugal entre 2002 e 2004,[35] o que tornará imperioso romper tal ciclo negativo. Tal implicará necessariamente que o processo de ajustamento financeiro associado ao *Programa de Estabilidade e Crescimento* apresentado por Portugal à CE em Junho de 2005 inaugure e desenvolva uma nova lógica de correcção dos desequilíbrios orçamentais.

Como adiante observaremos,[36] a reforma do PEC recentemente aprovada no Conselho Europeu de Março de 2005 consente alguma margem superior de flexibilidade para a correcção de défices excessivos, sobretudo no que respeita ao tempo concedido para tal correcção, o que pode abrir um espaço decisivo para a adopção de medidas com real impacto sobre as causas reais dos desequilíbrios orçamentais. Em contrapartida, a margem de flexibilidade temporal assim concedida permite evitar a utilização de *medidas extraordinárias* (*v.g.* obtenção de receitas excepcionais – não repetíveis – através da alienação de activos públicos ou

---

[35] Sobre a evolução da economia portuguesa e das finanças públicas nacionais ao longo desse período de 2002-2004, cfr., *inter alia*, "*Relatório da Comissão para a Análise da Situação Orçamental*", cit. e *Études Économiques de l'OCDE – PORTUGAL –* relativos ao mesmo período.

[36] Alguns dos aspectos basilares dessa reforma de 2005 do PEC são expostos *infra*, ponto **3.3.**.

através de operações financeiras que comprometem futuras receitas públicas) destinadas a induzir uma aproximação formal às metas orçamentais do PEC. Todavia, esta margem suplementar de flexibilidade não é tão lata como por vezes se supõe e tem como premissa essencial uma elevada eficácia das medidas de correcção estrutural dos desequilíbrios orçamentais.[37]

3.1.4. – Ao ponderar um eventual efeito de "*desestabilizador automático*" inerente à aplicação do PEC na sua formulação originária pode revelar-se útil uma comparação com a situação verificada nos EUA. Aí, ao longo dos últimos anos, a necessidade de adoptar medidas rigorosas de contenção da despesa em vários Estados e o consequente abrandamento económico associado a tais medidas têm sido frequentemente compensados ao nível do orçamento federal (apesar da visão crítica de diversos economistas norte-americanos[38]). Ora, como acima observámos, tal *efeito de compensação* é virtualmente nulo no caso da CE, devido ao insignificante peso macro-económico do orçamento comunitário. Consideramos mesmo profundamente geradora de desequilíbrios e tensões no processo de integração comunitária a ideia de *manter no essencial a disciplina financeira estrita do PEC, não reforçando em paralelo instrumentos de política económica e solidariedade comunitárias* – ao nível do orçamento da CE – e *pretendendo, ainda, nesse contexto, dar outros passos suplementares de integração jurídica que aprofundem a vertente política da construção da União Europeia*. Eventualmente, o conjunto desses desequilíbrios e tensões – por vezes muito diversa e contraditoriamente sentidos em vários Estados Membros – terá pesado no presente

---

[37] Sobre estas possíveis repercussões da recente revisão do PEC para Portugal, cfr. os aspectos expostos *infra*, ponto **4.**.

[38] Para diversas visões críticas sobre a conjugação de políticas de *correcção de défices estaduais* com um determinado rumo da *política orçamental federal* cfr., *inter alia*, Alberto Alesina, "The Political Economy of the Budget Surplus in the United States", in Journal of Economic Perspectives, Summer 2000, pp. 3 ss.; Alan J. Auerbach, Daniel Feenberg, "The Significance of Federal Taxes as Automatic Stabilizers", in Journal of Economic Perspectives, Summer 2000, pp. 37 ss.; John B. Taylor, "Reassessing Discretionary Fiscal Policy", in Journal of Economic Perspectives, Summer 2000, pp. 21 ss.; John Joseph Wallis, "American Government Finance in the Long Run: 1790 to 1990", in Journal of Economic Perspectives, Winter 2000, pp. 61 ss.; Joseph E. Stiglitz, "The False Promise of Stability", May 2003, cit..

bloqueamento do processo de ratificação do Tratado relativo à Constituição Europeia[39] (no sentido já genericamente aflorado *supra*, ponto **2.1.1.**).

3.2. O processo de aplicação do Pacto de Estabilidade e Crescimento

3.2.1. – Como frequentemente sucede sempre que se pretende submeter realidades económicas instáveis a molduras de disciplina jurídica relativamente estrita, a configuração e os limites da auto-vinculação por parte do Conselho a determinadas medidas e formas pré-determinadas de reacção previstas no PEC quanto a Estados que se mostrem incapazes de cumprir as metas orçamentais definidas foram testados mais rapidamente do que se pensaria. Além disso, esse crivo de aplicação da disciplina do PEC teve destinatários que seriam também improváveis aquando da adopção do PEC, em 1997, pois envolveu o acompanhamento das situações orçamentais da Alemanha e da França.[40]

Importa, pois, apreender – ainda que sumariamente – esses desenvolvimentos. Em termos sintéticos, as situações em causa corresponderam ao apuramento por parte da Comissão de défices orçamentais excessivos da Alemanha e da França, e à abertura dos correspondentes processos, respectivamente em Novembro de 2002 e em Abril de 2003. Tal ultrapassagem dos limiares estabelecidos no PEC levou a que o

---

[39] Sobre a situação emergente das indefinições que presentemente pesam sobre o eventual processo de ratificação do Tratado relativo à Constituição Europeia, cfr., *inter alia*, "Editorial Comments: What Now?", in Common Market Law Review, 2005, pp. 905 ss.; ARMIN VON BOGDANDY, "The Prospect of a European Republic: What European Citizens are Voting On", in Common Market Law Review, 2005, pp. 913 ss.

[40] A primeira situação de apuramento de défices excessivos verificou-se em relação a Portugal, face à reavaliação a que o XV Governo Constitucional procedeu do exercício orçamental de 2001 (sobre tal situação e sobre as medidas então adoptadas, cfr. os *Relatórios Anuais do Banco de Portugal* referentes aos anos 2001-2002). Todavia, neste caso, Portugal subscreveu compromissos de correcção do défice – logo para o exercício orçamental de 2002 – pelo que não foram verdadeiramente testados os limites de aplicação do PEC, face a uma situação de manutenção de défices excessivos não corrigidos, previamente detectados. Este decisivo teste concreto apenas vem a ocorrer a propósito do acompanhamento dos défices da Alemanha e da França em 2002-2003 (nos termos que acima expomos).

Conselho adoptasse [*ex vi* do n.º 7 do artigo 104.º CE e do n.º 4 do artigo 3.º do Regulamento (CE) n.º 1467/97], na sequência de propostas da Comissão, *Recomendações*, visando a correcção desses desequilíbrios excessivos de forma tão célere quanto possível, através da adopção de diversas medidas adequadas, fixando como limite para a adopção de tais medidas as datas de 21 de Maio de 2003 (em relação à Alemanha) e de 3 de Outubro de 2003 (em relação à França).

Contudo, a Comissão verificou posteriormente que as situações de desequilíbrio não haviam sido corrigidas tempestivamente, não tendo sido adoptadas pelos Estados visados medidas eficazes em resposta às *Recomendações* do Conselho, e apresentou, em conformidade com o PEC, propostas no sentido de se passar à fase seguinte do procedimento relativo a défices excessivos. Tratava-se, em súmula, de estabelecer que os dois Estados em causa não haviam tomado as medidas eficazes exigidas pela situação e de notificar esses Estados, dirigindo-lhes novas cominações em ordem a que estes pusessem fim às suas situações de défice excessivo em determinado prazo limite (propostas da Comissão para a adopção de decisões do Conselho, nos termos e para os efeitos dos ns.º 8 e 9 do artigo 104.º CE).

Ora, em Novembro de 2003, o Conselho não aprovou tais decisões propostas pela Comissão e, em sentido diverso, aprovou "*conclusões*" referentes aos dois Estados visados – aplicando as regras de votação estabelecidas para as decisões previstas no n.º 9 do artigo 104.º CE – aceitando a *suspensão do procedimento relativo aos défices excessivos*. Limitou-se o Conselho, nesse contexto, a acordar na ulterior adopção de decisões ao abrigo do n.º 9 do artigo 104.º CE – visando então a notificação de uma nova cominação à França e à Alemanha – caso estes Estados não actuassem em conformidade com novos compromissos assumidos no quadro deste entendimento global ao nível do Conselho. Tais compromissos reportavam-se à adopção de medidas necessárias para assegurar que, o mais tardar em 2005, os défices fossem inferiores ao limiar de 3% do PIB.[41] O Conselho considerou no âmbito desta sua avaliação que as suas anteriores *Recomendações* (ao abrigo do n.º 7 do artigo 104.º CE) tinham sido ultrapassadas pela evolução da situação

[41] Sobre esta sequência de actos e sobre o seu conteúdo cfr., em geral, a matéria de facto enunciada nos pontos 7 a 20 do Acórdão "*Comissão c. Conselho*", de 13 de Julho de 2004, cit..

económica dos Estados em causa e admitiu ainda que estes Estados tinham adoptado diversas medidas relevantes na sequência daquelas Recomendações.

3.2.2. – Após recurso interposto pela Comissão, o TJCE veio no seu Acórdão "*Comissão c. Conselho*", de 13 de Julho de 2004, já cit., a anular as acima referidas "*conclusões*" do Conselho, tomando em consideração, para o efeito, o facto de esta Instituição assim ter unilateralmente alterado as suas anteriores "*Recomendações*" – proferidas ao abrigo do n.º 7 do artigo 104.º CE – o que não poderia fazer sem uma nova proposta da Comissão nesse sentido (devendo pois salvaguardar-se um fundamental direito de iniciativa da Comissão no procedimento relativo aos défices excessivos[42]). Na realidade, a actuação do Conselho em Novembro de 2003 fez com que o parâmetro de referência para a avaliação dos défices excessivos da Alemanha e da França deixasse de ser o conteúdo das anteriores "*Recomendações*" dirigidas a esses Estados, mas os novos compromissos assumidos pelos mesmos Estados.

De qualquer modo – e sintomaticamente – o TJCE não tomou posição sobre o problema da eventual existência de um *poder-dever* do Conselho quanto à adopção de decisões no quadro do n.º 9 do artigo 104.º CE, nos casos em que os Estados não cumpram com o exigido em anteriores "*Recomendações*" proferidas ao abrigo do n.º 4 do artigo 107.º CE.[43]

Assim, importa apreender de modo muito sucinto que consequências jurídicas precisas resultaram desta decisão do TJCE e, em especial, da anulação das "*conclusões*" do Conselho, de 25 de Novembro de 2003, determinada por este Acórdão. Essas consequências revelam-se, em última análise, algo limitadas:

– Na sequência dessa decisão judicial deveriam manter-se, em princípio, as "*Recomendações*" anteriormente dirigidas à França e à

[42] Sobre este ponto da apreciação do TJCE cfr., esp. ponto 92 do Acórdão "*Comissão c. Conselho*", de 13 de Julho de 2004, cit..

[43] Cfr. a esse propósito as considerações expendidas pelo TJCE no ponto 90 do seu Acórdão, cit., onde refere que "(...)*admitindo que a suspensão de facto pode resultar da mera circunstância de o Conselho não conseguir fazer aprovar uma decisão recomendada pela Comissão,* ***o Tribunal de Justiça não toma posição sobre a questão de saber se, por força do n.º 9 do artigo 104.º CE, o Conselho poderia estar obrigado a tomar uma decisão quando o Estado Membro persiste em não cumprir as recomendações que lhe foram dirigidas ao abrigo do n.º 7 do artigo 104.º CE, questão a que o Tribunal não tem de responder no âmbito do presente processo***". (ênfase acrescentada)

Alemanha por parte do Conselho na fase do procedimento prevista no n.º 7 do artigo 104.º CE. Num contexto em que, contudo, o Conselho não aprovou as decisões previstas em relação à fase seguinte do procedimento – ao abrigo dos ns.º 8 e 9 do artigo 104.º CE, o quadro de referência para a avaliação da situação desses Estados deveria, pois, teoricamente ser o da acima referida "*Recomendação*" inicial do Conselho. Deste modo – e em termos hipotéticos – poderia o Conselho adoptar, a qualquer momento, decisões tendentes ao início da nova fase do procedimento por défices excessivos (*ex vi* dos ns.º 8 e 9 do artigo 104.º CE), com base nas anteriores propostas da Comissão) ou poderia a Comissão insistir numa nova iniciativa, apresentando novas propostas de decisão e "*desconsiderando*" os compromissos atípicos dos Estados visados "*aprovados*" pelas "*conclusões*" do Conselho de Novembro de 2003 (e anuladas pelo Acórdão, cit., do TJCE).

Como era, desde logo, previsível, nenhum desses hipotéticos desenvolvimentos alternativos veio a ocorrer. Nem o Conselho adoptou novas medidas baseadas nas anteriores propostas da Comissão, nem a Comissão entendeu reiterar o seu direito de iniciativa nesta matéria, apresentando novas propostas de decisão. Em vez disso, numa Comunicação da Comissão ao Conselho, de 14 de Dezembro de 2004 – "*relativa à situação da Alemanha e da França quanto às suas obrigações no quadro do procedimento sobre défices excessivos após a decisão do TJCE*" – [44] essa Instituição limitou ou relativizou as consequências jurídicas concretas do Acórdão do TJCE.

Assim, nesse documento a Comissão entendeu tomar em consideração as expectativas dos Estados em causa, visados por um acto do Conselho que consideravam válido.[45] Além disso, face às "*circunstâncias*

---

[44] Cfr. "*Communication from the Commission to the Council – The Situation of Germany and France in Relation to their Obligations under the Excessive Deficit Procedure Following the Judgement of the Court of Justice*" – COM (2004) 813 – Brussels, 14 December 2004.

[45] Cfr. "*Communication from the Commission to the Council – The Situation of Germany and France in Relation to their Obligations under the Excessive Deficit Procedure Following the Judgement of the Court of Justice*", cit., ponto 2, esp. na parte em que se refere que "(…) *it is appropriate to take into account the consequences of the council conclusions until their annulment by the Court. These conclusions benefited from*

únicas e excepcionais criadas" e reconhecendo também a relevância de diversas medidas entretanto tomadas por esses dois Estados, a Comissão veio a concluir, em termos globais, que não seriam necessários novos passos no quadro do procedimento de défices excessivos. No essencial, acabou, em última análise, por acolher o objectivo de correcção dos défices desses Estados em 2005 nos termos dos compromissos oferecidos pelos mesmos Estados e aceites pelo Conselho através das suas "*conclusões*" de Novembro de 2003. E foi nesse pressuposto que a Comissão passou em revista os programas de medidas efectivamente desenvolvidos pela França e pela Alemanha, concluindo, a final, que os mesmos seriam largamente consistentes com tal objectivo de correcção dos défices orçamentais em 2005 (tornando em conformidade dispensáveis novas etapas do procedimento relativo a défices excessivos).

De algum modo, a Comissão veio assim a corroborar a decisão do Conselho de *suspender* de modo atípico o procedimento por défices excessivos em relação aos dois Estados visados, embora contraditoriamente continue a sustentar a inadequação das acções da França e da Alemanha em ordem à correcção dos seus défices no prazo e nos termos originariamente fixados nas Recomendações do Conselho. Face a uma relativa omissão do TJCE, que não se pronunciou especificamente sobre as consequências jurídicas da *anulação* das "*conclusões*" do Conselho, a Comissão enveredou, pois, por um entendimento que praticamente retira repercussões concretas a essa anulação.[46]

Este desfecho – independentemente da relevância teórica do precedente emergente do Acórdão do TJCE de 13 de Julho de 2004 – não deixa de suscitar múltiplas interrogações num plano político e institucional. Em primeiro lugar, afigura-se muito duvidosa a garantia de um trata-

---

the presumption of validity that is attached in principle to every community instrument. In other words, the two Member States concerned had the right to assume that measures adopted by community institutions are valid and thus acted on the basis of the Council conclusions".

[46] Cfr. ponto 5 da "*Communication from the Commission to the Council – The Situation of Germany and France in Relation to their Obligations under the Excessive Deficit Procedure Following the Judgement of the Court of Justice*", cit., nos termos do qual, quer em relação à Alemanha, quer em relação à França, "(...) *the Commission concludes that no further steps are necessary at this point under the excessive deficit procedure*", ao arrepio do que propusera em momento anterior ao Conselho.

mento equitativo dos Estados que incorram em défices excessivos. Em tese geral, e quanto a situações passadas, é passível de especulação se Portugal, no caso de não ter interrompido formalmente a trajectória do seu défice orçamental em 2002-2003 com o recurso massivo a medidas extraordinárias, teria tido condições para beneficiar de uma margem de tolerância comparável àquela que foi concedida à França e à Alemanha (através de soluções *atípicas* rejeitadas pelo TJCE mas *ex post* e de modo aparentemente excepcional reconhecidas pela Comissão). No que respeita a situações futuras pode igualmente especular-se sobre o carácter verdadeiramente "*único ou excepcional*" das situações avaliadas pela Comissão na sua algo surpreendente Comunicação de Dezembro de 2004. Não parece, na realidade, ter ficado absolutamente excluída a emergência de novas soluções atípicas no futuro, à margem do encadeamento de actos previsto no procedimento relativo a défices excessivos.

Para além destas interrogações, o que indiscutivelmente resultou destes desenvolvimentos críticos ocorridos em 2003 e 2004 foi a *percepção dos elementos de rigidez do PEC e da extrema dificuldade institucional de que se revestiria a aplicação uniforme da sua disciplina jurídica (compreendendo a vertente sancionatória).* Essa percepção, por seu turno, terá – pelo menos – contribuído de forma decisiva para desencadear um processo de reforma do PEC, no sentido da sua flexibilização.

3.3. **A reforma do Pacto de Estabilidade e de Crescimento**

3.3.1. – O processo de reforma do PEC suscitado pelas vicissitudes da aplicação desse instrumento jurídico em 2003-2004 – nos moldes sinteticamente abordados *supra* – foi, no essencial, desencadeado pela "*Comunicação da Comissão ao Conselho e ao Parlamento Europeu relativa ao reforço do governo económico e à clarificação do processo de concretização do Pacto de Estabilidade e de Crescimento*", de 3 de Setembro de 2004.[47] Este documento identificou correctamente alguns dos principais elementos de rigidez e disfunções subjacentes ao PEC e

[47] Cfr. "*Communication from the Commission to the Council and the European Parliament – Strengthening Economic Governance and Clarifying the Implementation of the Stability and Growth Pact*" – COM (2004) 581 final – Brussels, 3.9.2004.

propôs *quatro vectores fundamentais* de uma desejável revisão desse instrumento jurídico, compreendendo, saber:

(i) o reforço do peso dos objectivos de estabilidade relativos à dívida pública em detrimento do défice orçamental e a atribuição de maior relevância a critérios de "*sustentabilidade*" das metas de estabilidade financeira;[48]

(ii) o reforço da relevância atribuída às condições económicas específicas de cada Estado na definição de objectivos de médio prazo;[49]

(iii) um grau mais intenso de ponderação de circunstâncias económicas concretas e de evoluções de cada economia na concretização dos procedimentos relativos a défices excessivos (*maxime*, no que respeita à ponderação de *circunstâncias especiais* em situações de *redução das taxas de crescimento económico*);[50]

(iv) o reforço dos mecanismos de actuação preventiva e da articulação entre as grandes orientações de política económica (artigo 99.º CE) e os processos de aplicação do PEC.[51]

---

[48] Sobre este aspecto cfr. esp. o ponto 2, (i) da Comunicação de 3 de Setembro de 2004, cit. Tenha-se presente a importância que era atribuída neste ponto ao conhecimento e ponderação de elementos estruturais atinentes a cada Estado que determinassem determinados graus de "*sustentabilidade*" das metas de estabilidade financeira. Como aí se referia, "*beyond the application of the excessive deficit procedure, increased knowledge is required of factors that affect the long term sustainability of public finances, such as pension and contingent liabilities and assets. Further deepening the comprehension of these developments will help to integrate them better into the fiscal framework. A clearer understanding of discrepancies between debt and deficit figures would also allow a better qualification of the budgetary trends*".

[49] Sobre esse aspecto cfr. esp. o ponto 2, (ii) da Comunicação de 2004, cit..

[50] Sobre esse aspecto cfr. esp. o ponto 2, (iii) da Comunicação de 2004, cit.. Como aí se referia de forma impressiva – e reconhecendo implicitamente o carácter muito negativo do estabelecimento de metas rígidas e economicamente "*cegas*" na formulação originária do PEC – "*one-size-fits-all deadlines for the correction of excessive deficits have basic limitations because they do not permit distinguishing between countries with different cyclical developments and with different debt levels.* ***This can lead to erroneous policy advice for instance asking for too stringent pro-cyclical adjustments or creating incentives to the recourse to one-off operations in order to stick with deadlines***" (ênfase acrescentada) (este ultimo cenário parece, de resto, corresponder largamente à situação com a qual Portugal foi confrontado em 2002-2003).

[51] Sobre esse aspecto cfr. esp. o ponto 2, (iv) bem como os pontos 3 e 4 da Comunicação de 2004, cit..

Não cabe em absoluto no espaço da presente análise equacionar *ex professo* o processo de discussão entre os Estados Membros a partir destas quatro linhas programáticas de reforma do PEC no último trimestre de 2004 e no início de 2005. Justifica-se, contudo, adiantar que as perspectivas mais promissoras de realização de uma reforma global e eficaz do PEC, que era possível entrever na Comunicação de Setembro de 2004, não foram confirmadas. Na realidade, a reforma do PEC que veio a resultar do acordo político obtido em Março de 2005 apresenta – não obstante algumas inegáveis virtualidades – um carácter limitado. *Essa reforma não cobriu* – ao contrário do que seria desejável – *alguns dos aspectos primaciais subjacentes aos desequilíbrios e disfunções estruturais do pilar económico da UEM* (tal como este foi originariamente concebido e materializado através de vários instrumentos que, como tivemos ensejo de observar, não se esgotam no PEC).

Em particular, consideramos muito deficientes os desenvolvimentos registados quanto a um aspecto estrutural que assume considerável importância para o equilíbrio global do funcionamento do *pilar económico* da UEM. Referimo-nos à melhor e mais consistente articulação sistemática entre as *Grandes Orientações de Política Económica* (GOPE) e o controlo das políticas orçamentais dos Estados Membros. De algum modo, *um maior rigor e um carácter mais concreto na definição e acompanhamento das GOPE* – em contraste com a natureza excessivamente genérica que estas vêm assumindo –[52] *poderia ser compensado com uma maior margem de flexibilidade não apenas na gestão do procedimento referente a défices excessivos, mas até numa maior latitude para a fixação de metas diferenciadas para os Estados Membros no quadro do mesmo procedimento.*

A Comunicação de Setembro de 2004 permitia entrever passos substantivos nesse sentido que não se concretizaram com o alcance desejável. Tal teria implicado, *inter alia*, o estabelecimento de uma maior ligação entre o enquadramento dos *programas nacionais de estabilidade e convergência* e a definição do conteúdo das GOPE bem como da sua supervisão *pari passu*. Nesse contexto, a detecção de desvios na

[52] Carácter excessivamente genérico e compromissório das GOPE originando, concomitantemente, um processo algo fluido e de reduzida eficácia ou alcance substantivos no que respeita à avaliação do respectivo cumprimento, que já tivemos ensejo de referir em termos críticos – *supra*, ponto 2.2.1..

condução das políticas orçamentais nacionais face às GOPE deveria justificar a emissão de comunicações preventivas ou de recomendações de algum modo tipificadas (e graduadas em função da gravidade dos desvios). Além disso, esse processo deveria conhecer uma maior articulação com os enquadramentos orçamentais nacionais dos Estados Membros (contemplando fórmulas institucionais ou processuais para integrar nos próprios ciclos de preparação dos orçamentos nacionais as revisões periódicas dos *programas de estabilidade e de convergência* bem como determinadas modalidades de avaliação periódica efectiva das GOPE, com intervenção dos Parlamentos nacionais).[53]

Uma reforma com essa amplitude teria naturalmente outras repercussões institucionais ao envolver eventuais ajustamentos dos enquadramentos orçamentais nacionais por imposição comunitária, o que poderia afigurar-se contraditório, *prima facie*, com a defesa de uma orientação favorável à flexibilização do regime do PEC. Não reconhecemos, contudo, qualquer contradição nesse plano. Pelo contrário, *um grau superior de imposição comunitária* em termos de relativa harmonização de enquadramentos orçamentais nacionais e da sua concatenação funcional, quer com os mecanismos comunitários das GOPE, quer com os mecanismos referentes ao controlo dos défices excessivos no quadro do PEC, *poderia ser largamente compensado com a definição de opções mais flexíveis quanto a metas diferenciadas*[54] *a alcançar por cada Estado Membro em matéria de défice orçamental e de dívida pública.*

É certo que, em paralelo, tal teria obrigado a ponderar numa perspectiva institucional mais alargada – e com impactos políticos mais sensíveis – as condições gerais de equilíbrio nas transferências de competências entre a CE e os Estados membros ao nível do *pilar económico* da UEM. Ora, reflectindo sintomaticamente o actual "*estado*" do processo de integração comunitária, os Estados-Membros preferiram, uma vez mais, a adopção de reformas limitadas, que não suscitem esse tipo de ponderações institucionais nem uma reflexão de fundo sobre os desequilíbrios estruturais do referido pilar económico da UEM (conjugando contraditoriamente essa falta de "*visão*" institucional em relação a

[53] Cfr. a esse propósito a Comunicação de Setembro de 2004, cit., pontos 3 e 4.

[54] Reportamo-nos aqui, bem entendido, a metas *relativamente diferenciadas* que continuassem a respeitar determinadas *balizas comuns* em matéria de défice orçamental e de dívida pública.

estádios intermédios concretos de consolidação da própria UEM com o propósito difuso de reforçar a dimensão política da integração comunitária).[55]

É curioso que mesmo alguns dos defensores mais acérrimos de reformas muito limitadas do PEC – com o suposto propósito de salvaguardar "*a credibilidade do Pacto*" como instrumento de disciplina financeira –[56] reconhecem, em paralelo, a importância de eventuais alterações do PEC que incorporassem *novas imposições em matéria de envolvimento de instituições nacionais no controlo dos objectivos de política financeira*.

Trata-se, em particular, da possibilidade de complementar o papel supervisor dos organismos comunitários – *maxime*, da Comissão Europeia e do Eurostat – através da criação de organismos nacionais independentes que, não apenas assegurassem um apuramento técnico fidedigno dos resultados fundamentais das execuções orçamentais como estabelecessem projecções sobre tendências orçamentais com base em determinados cenários macro-económicos (*assegurando um plano técnico transparente de identificação e previsão dos grandes fluxos financeiros e retirando essa matéria do plano da controvérsia política*, sem prejuízo, naturalmente, da definição de opções de fundo de política económica com base em certas variáveis, que se manteria exclusivamente na esfera política *stricto sensu* de actuação dos governos e parlamentos).[57] Essa

---

[55] Sem a veleidade de introduzir aqui qualquer reflexão de fundo sobre as razões contraditórias do impasse do processo de ratificação do Tratado relativo à Constituição Europeia, cfr, de qualquer modo, "Editorial Comments: What Now?", já cit., pp. 905 ss.; ARMIN VON BOGDANDY, "The Prospect of a European Republic: What European Citizens are Voting On", já cit., pp. 913 ss..

[56] Reportamo-nos aqui, *v.g.*, à orientação preconizada por ANTHONY ANNETT, JÖRG DECRESSIN, MICHAEL DEPPLER no seu estudo, *Reforming the Stability and Growth Pact*, IMF Discussion Paper - PDP/05/2, International Monetary Fund, February 2005. Esses autores preconizam aí (*op. cit.*, p. 3) uma posição de grande reserva em relação às propostas de revisão do PEC apresentadas no final de 2004. Como referem, "*some of the proposals in circulation (...) threaten the credibility of the Pact. For the reforms of the pact to be successful, they must be both transparent and operationally simple, with all member countries committed to abide by not only the letter but also the spirit of the new rules*".

[57] Os autores *supra* citados – ANTHONY ANNETT, JÖRG DECRESSIN, MICHAEL DEPPLER – apesar de preconizarem uma reforma extremamente limitada do PEC, defendem a adopção desse tipo de soluções, trazendo à colação os exemplos relativos a *organismos*

opção – como de seguida assinalaremos – assumiria, de resto, especial significado e relevância em Portugal, à luz da experiência verificada nos últimos anos (e que se saldou pela introdução dos processos de revisão dos resultados ou estimativas de execução orçamental no centro da controvérsia política).

3.3.2. – A reforma limitada do PEC a que se procedeu na sequência do acordo político de Março de 2005, materializada no Relatório "*Melhorar a Aplicação do Pacto de Estabilidade*", aprovado pelo Conselho Europeu de 23 de Março de 2005,[58] e nos Regulamento (CE) n.º 1055/ /2005, cit. e n.º 1467/97, cit. (ambos de 7 de Julho), conquanto tenha ficado aquém do desejável, introduziu, ainda assim, alguns elementos importantes de flexibilidade nesse instrumento jurídico (assumindo, como já assinalámos, *supra* directa relevância para a definição de opções de política financeira portuguesa).

Limitando-nos aqui a enunciar de forma muito sucinta as principais linhas de força subjacentes a essa reforma limitada do PEC, justifica-se destacar os seguintes aspectos:

(i) Alteração de normas no sentido da definição de *recessão económica grave* que justifique excepcionalmente excessos em relação ao valor de referência do défice orçamental. Tratou-se, sobretudo, de ponderar as situações em que a *recessão resulte* de taxa de crescimento anual negativa do Produto Interno

---

públicos independentes – com funções de apuramento e enquadramento técnico dos resultados e variáveis da gestão dos orçamentos de Estado – *existentes, v.g., na Holanda ou na Bélgica* (embora com modelos não inteiramente coincidentes). Cfr., nesse sentido, As. cit., *Reforming the Stability and Growth Pact*, cit., p. 14. Como aí se refere, "*governance reforms should focus on complementing the oversight bodies of the center (...) by establishing national budgetary institutions aimed at securing independent assessment of fiscal policies that are subject to parliamentary oversight. Such reforms, while of great consequences to the SGP* [Stability and Growth Pact], *would constitute important steps towards governance irrespective of the fiscal framework*". Sobre a mesma perspectiva, cfr., ainda, Lars Jonung, Martin Larch, "Improving Fiscal Policies in the EU: The Case for Independent Forecasts", in European Economy Policy Papers, N.º 210, Brussels, European Commission, 2004.

[58] Como já referimos, nos termos do próprio Relatório "*Melhorar a Aplicação do Pacto de Estabilidade*", aprovado pelo Conselho Europeu de 23 de Março de 2005, este documento passa a ser considerado considerado "*parte integrante*" da disciplina do PEC.

Bruto (PIB) ou *de uma perda acumulada do Produto durante um período prolongado de crescimento anual muito reduzido do volume do PIB relativamente ao seu crescimento potencial*;

(ii) Definição e concessão de relevância a outros factores pertinentes eleitos pelos Estados como essenciais para a apreciação qualitativa exaustiva de excessos em relação ao valor de referência do défice orçamental e de políticas tendentes à consolidação de processos de correcção desses desequilíbrios. Tais factores podem, designadamente, compreender a prossecução de determinadas políticas de desenvolvimento económico no contexto da denominada Agenda de Lisboa, de políticas destinadas a fomentar a investigação, desenvolvimento e inovação ou de políticas tendentes à qualidade global das finanças públicas num quadro de evolução a médio prazo da situação económica;[59]

(iii) Extensão dos prazos máximos no decurso dos quais os Estados Membros devem tomar medidas eficazes de correcção de défices excessivos. Tratou-se aqui de introduzir um decisivo elemento de flexibilidade temporal em ordem a permitir a adopção de programas mais integrados e eficazes e menos tributários de medidas extraordinárias (colocando assim um justo acento tónico no estabelecimento de metas orçamentais economicamente sustentáveis e não associadas a medidas pontuais ou temporárias);

(iv) Reformulação de normas do PEC no sentido de permitir a repetição de etapas do procedimento de supervisão de défices excessivos, em particular de Recomendações ao abrigo do n.º 7 do artigo 104.º CE e de cominações notificadas ao abrigo do n.º 9 do mesmo artigo 104.º CE. Essa faculdade é contemplada no novo regime do PEC desde que o Estado-Membro visado tenha adoptado medidas eficazes para responder a esses tipos de cominações comunitárias em contextos nos quais acontecimentos económicos adversos e imprevistos, com

---

[59] Sobre o desenvolvimento desse tipo de políticas, que podem influenciar positivamente a qualidade global das finanças públicas dos Estados Membros, cfr. Andreas Schabert, *Discretionary Policy, Multiple Equilibria and Monetary Instruments*, ECB, Working Paper, N.º 533, October, 2005.

impacto desfavorável significativo nas finanças públicas, impossibilitem a correcção das situações de défices excessivos nos prazos fixados pelo Conselho.[60]

Esta possibilidade de repetir etapas do procedimento de supervisão de défices excessivos permite, em última análise, ajustamentos do período máximo total concedido aos Estados para a correcção de desequilíbrios orçamentais, em função das circunstâncias económicas com as quais esses Estados possam eventualmente ser confrontados. Além disso, *tal faculdade, se conjugada com a revisão da disciplina do PEC no sentido da extensão dos prazos máximos inicialmente concedidos aos Estados para correcção dos défices* (referida *supra*, iii), *veio assegurar uma margem mínima de flexibilidade que assume especial importância nos casos em que as principais causas dos défices são estruturais* (exigindo o desenvolvimento de programas globais de correcção dos desequilíbrios que obedeçam a lógicas económicas de médio prazo, como sucede, de modo paradigmático com a situação orçamental portuguesa).

Em conjunto, estes dois ajustamentos na disciplina do PEC (iii e iv, *supra*) vêm, assim, pôr termo ou, no mínimo, atenuar um anterior efeito económico perverso de *automatismo*, que se caracterizava pelo facto de, uma vez iniciado o procedimento por défices excessivos, se desencadearem – de forma quase inelutável – mecanismos conducentes à aplicação de sanções. Essa elevada probabilidade de funcionamento encadeado de mecanismos tendentes à aplicação de sanções gerava – como a experiência recente demonstrou – extremas tensões institucionais em torno da efectiva adopção de sanções ou de decisões que imediatamente as precedessem, o que, por seu turno, criava pressões permanentes sobre o funcionamento de todo o sistema de supervisão de défices excessivos (com elevados riscos para a salvaguarda de princípios de *tratamento equitativo dos Estados*, como se pode verificar pelas experiências de tratamento da situações de Portugal e da França e Alemanha, respectivamente em 2002 e 2003).

---

[60] Cfr. sobre esta decisiva vertente da reforma do PEC, cfr., *inter alia*, José Manuel Gonzalez-Páramo, *The reform of the Stability and Growth Pact: An Assessment*, Speech, ECB, 13.10.2005.

3.3.3. – Este processo de reforma limitada do PEC tem sido objecto de caracterizações relativamente extremadas. Assim, segundo algumas orientações mais tributárias de princípios estritos de ortodoxia financeira, essa flexibilização da disciplina do PEC põe em causa aspectos essenciais dos equilíbrios dos quais dependeria o funcionamento da UEM[61] e, em última análise, minaria a prazo a própria estabilidade monetária que deveria encontrar-se no cerne da nova União Monetária. De acordo com outras orientações, tal reforma terá, pelo contrário, permitido uma correcção importante de desequilíbrios originários do regime de disciplina financeira, em moldes que deverão permitir uma diminuição das tensões que têm caracterizado a sua aplicação.

Pela nossa parte, não subscrevemos qualquer uma dessas orientações. A subsistência efectiva de um regime consistente de disciplina financeira não está posta em causa com a reforma moderada do PEC adoptada em 2005[62] e continuará a depender primacialmente dos termos concretos em que se verifique a aplicação das suas regras aos vários Estados participantes no último estádio da UEM. Assim, a serem novamente acolhidas formas de tratamento atípico das situações de determinados Estados – como sucedeu com a França e a Alemanha em 2003 –[63] o regime do PEC conhecerá uma inexorável erosão jurídica que pode, em contrapartida, conduzir a distorções no funcionamento de todo o sistema (tal sucederá, designadamente, se diversos Estados forem sujeitos a *dinâmicas de disciplina orçamental qualitativamente distintas*, sendo, então, os *efeitos deflaccionistas* das correcções de desequilíbrios orçamentais desigualmente distribuídos no espaço da UEM[64]).

---

[61] Algumas análises procedentes do Banco Central Europeu têm-se inserido nessa fileira mais crítica da revisão do PEC. Cfr., *inter alia*, "*Testimony Before the Committee on Economic and Monetary Affairs of the European Parliament – Introductory Statement by Mr. Jean-Claude Trichet, President of the European Central Bank*" – Brussels, 14 March 2005. Nos termos dessa, Declaração, para o Presidente do BCE, "(...) *the corrective arm* [of the Stability and Growth Pact] *should not be weakened*".

[62] Reforma limitada que reputamos – nos termos expostos *supra*, pontos **3.3.1.** e **3.3.2.** – ter sido até insuficiente para corrigir algumas distorções originárias do funcionamento da UEM.

[63] Formas atípicas de tratamento desses dois Estados, nos termos expostos *supra*, pontos **3.2.1.** e **3.2.2.**.

[64] Apesar dos termos em que foi proferido o Acórdão do TJCE, de 13 de Julho de 2004, cit., não consideramos esse cenário mais negativo – acima exposto – completamente afastado.

O que seria desejável, no contexto jurídico-económico emergente da reforma do PEC, seria uma verdadeira *renovação qualitativa das condições de acompanhamento da aplicação das regras essenciais desse regime* (a qual, em termos práticos e institucionais, não é impossível, apesar de esta reforma jurídica se ter revestido de contornos pouco ambiciosos). Tal renovação envolveria, por um lado, um maior nível de complexidade nas avaliações económicas dos processos de aplicação do PEC – através de nexos mais significativos entre a fixação de objectivos orçamentais e respectiva monitorização e a definição e supervisão de GOPE com real alcance substantivo[65] (correlativamente, tal implicaria uma menor ênfase nos processos meramente formais de correcção imediata de desequilíbrios orçamentais, concedendo maior latitude às políticas nacionais de correcção dos desequilíbrios a mais longo prazo).

Por outro lado, seria importante um reforço do grau de exigência colocado sobre as condições de funcionamento do sistema, no que respeita, em particular, à *transparência e credibilidade da informação relativa à evolução das situações orçamentais dos Estados Membros*. Na verdade, ao longo da primeira fase de aplicação do PEC – até à reforma de 2005 – o aparente rigor das regras impondo correcções céleres dos desequilíbrios orçamentais foi conjugado com uma orientação muito permissiva em matéria de contabilização e apuramento dos saldos orçamentais por parte dos Estados Membros (gerando consideráveis distorções contabilísticas que a própria Comissão foi inventariando, mas sem retirar consequências jurídicas ou institucionais das mesmas).[66] A *flexibilização*

---

[65] Articulação mais estreita e integrada entre essas duas dimensões nos moldes sustentados *supra*, ponto **3.3.1.**.

[66] Tenha-se presente a esse propósito os inventários impressivos de medidas de verdadeira *contabilidade criativa* bem como de *medidas extraordinárias* (adoptadas por diversos Estados) desenvolvidos, *v.g.*, num "*Workshop*" organizado pela própria Comissão Europeia, em Novembro de 2004, com o tema geral – "*Fiscal Surveillance in EMU: New Issues and Challenges*". Entre o conjunto de estudos aí apresentados, cfr., em particular, o estudo *Fiscal Gimmickry in Europe: One-Off Measures and Creative Accounting* – de Vincent Koen, Paul van den Noord (OECD – Economics Department – November 2004). Como referem estes As., "*the European experience over the past decade – which is documented here in unprecedented detail – illustrates that fiscal gimmicks come in many different guises (...). Logit regression analysis confirms that when deficit rules tend to become more binding, recourse to gimmicks is more likely.(...) One-off measures and creative accounting are distinct, yet often combined practices.*" Os mesmos As. referem ainda a existência de "*three generations of deficit gimmicks*",

controlada das regras no plano substantivo, que acima preconizámos deveria, pois, em paralelo, ser acompanhada pela *adopção de critérios mais exigentes e transparentes de acompanhamento das situações orçamentais dos Estados* (o que deveria envolver, nos termos que já expusemos, reformas dos regimes nacionais de enquadramento orçamental e das próprias instituições nacionais intervenientes nesse domínio, de modo a reforçar as condições de acompanhamento técnico independente da evolução dos saldos orçamentais).

Caso a reforma do PEC não seja efectivamente seguida de uma renovação qualitativa das condições de acompanhamento da aplicação deste regime podem sobrevir riscos importantes para o funcionamento do sistema. *O risco mais significativo será certamente o de que as deficiências e lacunas do pilar económico da UEM – que temos vindo a identificar e caracterizar – possam afectar a prazo o pilar monetário da UEM.* Em termos políticos e institucionais, tal poderá suceder, designadamente, se num cenário próximo de manutenção de baixas taxas de crescimento económico e de baixo crescimento do emprego, os Estados começarem a pôr em causa as condições de desenvolvimento da política monetária na UEM e o próprio estatuto de independência do BCE (o que não deixou de se verificar, já de modo mais ou menos indirecto, na primeira metade de 2005[67]).

4. **As repercussões da reforma do PEC para Portugal**

A reforma limitada do PEC veio inegavelmente introduzir uma margem acrescida de flexibilidade na condução da política económica

---

correspondendo a terceira ao recente "*cyclical downturn worsened headline deficits*". Entre as medidas identificadas nesta denominada *terceira geração* – e ressalvando não se tratar de um inventário exaustivo, atendendo à escassez da informação disponível sobre estas matérias – esses As. destacam que "*one-off measures in recent times have prominently included sales of non-financial assets and tax amnesties. Creative accounting operations have featured securitisations of various sorts (...), exceptional receipts associated with the changeover to euro cash and again misclassifications of capital injections and treatment as revenue of lump-sum payments freeing enterprises undergoing privatisation of their pension obligations (...)*".

[67] Pensamos aqui nas declarações de responsáveis governamentais de vários Estados Membros na Primavera-Verão de 2005, criticando – mais ou menos veladamente, conforme os casos – a suposta rigidez do enquadramento da UEM e das políticas conduzidas com um elevado grau de independência pelo BCE.

(*maxime*, orçamental) portuguesa, que, em si mesma, reputamos positiva, mas que se pode revelar ilusória. Tal margem acrescida de flexibilidade traduz-se especialmente na possibilidade de dispor de prazos mais dilatados para a correcção – estrutural – dos desequilíbrios orçamentais nacionais. Em concreto, foram criadas condições para a aceitação por parte da Comissão e do Conselho – no quadro do novo regime revisto do PEC – de uma estratégia de correcção do défice orçamental ao longo de um período de quatro anos, de acordo com a estratégia delineada no *Plano de Estabilidade e Crescimento 2005-2009* (PESC), apresentado pela República Portuguesa em Junho de 2005.

Essa estratégia assenta fundamentalmente no *controlo eficaz a prazo do crescimento da despesa corrente primária*, prescindindo em absoluto do recurso a receitas extraordinárias para obter correcções imediatas, meramente formais, nos níveis de desequilíbrio orçamental.[68]

Contudo, o novo espaço assim aberto para um processo de correcção do desequilíbrio orçamental e de contenção da dívida pública que traduza uma real consolidação das finanças públicas nacionais é limitadíssimo. Em primeiro lugar, o cenário macro-económico subjacente a esse PESC é algo optimista – como foi sucessivamente apontado pela Comissão Europeia e pelo Conselho – o que coloca em risco a realização dos objectivos de consolidação financeira, caso não se confirmem variáveis essenciais como as previsões de aumento do preço do petróleo ou as próprias taxas estimadas de crescimento económico.

Em segundo lugar – como é também destacado pelo Conselho na sua avaliação globalmente positiva do PESC – subsistem riscos muito significativos de falta de eficácia das políticas ou medidas dirigidas à eliminação das causas estruturais que geram pressões permanentes no sentido do aumento da despesa pública.[69] Entre outros aspectos, as

---

[68] A esse propósito, cfr., em esp. o ponto 3. – "*Uma estratégia de consolidação orçamental para a legislatura*" – do *Programa de Estabilidade e Crescimento 2005-2009 da República Portuguesa* (de Junho de 2005).

[69] Cfr., a esse propósito, "*Council Opinion of 12 July on the Updated Stability Programme of Portugal – 2005-2009*". Como aí se refere: "***The budgetary outcome as projected in the programme is subject to several risks. First, the acceleration in economic activity may be slower than expected****, depending on the effective impact of the fiscal consolidation measures and given the expected increase in international competition in the Portuguese export markets.* ***Second, the revenue-raising and expenditure restraining measures may be less effective than projected or take longer to***

reformas da administração pública e dos seus sistemas de previdência só serão executadas em 2006, podendo, na mais favorável das hipóteses – e a serem concluídas com razoável grau de sucesso – produzir efeitos orçamentais em 2007 e 2008. Acresce que a programação do conteúdo dessas reformas se mostra ainda consideravelmente vaga. Noutro plano, e numa área igualmente sensível para a consolidação estrutural das finanças públicas nacionais, as soluções delineadas com vista à diminuição do crescimento da despesa no sector da saúde mostram-se também pouco precisas.

O aspecto que porventura pode assumir um papel decisivo para o sucesso de uma política estrutural de consolidação financeira num horizonte temporal de três a quatro anos corresponde, em nosso entender, a uma *programação tendente a inventariar e analisar – numa lógica horizontal e sistemática – a estrutura da despesa pública,*[70] seguida de uma *programação de medidas de reforma e saneamento nas áreas assim identificadas, tendentes a eliminar determinadas duplicações de despesas, a eliminar ou reduzir certas despesas e a controlar pari passu os níveis de eficácia associadas a outras despesas.* Sem essa lógica sistemática, consubstanciada na análise substantiva de áreas de despesa por

produce the desired results. *The higher tax rates heighten the risk of tax evasion, notwithstanding the significant measures being taken to increase tax compliance, including closer administrative cooperation focused on cross-border VAT fraud.* ***Moreover, most of the announced restraint on expenditure still needs to be legally implemented.*** *In view of this assessment, the government might be called to fulfil its commitment to take additional measures in order to avoid the deficit exceeding 3% of GDP for longer than planned. Moreover, even if the projected path is adhered to, the budgetary stance in the programme does not provide a sufficient safety margin against breaching the deficit ceiling with normal macroeconomic fluctuations until at least 2009. It is also insufficient to ensure that the Stability and Growth Pact's medium-term objective of a budgetary position of close to balance is achieved within the programme horizon, in spite of a reduction in the underlying deficit from 2005 to 2009 of around 4 percentage points of GDP. A sensitivity analysis shows that the deficit would still be at 3%, or very close to it, in 2009, in the event of unfavourable macroeconomic developments* (...)". (ênfase acrescentada)

[70] Esse inventário e análise deveria seguramente envolver um ou mais anos e assumir um carácter tão exaustivo quanto possível, implicando uma *coordenação directa de actividades entre uma estrutura central – situada no quadro do Ministério das Finanças – e as diversas unidades orgânicas sectoriais que integrem a administração pública directa e indirecta.* Contudo, só muito indirectamente esta estratégia de actuação é aflorada no PESC.

funções públicas prosseguidas[71] – mediante procedimentos operacionais que conjuguem uma estrutura centralizada de acompanhamento com a intervenção de departamentos sectoriais – será difícil entrever uma real consolidação financeira (com natureza estrutural).

Além disso, *seria importante* – como acima já admitimos, e na esteira de soluções já adoptadas por alguns Estados Membros da UE, como a Holanda e a Bélgica –[72] *instituir novos mecanismos institucionais independentes de acompanhamento das execuções orçamentais, de validação dos resultados dessas execuções e de previsão de variáveis macro-económicas essenciais para a própria programação orçamental numa perspectiva plurianual* (numa lógica diversa da supervisão financeira externa *ex post* que deveria naturalmente ser conservada, nos moldes actualmente existentes, pelo Tribunal de Contas).

Lisboa, Setembro/Outubro de 2005

---

[71] Sobre as grandes insuficiências que tradicionalmente tem assumido entre nós qualquer *lógica sistemática de programação orçamental das áreas de despesa pública por funções públicas prosseguidas*, referindo, em paralelo as vantagens de conjugar lógicas integradas de *orçamentos por actividades* e *orçamentos por programas*, cfr. *Relatório sobre as Perspectivas da Reforma da Lei de Enquadramento do Orçamento de Estado*, in *Reforma da Lei do Enquadramento Orçamental – Trabalhos Preparatórios e Anteprojecto*, Ministério das Finanças, Lisboa 1998, esp. pp. 259 ss e pp. 267 ss..

[72] Sobre esse tipo de soluções institucionais ("*independent national budgetary institutions*"), cfr., *inter alia*, Mark Hallerberg, *Domestic Budgets in a United Europe. Fiscal Governance from the End of Bretton Woods to EMU*, Ithaca and London, Cornell University Press, 2004; Lars Jonung, Martin Larch, "Improving Fiscal Policy in the EU: The Case for Independent Forecasts", 2004, cit..

A PROTECÇÃO DOS DIREITOS FUNDAMENTAIS EM PORTUGAL E A CONSTITUIÇÃO EUROPEIA

ANA MARIA GUERRA MARTINS*
Faculdade de Direito da Universidade de Lisboa

1. Introdução

O tema que nos foi proposto tratar no Curso de Verão, organizado pelo Instituto Europeu da Faculdade de Direito da Universidade de Lisboa, em 2005 – a protecção dos direitos fundamentais em Portugal e a Constituição Europeia[1] – revela-se muito amplo, pelo que nos concentraremos somente em três aspectos:

a) O nível múltiplo[2] ou a múltipla dimensão da protecção dos direitos fundamentais;

b) As inovações da Constituição Europeia no domínio dos direitos fundamentais;

c) Os aspectos de confluência e de divergência entre o Direito vigente em Portugal e as normas ínsitas na Constituição Europeia, designadamente, as normas da Carta dos Direitos Fundamentais da União Europeia.

---

* Doutora em Direito / Professora Associada da Faculdade de Direito da Universidade de Lisboa.

[1] Por Constituição Europeia deve entender-se o Tratado que estabelece uma Constituição para a Europa, o qual foi aprovado pela CIG 2004, em 18 de Junho de 2004, e está publicado no JOUE C 310, de 16 de Dezembro de 2004.

[2] A expressão *multilevel constitucionalism* tem sido usada, entre outros, por Ingolf Pernice, a propósito do constitucionalismo europeu. Ver Ingolf Pernice, *Multilevel Constitutionalism in the European Union,* ELR, 2002, pgs. 511 e seguintes.

2. O nível múltiplo de protecção dos direitos fundamentais em Portugal

Em Portugal, tal como em todos os outros Estados-Membros da União Europeia, a protecção dos direitos fundamentais baseia-se em **três distintos níveis de produção normativa**: o nível constitucional, o nível internacional, tanto universal como regional europeu, e o nível da União Europeia[3].

Se historicamente as normas provenientes do **ordenamento jurídico-constitucional** são as primeiras que afirmam os direitos dos indivíduos e das pessoas colectivas em relação ao Estado, hodiernamente, elas concorrem com normas provenientes de ordenamentos jurídicos que extravasam das fronteiras do Estado.

Com efeito, o **movimento de acentuada internacionalização do Direito** posterior à II Guerra Mundial também atinge os direitos fundamentais, assistindo-se ao surgimento de um conjunto de normas internacionais quer universais[4] quer regionais[5], que procuram estabelecer um *standard* mínimo de protecção de direitos humanos extensivo a toda a comunidade internacional[6].

Estas duas perspectivas, aparentemente distintas, e até, por vezes, contraditórias, têm, no entanto, um importante **ponto de convergência**:

---

[3] Ver José Carlos Vieira de Andrade, *Os Direitos Fundamentais na Constituição Portuguesa de 1976*, 2ª edição, Coimbra, Almedina, 2001, pgs. 18 e seguintes.

[4] O primeiro instrumento internacional que demonstra uma tentativa séria de internacionalização e universalização dos direitos humanos é a Carta das Nações Unidas. Em consequência, a ONU vai desempenhar um papel fundamental no progressivo desenvolvimento e codificação dos direitos humanos, pelo que é no seu seio que vão ser aprovados alguns dos mais importantes instrumentos internacionais neste domínio, designadamente, a Declaração Universal dos Direitos Humanos (1948), o Pacto Internacional de Direitos Económicos, Sociais e Culturais e o Pacto Internacional de Direitos Civis e Políticos (1966).

[5] No plano regional, a proclamação dos direitos humanos surgiu, em primeiro lugar, na Europa e na América e só depois se estendeu à África e ao mundo árabe-islâmico, sendo obra de Organizações Internacionais específicas, como o Conselho da Europa, a Organização de Estados Americanos, a Organização de Unidade Africana e a Liga dos Estados Árabes. O continente asiático é o único que, até à data, ainda não se dotou de nenhum mecanismo institucional destinado a promover e proteger os direitos humanos.

[6] Para maiores desenvolvimentos sobre esta problemática, ver Ana Maria Guerra Martins, *Direito Internacional dos Direitos Humanos*, Coimbra, Almedina, 2006, pgs. 100 e seguintes, bem como toda a bibliografia aí citada.

a afirmação dos direitos das pessoas opera por referência ao Estado. A própria eficácia horizontal dos direitos fundamentais realiza-se ainda no paradigma estadual.

Já o terceiro nível de normas de protecção de direitos fundamentais vigente em Portugal – o nível da União Europeia – parte de um pressuposto completamente diverso: os direitos fundamentais afirmam-se em relação às instituições e aos órgãos comunitários e não em relação aos Estados-Membros. Estes só são envolvidos nessa protecção quando aplicam medidas de execução de normas comunitárias[7]. Assim sendo, a primeira preocupação das normas da União Europeia de protecção dos direitos fundamentais não se prende com o seu cumprimento ao nível estadual, mas antes com o seu respeito por parte dos órgãos da própria União Europeia.

Caracterizemos, então, sumariamente, estes três níveis de protecção dos direitos fundamentais.

2.1. **O nível constitucional**

O sistema de direitos fundamentais consagrado na Constituição Portuguesa fundamenta-se, antes de mais, na **dignidade da pessoa humana**. O artigo 1.º CRP afirma que Portugal é uma república soberana, baseada na dignidade da pessoa humana.

O ponto de partida de todo o ordenamento constitucional em matéria de direitos fundamentais é, portanto, a dignidade da pessoa humana[8]. Trata-se do pórtico a partir do qual se entra no edifício constitucional.

---

[7] Ver Acórdão de 25/11/86, *Klensch*, procs. 201 e 202/85, Col. 1986, pgs. 3477 e seguintes; acórdão de 13/7/89, *Wachauf*, proc. 5/88, Col. 1989, pgs. 2609 e seguintes; acórdão de 18/6/91, *ERT*, proc. C-260/89, Col. 1991, pg. I-2925.

[8] Sobre a importância da dignidade da pessoa humana no ordenamento jurídico--constitucional português, ver, especialmente, J. J. Gomes Canotilho / Vital Moreira, *Anotação ao artigo 1.º, in* CRP Constituição da República Portuguesa Anotada, Vol. I, Coimbra, Coimbra Editora, 2007, pgs. 198 e seguintes; Jorge Miranda, *A Constituição e a Dignidade da Pessoa Humana, in* Escritos Vários sobre Direitos Fundamentais, Lisboa, Principia, 2006, pgs. 469 e seguintes; José de Melo Alexandrino, *A estruturação do sistema de direitos, liberdades e garantias na Constituição Portuguesa,* vol. II, Coimbra, Almedina, 2006, pgs. 306 e seguintes; Jorge Miranda / Rui Medeiros, *Anotação ao artigo 1.º, in* Constituição Portuguesa Anotada, tomo I, Coimbra, Coimbra Editora, 2005, pgs.

A pessoa humana assume, assim, um papel central no ordenamento jurídico-constitucional. «É o fundamento e o fim da sociedade e do Estado»[9].

Não se deve, pois, estranhar o carácter **extenso do catálogo de direitos fundamentais** incluído na Constituição, o qual abrange um conjunto muito vasto de direitos, liberdades e garantias, mas também um número muito alargado de direitos dos trabalhadores e de direitos económicos, sociais e culturais. Este catálogo, para além de ter vindo a aumentar com as sucessivas revisões constitucionais[10], pode ainda ser alargado, sem necessidade de revisão, com base no artigo 16.º, n.º 1, CRP[11].

O **âmbito subjectivo** dos direitos fundamentais consagrados na CRP é também muito amplo. Do **lado activo**, são destinatários dos direitos fundamentais, não só as pessoas singulares, como também as pessoas colectivas (artigo 12.º, n.º 2, CRP)[12]. Além disso, existe um princípio de equiparação, no que diz respeito à titularidade e exercício dos direitos e à adstrição a deveres, entre cidadãos portugueses e estrangeiros, apátridas

53 e seguintes; Maria Lúcia Amaral, *A forma da República – Uma introdução ao estudo do direito constitucional,* Coimbra, Coimbra Editora, 2005, pgs. 162 e seguintes; Jorge Reis Novais, *Os princípios constitucionais estruturantes da República Portuguesa,* Coimbra, Coimbra Editora, 2004, pgs. 50 e seguintes.

[9] Jorge Miranda, *Manual de Direito Constitucional*, tomo IV, 3ª ed., Coimbra, Coimbra Editora, 2000, pg. 180.

[10] Ver José de Melo Alexandrino, *A estruturação do sistema de direitos, liberdades e garantias na Constituição Portuguesa,* vol. I, cit., pgs. 637 e seguintes; Jorge Miranda, *Manual de Direito Constitucional*, tomo I, 7ª ed., Coimbra, Coimbra Editora, 2003, pgs. 380 e seguintes.

[11] Sobre este preceito, ver, entre outros, J. J. Gomes Canotilho / Vital Moreira, *Anotação ao artigo 16.º, in* CRP Constituição da República Portuguesa Anotada, cit., pgs.365 e seguintes; Jorge Miranda / Rui Medeiros, *Anotação ao artigo 16.º, in* Constituição Portuguesa Anotada, tomo I, cit., pgs. 137 e seguintes; José de Melo Alexandrino, *A estruturação do sistema de direitos, liberdades e garantias na Constituição Portuguesa,* vol. II, cit., pgs. 369 e seguintes; Jorge Miranda, *Manual de Direito Constitucional*, tomo IV, cit., pgs. 162 e seguintes.

[12] Sobre este preceito, ver, entre outros, J. J. Gomes Canotilho / Vital Moreira, *Anotação ao artigo 12.º, in* CRP Constituição da República Portuguesa Anotada, cit., pgs. 328 e seguintes; Jorge Miranda / Rui Medeiros, *Anotação ao artigo 12.º, in* Constituição Portuguesa Anotada, tomo I, cit., pgs. 111 e seguintes; J. J. Gomes Canotilho, *Direito Constitucional e Teoria da Constituição,* 7ª ed., Coimbra, Almedina, 2003, pgs. 420 e seguintes; Jorge Miranda, *Manual de Direito Constitucional*, tomo IV, cit., pgs. 215 e seguintes.

e cidadãos europeus (artigo 15.º CRP)[13]. Do **lado passivo**, para além das entidades públicas, em matéria de direitos, liberdades e garantias, estão também vinculadas as entidades privadas (artigo 18.º, n.º 1, CRP)[14].

O **carácter restritivo das restrições** aos direitos, liberdades e garantias e direitos de natureza análoga, consagrado no artigo 18.º, n.º 2 e 3, CRP[15], em conjunto com o **princípio da proibição do retrocesso**, segundo o qual, uma vez concretizado um preceito constitucional, o legislador não pode pura e simplesmente revogar a lei concretizadora e repor o estado de coisas anterior[16], contribuem para assegurar a amplitude do catálogo de direitos fundamentais.

Além disso, os direitos fundamentais são invocáveis jurisdicionalmente[17].

---

[13] Sobre este preceito, ver, entre outros, J. J. Gomes Canotilho / Vital Moreira, *Anotação ao artigo 15.º, in* CRP Constituição da República Portuguesa Anotada, cit., pgs. 354 e seguintes; Jorge Miranda / Rui Medeiros, *Anotação ao artigo 15.º, in* Constituição Portuguesa Anotada, tomo I, cit., pgs. 131 e seguintes; J. J. Gomes Canotilho, *Direito Constitucional e Teoria da Constituição,* cit., pgs. 417 e seguintes.

[14] J. J. Gomes Canotilho / Vital Moreira, *Anotação ao artigo 18.º, in* CRP Constituição da República Portuguesa Anotada, cit., pgs. 379 e seguintes; Jorge Miranda / Rui Medeiros, *Anotação ao artigo 18.º, in* Constituição Portuguesa Anotada, tomo I, cit., pgs. 148 e seguintes; Jorge Miranda, *Manual de Direito Constitucional,* tomo IV, cit., pgs. 314 e seguintes; J. J. Gomes Canotilho, *Direito Constitucional e Teoria da Constituição,* cit., pgs. 438 e seguintes; José Carlos Vieira de Andrade, *Os Direitos Fundamentais na Constituição Portuguesa de 1976,* cit., pgs. 238 e seguintes.

[15] Sobre este preceito, ver, entre muitos outros, J. J. Gomes Canotilho / Vital Moreira, *Anotação ao artigo 18.º, in* CRP Constituição da República Portuguesa Anotada, cit., pgs. 388 e seguintes; Jorge Miranda / Rui Medeiros, *Anotação ao artigo 18.º, in* Constituição Portuguesa Anotada, tomo I, cit., pgs. 163; José de Melo Alexandrino, *A estruturação do sistema de direitos, liberdades e garantias na Constituição Portuguesa,* vol. II, cit., pgs. 424 e seguintes; Jorge Miranda, *Manual de Direito Constitucional,* tomo IV, cit., pgs. 328 e seguintes; J. J. Gomes Canotilho, *Direito Constitucional e Teoria da Constituição,* cit., pgs. 448 e seguintes; Jorge Reis Novais, *As restrições aos direitos fundamentais não expressamente autorizadas pela Constituição,* Coimbra, Coimbra Editora, 2003, *maxime* pgs. 172 e seguintes; José Carlos Vieira de Andrade, *Os Direitos Fundamentais na Constituição Portuguesa de 1976,* cit., pgs. 288 e seguintes.

[16] Jorge Miranda, *Manual de Direito Constitucional,* tomo IV, cit., pgs. 397 e seguintes; José Carlos Vieira de Andrade, *Os Direitos Fundamentais na Constituição Portuguesa de 1976,* cit., pgs. 390 e seguintes.

[17] Jorge Miranda, *Manual de Direito Constitucional,* tomo IV, cit., pgs. 256 e seguintes.

Os direitos fundamentais não se limitam à dimensão subjectiva, eles contêm também numa dimensão objectiva como bases da ordenação da vida social[18].

Há até quem refira que Portugal é um *Estado de Direitos Fundamentais*[19].

2.2. **O nível internacional**

Portugal é parte em inúmeras convenções internacionais relativas à protecção dos direitos humanos[20] e está vinculado pelas normas e princípios de Direito Internacional Consuetudinário neste domínio.

De acordo com o **princípio da interdependência ou da harmonia da Constituição com o Direito Internacional** (*die Voelkerrechtsfreundlichkeit der Verfassung*)[21], que actualmente impera nas relações entre o Direito Internacional e os Direitos internos, todo o Direito interno deve acolher as normas de Direito Internacional.

Esta asserção é particularmente válida em matéria de direitos humanos.

Com efeito, a Constituição portuguesa consagra o princípio da amizade ao Direito Internacional dos Direitos Humanos a vários propósitos.

Em primeiro lugar, deve mencionar-se o artigo 7.º, n.º 1, relativo aos princípios pelos quais Portugal se rege nas relações internacionais, o qual afirma, expressamente, o princípio do respeito dos direitos do homem e dos povos. O n.º 3 do mesmo preceito reconhece o direito dos povos à autodeterminação e independência e desenvolvimento e o n.º 7, introduzido na revisão de 2001, aceita a jurisdição do Tribunal Penal Internacional com o objectivo de realizar uma justiça internacional, que promova o respeito pelos direitos da pessoa humana e dos povos.

---

[18] Ver, por todos, Jorge Reis Novais, *As restrições aos direitos fundamentais não expressamente autorizadas pela Constituição,* cit., pgs. 59 e seguintes.

[19] Ver, por último, J. J. Gomes Canotilho / Vital Moreira, *CRP Constituição da República Portuguesa Anotada*, cit., pg. 50.

[20] A lista exaustiva das convenções internacionais a que Portugal está vinculado pode ver-se no sítio http://www.gddc.pt/direitos-humanos/index-dh.html.

[21] Este princípio foi importado da doutrina alemã por Fausto de Quadros, *A protecção da propriedade privada pelo Direito Internacional,* Coimbra, Almedina, 1998, pg. 535.

Daqui decorre que a CRP confere, no domínio das relações internacionais, um papel muito importante à protecção internacional dos direitos humanos, indo ao ponto de elevar ao estatuto constitucional a jurisdição de um tribunal – o Tribunal Penal Internacional – que se destina a punir as violações mais graves de direitos humanos.

Além disso, o já mencionado artigo 16.º CRP, incorporado nos princípios gerais que regem os direitos e deveres fundamentais, reconhece, no seu n.º 1, um princípio de abertura às regras de Direito Internacional, na medida em que considera que os direitos consagrados na Constituição não excluem quaisquer outros constantes de regras aplicáveis de Direito Internacional. Quer dizer: qualquer regra internacional, seja qual for a fonte de onde emana – tratado, costume, decisão de uma organização internacional – e seja qual for o seu âmbito de aplicação territorial – universal ou regional – desde que, nos termos do artigo 8.º CRP, se deva aplicar em Portugal, serve de fundamento a esse princípio da abertura ao Direito Internacional. Por outras palavras: o artigo 16.º, n.º 1, CRP opera a constitucionalização dos direitos fundamentais reconhecidos no plano do Direito Internacional.

Por último, deve mencionar-se o n.º 2 do artigo 16.º CRP, o qual estabelece um princípio da interpretação e da integração de lacunas constitucionais conformes à Declaração Universal dos Direitos do Homem[22].

Este princípio da amizade da Constituição ao Direito Internacional dos Direitos Humanos não pode deixar de ter repercussões, no tocante à posição hierárquica que este Direito deve ocupar na Ordem Jurídica interna portuguesa.

Como julgamos ter demonstrado no nosso *Direito Internacional dos Direitos Humanos*[23], existe um **primado absoluto das normas internacionais relativas a direitos humanos que fazem parte do *jus cogens*,**

---

[22] Especificamente sobre a Declaração Universal dos Direitos do Homem e a Constituição Portuguesa, ver Jorge Miranda, *A Declaração Universal e os pactos internacionais dos direitos do Homem*, *in* Escritos Vários sobre Direitos Fundamentais, cit., pgs. 103 e seguintes; Paulo Otero, *A Declaração Universal dos Direitos do Homem e Constituição: a inconstitucionalidade de normas constitucionais?*, O Direito, 1990, pgs. 603 e seguintes; Jorge Bacelar Gouveia, *A Declaração Universal dos Direitos do Homem e a Constituição Portuguesa*, *in* Antunes Varela e. a. (org.), *Ab Uno ad Omnes* – 75 anos da Coimbra Editora, Coimbra, Coimbra Editora, 1998, pgs. 925 e seguintes.

[23] Ana Maria Guerra Martins, *Direito Internacional dos Direitos Humanos,* cit., pgs. 117 e 118.

as quais condicionam as revisões constitucionais, dado que devem ser encaradas como limite material de revisão, e o próprio legislador constituinte ordinário.

O **Direito Internacional Consuetudinário geral ou comum**, que não se inclua no *jus cogens*, deve impor-se em relação a todo o Direito interno, incluindo o Direito Constitucional[24]. Os direitos fundamentais reconhecidos pelo Direito Internacional geral ou comum fazem, pois, parte de um «nível mínimo» abaixo do qual não se pode descer.

O mesmo se pode dizer relativamente às **convenções internacionais de direitos humanos**, quer sejam universais, quer regionais, a menos que se trate de convenções que conduzam à restrição do catálogo de direitos fundamentais incluído nas normas constitucionais[25].

2.3. O nível unionista

A adesão de Portugal às Comunidades Europeias, em 1986, conduziu à vigência de um terceiro nível de normas de direitos fundamentais na nossa Ordem Jurídica, o qual já não assenta no paradigma estadual, mas sim num outro – o **paradigma de constitucionalismo transnacional**[26].

Com efeito, a imediatividade da relação entre o indivíduo e a própria União Europeia, ou seja, a existência de uma relação directa, sem mediação do Estado, entre os seres humanos, os cidadãos e os órgãos da União tornou necessário assegurar a protecção dos direitos fundamentais, não já, apenas e tão-somente, em relação ao Estado, mas também em relação a estes órgãos que produzem Direito directamente aplicável nas ordens jurídicas internas em condições idênticas às do Estado[27].

A versão originária dos Tratados não continha – como a versão actual também não contém – um catálogo de direitos fundamentais.

---

[24] *Idem*, pgs. 118 e 119.

[25] *Idem*, pgs. 119 e 120.

[26] Sobre o constitucionalismo transnacional, ver Ana Maria Guerra Martins, *Curso de Direito Constitucional da União Europeia,* Coimbra, Almedina, 2004, pgs. 121 e seguintes, bem como toda a bibliografia aí citada.

[27] Para maiores desenvolvimentos sobre a imediatividade da relação da União Europeia com o indivíduo, ver Ana Maria Guerra Martins, *A natureza jurídica da revisão do Tratado da União Europeia*, Lisboa, Lex, 2000, pgs. 75 e seguintes.

Todavia, tornou-se claro, desde os primórdios da integração europeia que, apesar de as Comunidades terem um carácter eminentemente económico e de as suas atribuições serem funcionais, o conteúdo dos poderes conferidos aos órgãos comunitários possibilitava uma violação dos direitos dos cidadãos, por parte das próprias Comunidades, designadamente, dos direitos económicos e sociais e dos direitos relativos à regularidade dos processos judiciais e administrativos.

Assim sendo, os direitos fundamentais não podiam continuar a perspectivar-se apenas por referência aos Estados-Membros, mas tinham de se encarar também no seio dessa nova forma de agregação do poder político em emergência, que eram as Comunidades Europeias.

Aliás, a preocupação com o respeito dos direitos fundamentais por parte das Comunidades retira-se implicitamente, desde logo, da versão originária do TCE, quando no preâmbulo se afirmam os ideais de paz e de liberdade, bem como o objectivo de melhoria das condições de vida dos seus povos.

O primeiro órgão comunitário a tomar consciência desta problemática e a encetar esforços para a solucionar, foi, sem dúvida, o Tribunal de Justiça, o qual, através de uma consistente jurisprudência elaborada ao longo de décadas, enquadrou a protecção dos direitos fundamentais no âmbito do Direito Comunitário[28].

---

[28] Sobre a jurisprudência do Tribunal de Justiça em matéria de direitos fundamentais anterior ao Tratado de Maastricht, ver Fausto de Quadros, *Direito da União Europeia*, Coimbra, Almedina, 2004, pgs. 127 e seguintes; J.H.H. Weiler / Nicolas J. S. Lockhart, *"Taking Rights Seriously" Seriously: The European Court and its Fundamental Rights Jurisprudence,* CMLR, 1995, pgs. 51 e seguintes e 579 e seguintes; Carl Otto Lenz, *Der europäische Grundrechtesstandard in der Rechtsprechung des Europäischen Gerichtshofes,* EuGRZ, 1993, pgs. 585 e seguintes; Jean Vergès, *Droits fondamentaux de la personne et principes généraux du droit communautaire, in* Mélanges Jean Boulouis, Paris, 1991, pgs. 513 e seguintes; F. Mancini / Vittorio De Bucci, *Le développement des droits fondamentaux en tant que partie du droit communautaire,* RCADE, vol. I, livro I, Dordrecht, 1990, pgs. 35 e seguintes; Ingolf Pernice, *Gemeinschaftsverfassung und Grundrechtsschutz – Grundlagen, Bestand und Perspektiven,* NJW, 1990, pgs. 2409 e seguintes; Henry G. Schermers, *The European Communities Bound by Fundamental Human Rights,* CMLR, 1990, pgs. 249 e seguintes; J. H. H. Weiler, *The European Court at Crossroads: Community Human Rights and Member State Action, in* Liber Amicorum P. Pescatore, Baden-Baden, 1987, pgs. 821 e seguintes; *Idem, Eurocracy and Distrut: Some Questions concerning the Role of the European Court of Justice in the Protection of Fundamental Human Rights within the Legal Order of the European Communities,*

Se, numa primeira fase, o Tribunal se recusou a aceitar a relevância dos direitos fundamentais, numa segunda fase, integrou-os no Direito Comunitário pela via dos princípios gerais de direito.

Com efeito, na **jurisprudência do Tribunal de Justiça** podem-se descortinar **três fases**:

1ª) A fase da recusa – num primeiro momento, o TJ recusou aferir a validade do Direito Comunitário pelos direitos fundamentais, com base na ideia de que se o Direito Comunitário prevalecia sobre o Direito nacional, essa prevalência incidia também sobre as normas constitucionais, incluindo as relativas aos direitos fundamentais[29]. Contudo, a protecção dos direitos fundamentais impôs-se, devido às tradições constitucionais comuns aos Estados-Membros, na medida em que a transferência de soberania para as Comunidades não podia significar uma diminuição dos direitos dos indivíduos. Assim, nos domínios em que as Comunidades deveriam actuar, afigurou-se necessário encontrar uma forma de protecção dos direitos fundamentais, no seio da própria Ordem Jurídica comunitária.

O TJ viu-se aqui confrontado com vários aspectos que exigiam uma ponderação muito atenta e de cuja solução muito iria depender o futuro da integração europeia. Por um lado, a especificidade das Comunidades Europeias e a consequente autonomia da Ordem Jurídica comunitária não se compadeciam com a sua subjugação às normas constitucionais nacionais, ainda que essas normas dissessem respeito aos direitos fundamentais. Mas, por outro lado, as Comunidades Europeias são constituídas por Estados que comungam de certos valores, de entre os quais se destaca o respeito dos direitos fundamentais[30]. A "habilidade" do Tribunal consistiu em atribuir a

Wash. L. Rev., 1986, pgs. 1103 e seguintes; Manfred A. Dauses, *La protection des droits fondamentaux dans l'ordre juridique des Communautés Européennes, position du problème, état actuel et tendances*, RAE, 1992, pgs. 9 e seguintes; *Idem, La protection des droits fondamentaux dans l'ordre juridique communautaire,* RTDE, 1984, pgs. 401 e seguintes; G. Cohen Jonathan, *La Cour des Communautés Européennes et les droits de l'Homme,* RMC, 1978, pgs. 74 e seguintes.

[29] Acórdão de 4/2/59, *Stork*, proc. 1/58, Rec. 1958-59, pgs. 43 e seguintes e Acórdão de 15/7/60, *Comptoirs de Vente de la Rhur*, procs 36 a 38 e 40/59, Rec. 1960, pg. 890.

[30] É de realçar que o conteúdo dos direitos fundamentais no Direito Comunitário pode não coincidir com o conteúdo que lhe é atribuído pelos direitos nacionais. Aliás, esse conteúdo também não coincide em todos os Estados-Membros. O Tribunal tem de

este valor um cunho comunitário e não apenas estadual, pois as Comunidades não são apenas constituídas por Estados, mas também por cidadãos, no sentido de que o seu Direito se aplica não só aos Estados como também aos cidadãos.

É, pois, após a ponderação dos vários interesses em presença, a saber, a especificidade da Ordem Jurídica comunitária, as tradições constitucionais comuns aos Estados-Membros e a protecção dos direitos dos indivíduos, que o Tribunal de Justiça vai atenuar a sua posição rígida inicial.

2ª) A fase da aceitação – num segundo momento, que se inicia com o caso *Stauder*[31], o TJ aceita a integração dos direitos fundamentais nos princípios gerais de direito, cujo respeito deve assegurar. No caso *Internationale Handelsgesellschaft*, após ter negado a possibilidade de o Direito Comunitário ser posto em causa pelo Direito Constitucional dos Estados, o TJ vai afirmar:

> *«convém, todavia, examinar se alguma garantia análoga inerente ao Direito Comunitário foi desconhecida: com efeito o respeito dos direitos fundamentais é parte integrante dos princípios gerais de direito de que o Tribunal assegura o respeito; que a salvaguarda destes direitos, inspirando-se nas tradições comuns aos Estados-Membros deve ser assegurada no quadro, na estrutura e nos objectivos da Comunidade»*[32].

Esta jurisprudência é particularmente interessante não apenas pelo facto de deslocar a protecção dos direitos fundamentais para o nível do Direito Comunitário, mas também pela concepção que lhe está subjacente de compatibilização entre os ordenamentos constitucionais nacionais e o ordenamento comunitário. Uma das características fundamentais da Ordem Jurídica da União Europeia, qual seja a da influência mútua dos dois ordenamentos e a da existência de vasos comunicantes entre ambos, ancora nesta jurisprudência as suas raízes[33].

---

proceder a uma ponderação, por vezes muito difícil, entre a relevância que deve ser dada aos direitos individuais e o interesse público comunitário.

[31] Acórdão de 12/11/69, proc. 29/69, Rec. 1969, pg. 419.

[32] Acórdão de 17/12/70, proc. 11/70, Rec. 1970, pg. 1125.

[33] Para maiores desenvolvimentos sobre esta problemática, ver Ana Maria Guerra Martins, *A natureza jurídica da revisão do Tratado da União Europeia*, cit., pgs 379 e seguintes.

3ª) A fase da "internacionalização" – num terceiro momento, o Tribunal de Justiça vai completar o quadro de protecção dos direitos fundamentais na Comunidade com a tomada em conta da CEDH e dos demais instrumentos de Direito Internacional, designadamente, o Pacto Internacional de Direitos Civis e Políticos.

No caso *Nold* o TJ defende que:

> *«os instrumentos internacionais que dizem respeito à protecção dos direitos do homem nos quais os Estados-Membros cooperaram ou aos quais aderiram podem igualmente fornecer indicações que convém ter em conta no quadro do Direito Comunitário»*[34].

A jurisprudência posterior vem confirmar que a CEDH é o quadro de referência, no que diz respeito à protecção dos direitos fundamentais[35]. Mais recentemente, o Tribunal parece ir mais longe ao afirmar que não serão admitidas na Comunidade medidas incompatíveis com o respeito dos direitos humanos reconhecidos e garantidos pela Convenção[36].

Ao longo dos anos, o TJ construiu a sua jurisprudência relativa à protecção dos direitos fundamentais, indo buscar inspiração em fontes jurídicas e fontes políticas.

De entre as **fontes jurídicas** podem destacar-se:

- os **princípios comunitários retirados do Direito escrito** – a não discriminação, as liberdades instituídas pelos Tratados, a promoção dos direitos sindicais básicos (artigo 137.º, n.º 1, TCE), a igualdade de remuneração entre homens e mulheres (artigo 141.º TCE), a salvaguarda do segredo profissional (artigo 287.º TCE), a tutela dos regimes de propriedade instituídos nos Estados-Membros (artigo 295.º TCE);
- **as tradições constitucionais comuns aos Estados-Membros** – o Tribunal afirma que anulará ou declarará inválida qualquer disposição de Direito Comunitário derivado contrária aos direitos

[34] Acórdão de 14/5/74, proc. 4/73, Rec. 1974, pg. 491.

[35] Acórdão de 28/10/75, *Rutili*, proc. 36/75, Rec. 1975, pg. 1219; Acórdão de 15/ /5/86, *Johnston*, proc. 222/84, Col. 1986, pgs. 1651 e seguintes; Acórdão de 13/12/79, *Hauer*, proc. 44/79, Rec. 1979, pgs. 2727 e seguintes.

[36] Acórdão de 29/5/97, *Kremzow*, proc. C-299/95, Col. 1997, pg. I-2629.

fundamentais, consagrados nas constituições dos Estados-Membros ou apenas numa delas[37];
- os **instrumentos internacionais** relativos aos direitos humanos que os Estados-Membros subscreveram[38].

De entre as **fontes políticas** relevam a Declaração comum do Parlamento Europeu, Conselho e Comissão de 5.4.77 relativa aos direitos fundamentais e à democracia[39].

O âmbito material da competência do Tribunal de Justiça, no que diz respeito aos direitos fundamentais, abrange não só a legislação comunitária como também a apreciação de medidas estaduais de execução de actos de direito derivado[40] e as medidas nacionais adoptadas em derrogação da proibição de restringir às quatro liberdades, excluindo-se as medidas nacionais que não se situam dentro do âmbito do Direito Comunitário[41].

Da jurisprudência do TJ pode retirar-se o reconhecimento, entre outros, do direito à igualdade de tratamento[42], do direito de propriedade[43], do direito ao livre exercício das actividades económicas e profissionais[44], do respeito da vida privada e familiar, do domicílio e da correspondência[45],

---

[37] Trata-se do princípio do *standard* máximo, ou seja, da aplicação ao nível comunitário da garantia nacional mais elevada.

[38] O Tribunal consagra o princípio do *standard* mínimo europeu.

[39] Publicada no JOCE C 103, de 27/4/77.

[40] Acórdão de 25/11/86, *Klensch*, proc. 201 e 202/85, Col. 1986, pgs. 3477 e seguintes e Acórdão de 13/7/89, *Wachauf*, proc. 5/88, Col. 1989, pgs. 2609 e seguintes.

[41] Acórdão de 18/6/91, *ERT*, proc. C-260/89, Col. 1991, pg. I-2925.

[42] Ver, por exemplo, Acórdão de 19/10/77, *Ruckdeschel*, procs. 117/76 e 16/77, Col. 1977, pg. 1753; Acórdão de 5/10/94, *Alemanha c. Comissão*, proc. C-280/93, Col. 1994, pg. I-4701.

[43] Ver, por exemplo, caso *Hauer*, cit., pg. 3727; Acórdão de 18/3/80, *Valsabbia*, proc. 154/78, Rec. 1980, pg. 907; caso *Wachauf*, cit., pg. 2609; Acórdão de 11/7/89, *Schräder*, proc. 265/87, Col. 1989, pg. 2237.

[44] Ver, por exemplo, caso *Hauer*, cit., pgs. 3727 e seguintes; Acórdão de 8/10/86, *Keller*, proc. 234/85, Col. 1986, pg. 2897; Acórdão de 10/7/91, *Neu E. A.*, procs. C-90 e C-91/90, Col. 1990, pg. I-3617; Acórdão de 13/11/90, *Marshall*, proc. C-370/88, Col. 1990, pg. I-4087.

[45] Ver, por exemplo, Acórdão de 5/3/80, *Ferweda*, proc. 265/78, Rec. 1980, pg. 617; Acórdão de 26/6/80, *National Panasonic*, proc. 136/79, Rec. 1980, pg. 2033; Acórdão de 18/5/82, *AM et S*, proc. 155/79, Rec. 1982, pg. 1575.

da liberdade de associação[46], do respeito dos direitos de defesa[47], da liberdade religiosa[48], da liberdade de expressão[49], do princípio da não retroactividade das disposições penais[50], da proibição das discriminações fundadas no sexo[51] e do direito ao recurso judicial efectivo[52].

Em suma, a jurisprudência do Tribunal de Justiça desloca para o quadro comunitário a protecção dos direitos fundamentais, o que inclui tanto os direitos, as liberdades e as garantias como os direitos económicos, sociais e culturais. Até aí quer uns quer outros encontravam-se protegidos somente ao nível do Direito interno ou no quadro do Direito Internacional clássico. O seu tratamento no âmbito do Direito Comunitário contribui, sem dúvida, para uma certa «humanização» da Comunidade Europeia, uma vez que os indivíduos deixam de ser encarados por aquele Direito na sua faceta restrita de agentes económicos (trabalhadores, prestadores de serviços, receptores de serviços), passando também a ser tida em conta a sua faceta humana.

Deve, todavia, realçar-se que a protecção dos direitos fundamentais conferida pela jurisprudência comunitária não se afigura suficiente, nem pode ser equiparada à que existe ao nível do Direito interno dos Estados-Membros.

Daí que, nas **sucessivas revisões do Tratado**, se tenha tentado um reforço da protecção dos direitos fundamentais pelo Direito Comunitário.

Com efeito, o alargamento dos objectivos da Comunidade preconizado pela Conferência Intergovernamental que antecedeu o **Tratado de Maastricht**[53] tornou ainda mais nítido o carácter incompleto e insufi-

---

[46] Ver, por exemplo, Acórdão de 8/10/74, *Union Syndicale*, proc. 175/73, Rec. 1974, pg. 917.

[47] Ver, por exemplo, Acórdão de 23/10/74, *Transocean Marine Paint*, proc. 17/74, Rec. 1974, pg. 1080; Acórdão de 13/2/79, *Hoffmann-La Roche*, proc. 85/76, Rec. 1979, pg. 461; Acórdão de 18/10/89, *Orkem-Solvay*, procs. 374/87 e 27/88, Col. 1989, pg. 3283; Acórdão de 21/9/89, *Hoechst*, proc. 43 e 63/89, Col. 1989, pg. 2930.

[48] Ver, por exemplo, Acórdão de 27/10/76, *Prais*, proc. 130/75, Rec. 1976, pg. 1589.

[49] Ver, por exemplo, caso *ERT*, cit., pg. I-2925; Acórdão de 5/10/94, *TV 10 SA*, proc. C-23/93, Col. 1994, pg. I-4795.

[50] Ver, por exemplo, Acórdão de 10/7/84, *Regina c. Kent Kirk*, proc. 63/83, Rec. 1984, pg. 2689; Acórdão de 11/6/87, *Pretore de Salo*, proc. 14/86, Col. 1987, pg. 2545.

[51] Ver, por exemplo, Acórdão de 15/6/78, *Defrenne*, proc. 149/77, Rec. 1978, pg. 1365.

[52] Ver, por exemplo, caso *Johnston*, proc. cit., pg. 1651; Acórdão de 15/10/87, *Heylens*, proc. 222/86, Col. 1987, pg. 4112.

[53] O Tratado foi assinado, em 7 de Fevereiro de 1992, e entrou em vigor em 1 de Novembro de 1993.

ciente da solução encontrada em matéria de protecção dos direitos fundamentais. Por isso, se consagrou no articulado do Tratado da União Europeia, o princípio do respeito dos direitos fundamentais. Os objectivos políticos da União assim o impuseram[54].

O TUE, na versão de Maastricht, refere-se à protecção dos direitos fundamentais a vários propósitos, a saber:

- nas disposições comuns da União (artigo F, n.º 2, actual artigo 6.º, n.º 2, TUE);
- nas normas respeitantes à Política Externa e de Segurança Comum (artigo J.1, n.º 2, actual artigo 11.º, n.º 1, 5.º trav., TUE);
- no pilar da Justiça e Assuntos Internos (antigo artigo K.2, n.º 1, TUE).

Estas normas consagram a jurisprudência constante do TJ, no domínio da protecção dos direitos fundamentais, havendo até quem tenha visto nesta solução um retrocesso, pois o artigo F, n.º 2, TUE (actual artigo 6.º) encontrava-se, de acordo com o artigo L (actual artigo 46.º) TUE, subtraído à jurisdição do TJ. Deve sublinhar-se que tal não impediu aquele órgão de continuar a apreciar a violação dos direitos fundamentais, no quadro do TCE, tendo considerado a exclusão de jurisdição do artigo L (actual artigo 46.º) TUE válida apenas para os pilares intergovernamentais.

Deve, no entanto, salientar-se que a protecção dos direitos fundamentais após Maastricht se aplica tanto em relação aos nacionais dos Estados-Membros da União como em relação aos nacionais de Estados terceiros, o que implica uma concepção mais abrangente do que a preconizada anteriormente. O Direito da União Europeia passa a ser susceptível

---

[54] Sobre a protecção dos direitos fundamentais no Tratado de Maastricht, ver, entre muitos outros, Walter Pauly, *Strukturfragen des unionsrechtlichen Grundrechtsschutzes. Zur konstitutionellen Bedeutung von Art. F Abs. 2 EUV,* EuR, 1998, pgs. 242 e seguintes; Bengt Beutler, *Art F, in* Hans von der Groeben e. a., Kommentar zum EU-/EG-Vertrag, vol. I, 5ª ed., Baden-Baden, 1997, pgs. 98 e seguintes; Nanette A. Neuwahl, *The Treaty on the European Union: A Step Forward in the Protection of the Human Rights?, in* Nanette A. Neuwahl / Allan Rosas, The European Union and the European Rights, Haia, 1995, pgs. 13 e seguintes; Giorgio Gaja, *The Protection of Human Rights under the Maastricht Treaty, in* Deirdre Curtin / Ton Heukels, Essays in honour of Henry G. Schermers, vol. 2, Dordrecht, 1994, pgs. 548 e seguintes; Lars Bondo Krogsgaard, *Fundamental Rights in the European Community after Maastricht,* LIEI, 1993, pgs. 99 e seguintes.

de afectar os nacionais de Estados terceiros que, enquanto seres humanos – e apenas por esse facto – têm direito a ver os seus direitos fundamentais protegidos.

A referência expressa, no articulado do Tratado da União Europeia, à protecção dos direitos fundamentais tem consequências. Em primeiro lugar, do ponto de vista jurídico, confere-se fundamento, ao nível do Direito Constitucional da União Europeia, às soluções adoptadas pelo TJ, afastando-se, deste modo, as dúvidas que a este respeito, eventualmente, pudessem subsistir. Em segundo lugar, do ponto de vista político, implica uma opção de clarificação, de transparência e de «humanização» da Comunidade e da União. A passagem de uma Comunidade meramente económica a uma União política aumenta a necessidade de limitação dos poderes da autoridade pública em relação aos cidadãos como forma de garantir os valores da democracia e da comunidade de direito.

Deve, todavia, sublinhar-se que após o Tratado de Maastricht a protecção dos direitos fundamentais ao nível da União continuou a ser bastante criticável.

Por essa razão, o **Tratado de Amesterdão**[55] vai continuar o movimento de aperfeiçoamento da protecção dos direitos fundamentais no seio da União[56].

---

[55] O Tratado de Amesterdão foi assinado durante a presidência holandesa, em 2 de Outubro de 1997 e entrou em vigor, em 1 de Maio de 1999.

[56] Especificamente sobre a protecção dos direitos fundamentais no Tratado de Amesterdão, ver Mark Bell, *The New Article 13 EC Treaty: A Sound Basis for European Anti-Discrimination Law?,* MJ, 1999, pgs. 5 e seguintes; Madeleine Colvin / Peter Noorlander, *Human Rights and Accountability after the Amsterdam Treaty,* EHRLR, 1998, pgs. 191 e seguintes; Paola Mori, *La parità tra uomo e donna nel Trattato di Amsterdam,* Dir. Un. Eur., 1998, pgs. 571 e seguintes; Lucia Serena Rossi, *Con il Trattato di Amsterdam l'Unione è più vicina ai suoi cittadini?,* Dir. Un. Eur., 1998, pgs. 339 e seguintes; J. Javier Laso Pérez, *El Tratado de Amsterdam y el respeto de la democracia y los derechos humanos,* BEUR, 1998, n.º 2, pgs. 31 e seguintes; Frédéric Sudre, *La Communauté et les droits fondamentaux après le traité d'Amsterdam: Vers un nouveau système de protection des droits de l'Homme?,* JCP – La semaine juridique, 1998, n.os 1 e 2, pgs. 9 e seguintes; Michael O'Neill, *The Right of Acess to Community – Held Documentation as a General Principle of EC Law,* EPL, 1998, pgs. 403 e seguintes; Patrick Wachsmann, *Les droits de l'homme,* RTDE, 1997, pgs. 883 e seguintes; Stefania Negri, *La tutela dei diritti fondamentali nell'ordinamento alla luce del Trattato di Amsterdam,* Dir. Un. Eur., 1997, pgs. 773 e seguintes; Peter Dyrberg, *El acesso público a los documentos y las autoridades comunitarias,* Rev. Der. Com. Eur., 1997, pgs. 377 e seguintes; Thérèse Blanchet, *Transparence et qualité de la législation,* RTDE, 1997, pgs. 915 e seguintes.

Assim, embora a redacção do antigo n.º 2 do artigo F, actual artigo 6.º, TUE se mantenha inalterada, o Tribunal passa a ter competência expressa para apreciar os actos das instituições (artigo 46.º, al. d), ex-artigo L, TUE), com base em violação da protecção dos direitos fundamentais.

Além disso, existem múltiplas referências relativas à protecção dos direitos fundamentais ao longo do Tratado. Com efeito, foi aditado um considerando ao preâmbulo, no qual se afirma *«o apego aos direitos sociais fundamentais, tal como definidos na Carta Social Europeia, assinada em Turim, em 18 de Outubro de 1961, e na Carta Comunitária dos Direitos Sociais Fundamentais dos Trabalhadores, de 1989»*; multiplicaram-se as afirmações de igualdade entre homens e mulheres; introduziu-se o artigo 13.º no TCE, o qual dispõe que o Conselho, deliberando por unanimidade, sob proposta da Comissão e após consulta ao PE, pode tomar as medidas necessárias para combater a discriminação em razão do sexo, raça ou origem étnica, religião ou crença, deficiência, idade ou orientação sexual.

Além disso, no campo dos direitos dos administrados, o Tratado de Amesterdão vem garantir a todo o cidadão e a toda a pessoa singular ou colectiva, que resida ou tenha a sua sede num Estado membro, o acesso aos documentos do PE, do Conselho e da Comissão (artigo 255.º TCE) e o artigo 286.º TCE estipula que a partir de 1 de Janeiro de 1999 os actos comunitários relativos à protecção de pessoas singulares em matéria de tratamento de dados de carácter pessoal e de livre circulação desses dados serão aplicáveis às instituições e aos órgãos instituídos pelo presente Tratado ou com base nele.

Por último, algumas declarações anexas ao Tratado preenchem igualmente o desiderato da procura de uma maior protecção dos direitos fundamentais. É o caso da declaração n.º 1 da conferência, relativa à abolição da pena de morte, da declaração n.º 11 sobre o respeito do estatuto de que gozam, ao abrigo do direito nacional, as Igrejas e associações ou comunidades religiosas nos Estados-Membros, bem como as organizações filosóficas ou não confessionais e da declaração n.º 22 que consagra a exigência de as instituições da Comunidade respeitarem os direitos das pessoas com deficiências, quando adoptam medidas de aplicação, ao abrigo do artigo 95.º TCE.

O ponto da situação, em matéria de protecção dos direitos fundamentais, a partir do Tratado de Amesterdão, é o seguinte:

– os direitos fundamentais constituem uma das bases axiológicas da União Europeia (artigos 6.º, n.º 1, e 7.º do TUE);
– continua a não existir um catálogo de direitos fundamentais próprio da União;
– a Comunidade e a União continuam a não ter competência para aderir à CEDH – na sequência do Parecer 2/94[57] do Tribunal de Justiça, no qual considerou que, no quadro jurídico então vigente, a Comunidade não tinha competência para aderir à CEDH, pensou-se que a CIG 96 iria resolver definitivamente esta questão, mas tal não aconteceu.

Há muito que se tem plena consciência da **insuficiência da protecção dos direitos fundamentais no seio da União**, provocada pela inexistência de um catálogo de direitos fundamentais[58], que permita ao indivíduo saber *a priori*, ou seja, antes do recurso a um qualquer tribunal, quais os direitos de que dispõe, aliado à ampla margem de manobra de que o TJ goza por esse facto. A consagração do direito fundamental no Direito da União Europeia acaba por depender muito mais de razões processuais, quais sejam as de que o processo chegue ao TJ, do que de razões substanciais.

O artigo 6.º, n.º 2, TUE, ao remeter para as tradições constitucionais dos Estados-Membros, não resolve o problema da identificação do direito nem o do seu conteúdo, pois o mesmo direito pode ter um conteúdo diferente nos vários Estados-Membros, o que prejudica a vertente objectiva do mesmo, pois não é possível destacar quais os valores objectivos que lhe estão subjacentes e que vão orientar toda a actividade hermenêutica e a actividade legislativa.

---

[57] Parecer de 28/3/96, Col. 1996, pgs. I-1759 e seguintes.

[58] No sentido da inclusão de um catálogo de direitos fundamentais no Tratado, ver Jürgen Schwarze, *Probleme des europäischen Grundrechtsschutzes,* Festschrift für Arved Deringer, Baden-Baden, 1993, pgs. 171 e seguintes; Koen Lenaerts, *Fundamental Rights to be Included in a Community Catalogue,* ELR, 1991, pgs. 376 e seguintes. Sobre as eventuais dificuldades, ver Eberhard Grabitz, *Ein Grundrechtskatalog für die Europäischen Gemeinschaften,* Int., 1982, pgs. 116 e seguintes; Christian Starck, *Ein Grundrechtskatalog für die Europäischen Gemeinschaften,* EuGRZ, 1981, pgs. 548 e seguintes; R. Bernhardt, *Problèmes liés à l'établissement d'un catalogue des droits fondamentaux pour les Communautés européennes, in* Bul. CE, Sup. n.º 5/76, pgs. 19 e seguintes.

Foi com este pano de fundo que o Conselho Europeu de Colónia, de 3 e 4 de Junho de 1999, lançou oficialmente a ideia de convocação de uma CIG – a CIG 2000 – para rever o TUE, que conduziu à aprovação do **Tratado de Nice**[59], e se decidiu que era necessário elaborar uma **Carta dos Direitos Fundamentais da União Europeia**[60], com o objectivo de tornar mais visíveis os direitos que já existem e que fazem parte do património comum dos europeus.

Ao contrário do que os mais optimistas supunham na época, a Carta não logrou consenso para a sua inclusão no Tratado de Nice nem obteve carácter juridicamente vinculativo, pelo que a protecção dos direitos fundamentais no seio da União se mantém, pelo menos, formalmente, nos moldes atrás enunciados.

3. As inovações da Constituição Europeia no âmbito dos direitos fundamentais

3.1. Antecedentes: a Carta dos Direitos Fundamentais da União Europeia (CDFUE)

A CDFUE foi elaborada por uma **Convenção**, a qual surge na sequência de uma decisão do Conselho Europeu de Colónia, de 3 e 4 de Junho de 1999. Alguns meses mais tarde, o Conselho Europeu de Tampere, de 15 e 16 de Outubro de 1999[61], optou por criar um grupo, com representação das várias bases de legitimidade política, que deveria apresentar as suas conclusões ao Conselho Europeu. Este grupo autodenominou-se Convenção. Todavia, não se trata de uma assembleia constituinte, pois falta-lhe, desde logo, a legitimidade democrática: nem os membros do Parlamento Europeu nem os membros dos parlamentos nacionais, que são eleitos por sufrágio directo e universal, se encontravam mandatados

---

[59] O Tratado de Nice foi aprovado na CIG, de 10 e 11 de Dezembro 2000, foi assinado, em 26 de Fevereiro de 2001, e entrou em vigor em 1 de Fevereiro de 2003.

[60] Conclusões publicadas no Boletim da União Europeia n.º 6/1999.

[61] As conclusões do Conselho Europeu de Tempere estão publicadas no Boletim da União Europeia n.º 10/1999.

pelos seus eleitores para criarem uma carta de direitos fundamentais, que se destinasse a servir de base a uma constituição europeia[62].

Segundo o mandato do Conselho Europeu de Colónia, a CDFUE não tem em vista criar direitos novos, mas sim tornar visíveis os direitos que já existem e que fazem parte do património comum dos europeus[63]. Assim, um dos **principais objectivos da CDFUE** é a segurança jurídica e a consequente protecção dos cidadãos[64].

A missão confiada à Convenção é, portanto, aparentemente simples, uma vez que, como já vimos, existe, desde a década de 70, uma jurisprudência constante, tanto nacional como comunitária, em matéria de protecção de direitos fundamentais na União Europeia. Essa jurisprudência facilitou os consensos necessários.

As **fontes de inspiração da CDFUE** são a Convenção Europeia de Direitos do Homem, no que diz respeito aos direitos civis e políticos, o

---

[62] Acentuando o carácter inédito do processo de elaboração da Carta, bem como as suas repercussões no futuro processo de revisão, ver Ana Maria Guerra Martins, *As Convenções de Filadélfia e de Bruxelas – convergências e divergências do processo de formação das Constituições americana e europeia*, *in* Jorge Miranda *et al.* (org.), Estudos em Memória do Professor Doutor António Marques dos Santos, vol. II, Coimbra, Almedina, 2005, pgs. 13 e seguintes; Wolfgang Dix, *Charte des droits fondamentaux et convention – de nouvelles voies pour réformer l'UE ?*, RMCUE, 2001, pgs. 307 e seguintes; Francisco del Pozo Ruiz, *Diez notas a propósito de la Carta de los derechos fundamentales de la Unión Europea,* BEUR, 2001, pgs. 60 e seguintes; Gráinne de Búrca, *The Drafting of the European Union Charter of Fundamental Rights,* ELR, 2001, pgs. 131 e seguintes; Jean-Paul Jacqué, *La démarche initiée par le Conseil européen de Cologne,* RUDH, 2000, pgs. 3 e seguintes; Jacqueline Dutheil de la Rochère, *La Convention sur la Charte des droits fondamentaux et le processus de construction européenne,* RMCUE, 2000, pgs. 223 e seguintes; *Idem, La Charte des droits fondamentaux de l'Union européenne: quelle valeur ajoutée, quel avenir?,* RMCUE, 2000, pgs. 674 e seguintes; Albrecht Weber, *Die Europäische Grundrechtscharta – auf dem Weg zu einer europäischen Verfassung,* NJW, 2000, pgs. 538.

[63] Houve quem defendesse a desnecessidade de uma Carta de Direitos Fundamentais da União Europeia. Foi o caso de J. H. H.Weiler que defendeu, em alternativa à Carta, o aditamento de uma alínea ao artigo 3.º, que incluísse uma política de direitos fundamentais. *In Editorial: Does the European Union Truly Need a Charter of Rights?,* ELJ, 2000, pgs. 95 e seguintes.

[64] Neste sentido, Rui Medeiros, *A Carta dos Direitos Fundamentais da União Europeia, a Convenção Europeia dos Direitos do Homem e o Estado português, in* Nos 25 anos da Constituição da República Portuguesa de 1976, Lisboa, 2001, pgs. 15 e seguintes; António Vitorino, *La Charte des droits fondamentaux de l'Union européenne,* RDUE, 2000, pg. 501.

próprio TUE, em matéria dos direitos do cidadão, a Carta Comunitária de Direitos Sociais Fundamentais dos Trabalhadores de 1989 e a Carta Social Europeia de 1961, em relação aos direitos sociais.

A **força jurídica das fontes inspiradoras da CDFUE** é, portanto, muito diversa. Os **direitos civis e políticos** inspiram-se numa convenção internacional, à qual todos os Estados-Membros da União Europeia estão vinculados, embora com algumas reservas[65]. Os **direitos do cidadão** têm a sua fonte inspiradora no Tratado da União Europeia, que é a primeira fonte do Direito da União Europeia, o que lhe confere desde logo um carácter proeminente. Os **direitos sociais** inspiram-se numa fonte que não tem valor vinculativo – a Carta Comunitária dos Direitos Sociais Fundamentais dos Trabalhadores – e numa convenção do Conselho da Europa – a Carta Social Europeia[66] –, que é objecto de uma aplicação assimétrica pelos vários Estados partes e não está sujeita a controlo jurisdicional.

A diferente natureza das fontes de onde emanam os direitos consagrados na CDFUE vai, naturalmente, ter consequências no resultado final a que se vai chegar: os direitos sociais constituem o seu «parente pobre».

Apesar de existir uma relativa estreiteza dos objectivos, as **dificuldades de negociação da CDFUE** foram inúmeras, uma vez que a forma de encarar a protecção dos direitos fundamentais no seio da União Europeia nem sempre coincide[67] e as tradições constitucionais dos diferentes Estados-Membros em matéria de direitos fundamentais também são bastante divergentes[68].

---

[65] Sobre a Convenção Europeia dos Direitos do Homem, ver Ana Maria Guerra Martins, *Direito Internacional dos Direitos Humanos*, cit., pgs. 193 e seguintes, bem como toda a bibliografia aí citada.

[66] Sobre a Carta Social Europeia, ver Ana Maria Guerra Martins, *Direito Internacional dos Direitos Humanos*, cit., pgs. 266 e seguintes, bem como toda a bibliografia aí citada.

[67] Sobre as discussões no seio da Convenção, ver Stephan Grigolli, *The Current Discussion on the EU Charter of Fundamental Rights,* The European Legal Forum, 2000, pgs. 2 e seguintes; António Vitorino, *La Charte...*, pgs. 499 e seguintes; Tim Eicke, *The European Charter of Fundamental Rights: unique opportunity or unwelcome distraction,* EHRLR, 2000, pgs. 280 e seguintes; Ricardo Alonso Garcia, *La carta de los derechos fundamentales de la Unión Europea,* GJ, 2000, pgs. 7 e seguintes.

[68] Sobre as tradições constitucionais dos Estados-Membros da União Europeia em matéria de direitos fundamentais, ver, por todos, Constance Grewe / Hélène Ruiz Fabri, *Droits constitutionnels européens,* Paris, 1995, pgs. 140 e seguintes.

Se, no tocante aos direitos civis e políticos, as principais discussões no seio da Convenção se situaram ao nível da redacção dos preceitos[69], já no que diz respeito aos direitos sociais, as divergências se afiguraram mais profundas, estendendo-se à própria consagração destes direitos na CDFUE[70].

As **dificuldades relativas aos direitos sociais** deveram-se principalmente aos seguintes factores:

a) as fontes de inspiração dos direitos sociais são menos sólidas do que as fontes inspiradoras dos direitos civis e políticos e dos direitos do cidadão. Como vimos, a Carta Comunitária de Direitos Fundamentais Sociais dos Trabalhadores de 1989 não é vinculativa e a Carta Social Europeia de 1961 tem sido aplicada em obediência ao princípio da geometria variável;

b) as divergências nacionais, quanto aos direitos sociais, são muito acentuadas[71] – existem sistemas constitucionais que se podem designar como minimalistas, como é o caso do Reino Unido, da Irlanda, da Áustria, da Alemanha e da Dinamarca, a par de outros maximalistas, como, por exemplo, o da França, da Espanha ou de Portugal. Numa zona intermédia situam-se a Bélgica, o Luxemburgo, a Grécia, a Suécia e a Finlândia. Além disso, deve ainda acrescentar-se que os Estados-Membros também não comungam dos mesmos princípios em matéria de política social;

c) as atribuições da União Europeia em matéria de política social são, de um modo geral, complementares ou subsidiárias em

---

[69] Sobre os direitos civis e políticos na Carta, ver Emmanuelle Bribosia / Olivier de Schutter, *La Charte des droits fondamentaux de l'Union européenne*, JT, 2001, pgs. 84 e seguintes; Patrick Wachsman, *Droits civils et politiques*, RUDH, 2000, pgs. 15 e seguintes.

[70] Sobre as dificuldades de inserção dos direitos sociais na Carta, ver Ana Maria Guerra Martins, *A Carta dos Direitos Fundamentais da União Europeia e os direitos sociais*, Direito e Justiça, 2001, pgs. 189 e seguintes; Oliver de Schutter, *La contribution de la Charte des droits fondamentaux de l'Union européenne à la garantie des droits sociaux dans l'ordre juridique communautaire*, RUDH, 2000, pgs. 41 e seguintes; Jacqueline Dutheil de la Rochère, *La Charte...*, pgs. 676 e seguintes.

[71] Para um estudo comparativo dos direitos constitucionais nacionais no que toca aos direitos sociais, veja-se Constance Grewe, *Les droits sociaux constitutionnels: propos comparatifs à l'aube de la Charte des droits fondamentaux de l'Union européenne*, RUDH, 2000, pgs. 85 e seguintes.

relação às dos Estados – a Europa comunitária nasce sob o signo do mercado, o que implica, designadamente, a liberdade de circulação de pessoas e a livre concorrência. Daqui decorre que foi deixada uma grande margem de manobra aos Estados-Membros no domínio da protecção dos direitos sociais, contando que respeitassem a liberdade de circulação de pessoas e a livre concorrência[72].

Superando estas e outras dificuldades, a **Convenção aprovou a CDFUE**, sem, contudo, conseguir atingir um dos seus principais objectivos, isto é, a inserção da CDFUE no Tratado da União Europeia, com carácter vinculativo.

A CDFUE acabou por ser proclamada, em Nice, em 7 de Dezembro de 2000, pelos três órgãos da União – o Parlamento Europeu, o Conselho e a Comissão – e contém o **primeiro catálogo de direitos fundamentais da União Europeia**.

Não obstante a **ausência de vinculatividade**, a CDFUE já é aplicada por alguns órgãos comunitários, como é o caso da Comissão, do Provedor de Justiça e do Tribunal de Primeira Instância[73].

A CDFUE é composta por um preâmbulo e por sete capítulos.

O Capítulo I intitula-se dignidade e inclui um conjunto de direitos totalmente consensuais em qualquer declaração de direitos: o direito à vida (artigo 2.º), à integridade física (artigo 3.º), a proibição da tortura e dos tratos ou penas desumanos ou degradantes (artigo 4.º) e a proibição da escravatura e do trabalho forçado (artigo 5.º).

O Capítulo II refere-se às liberdades, estando nele incluídos tanto direitos[74], como liberdades[75] e até direitos económicos e sociais[76].

---

[72] Sobre o desfasamento entre o vínculo económico e o vínculo social na União Europeia, ver Gonzalo Maestro Buelga, *Constitución económica y derechos sociales en la Unión Europea,* Rev. Der. Com. Eur., 2000, pgs. 123 e seguintes.

[73] Ver Acórdão de 30/1/2002, *Max.mobil / Comissão*, proc. T54/99, Col. 2002, pgs. II 313 e seguintes (par. 48); Despacho de 4/4/2002, *Technische Glaswerke Ilmenau / Comissão,* proc. T-128/01, Col. 2002, pgs. II 2193 e seguintes (par. 85 e 86).

[74] O direito à liberdade e à segurança (artigo 6.º), o respeito da vida privada e familiar (artigo 7.º), a protecção de dados pessoais (artigo 8.º), o direito de contrair casamento e de constituir família (artigo 9.º), o direito de asilo (artigo 18.º) e o direito à protecção em caso de afastamento, expulsão ou extradição (artigo 19.º).

[75] A liberdade de pensamento, de consciência e de religião (artigo 10.º), a liberdade

O Capítulo III diz respeito à igualdade e consagra o princípio da igualdade nas suas múltiplas vertentes de igualdade perante a lei (artigo 20.º), de não discriminação (artigo 21.º), de respeito da diversidade cultural, religiosa e linguística (artigo 22.º), de igualdade entre homens e mulheres (artigo 23.º). Além disso, consagra os direitos das crianças (artigo 24.º), os direitos das pessoas idosas (artigo 25.º) e a integração das pessoas com deficiências (artigo 26.º).

O Capítulo IV tem por título solidariedade e inclui, essencialmente, direitos sociais[77] mas também alguns direitos chamados de terceira geração[78] e um direito específico – o direito de acesso a serviços de interesse económico geral – que não encontra paralelo noutros textos.

O Capítulo V respeita à cidadania e retoma os direitos que já hoje fazem parte do estatuto do cidadão no Tratado actualmente em vigor[79].

O Capítulo VI relaciona-se com a justiça e inclui o direito a acção judicial efectiva e a julgamento imparcial (artigo 47.º), a presunção da inocência e os direitos de defesa do arguido (artigo 48.º), os princípios da legalidade e da proporcionalidade dos delitos e das penas (artigo 49.º) e o direito a não ser julgado ou punido penalmente mais do que uma vez pelo mesmo delito (artigo 50.º).

O Capítulo VII estabelece as disposições gerais relativas ao âmbito de aplicação (artigo 51.º), ao âmbito e à interpretação dos direitos e dos princípios (artigo 52.º), ao nível de protecção (artigo 53.º) e à proibição do abuso de direito (artigo 54.º).

---

de expressão e de informação (artigo 11.º), a liberdade de reunião e de associação (artigo 12.º) e a liberdade das artes e das ciências (artigo 13.º).

[76] O direito à educação (artigo 14.º), a liberdade profissional e o direito ao trabalho (artigo 15.º), a liberdade de empresa (artigo 16.º) e o direito de propriedade (artigo 17.º).

[77] O direito à informação e à consulta dos trabalhadores na empresa (artigo 27.º), o direito de negociação e de acção colectiva (artigo 28.º), o direito de acesso aos serviços de emprego (artigo 29.º), a protecção em caso de despedimento sem justa causa (artigo 30.º), as condições de trabalho justas e equitativas (artigo 31.º), a proibição do trabalho infantil e a protecção dos jovens no trabalho (artigo 32.º), a protecção da vida familiar e vida profissional (artigo 33.º) e o direito à segurança social e à assistência social (artigo 34.º).

[78] A protecção da saúde (artigo 35.º), a protecção do ambiente (artigo 37.º) e a defesa do consumidor (artigo 38.º).

[79] O direito de eleger e ser eleito nas eleições para o Parlamento Europeu (artigo 39.º) e nas eleições municipais (artigo 40.º), o direito a uma boa administração (artigo 41.º), o direito de acesso aos documentos (artigo 42.º), o direito de petição ao Provedor de Justiça (artigo 43.º) e ao Parlamento Europeu (artigo 44.º), a liberdade de circulação e de permanência (artigo 45.º) e a protecção diplomática e consular (artigo 46.º).

A CDFUE não pode ser vista como um *standard* máximo, mas deve antes ser encarada como um limite mínimo abaixo do qual não se deve descer. Apesar disso, o conjunto de direitos consagrados é bastante amplo[80].

---

[80] Sobre o conteúdo da CDFUE, ver, para além da bibliografia citada nas notas anteriores, Fausto de Quadros, *Direito da União Europeia,* cit., pgs. 148 e seguintes; Maria Luísa Duarte, *União Europeia e Direitos Fundamentais*, Lisboa, 2006, pgs. 127 e seguintes; Jürgen Meyer (org.), *Kommentar zur Charta der Grundrechte der Europäischen Union,* Baden-Baden, 2003; Yves Carlier / Olivier de Schutter (dir.), *La Charte des droits fondamentaux de l'Union européenne – son apport à la protection des droits de l'Homme en Europe*, Bruxelas, 2002; António Goucha Soares, *A Carta dos Direitos Fundamentais da União Europeia*, Coimbra, 2002; Jean-Paul Jacqué, *La Charte des droits fondamentaux de l'Union européenne – aspects juridiques généraux,* ERPL/REDP, 2002, pgs. 119 e seguintes; P. Craig, *The Community Rights and the Charter*, ERPL/REDP, 2002, pgs. 221 e seguintes; J. Dutheil de La Rochère, *Les droits fondamentaux reconnus par la Charte et leurs applications,* ERPL/REDP, 2002, pgs. 234 e seguintes; Rui Manuel Moura Ramos, *A Carta dos Direitos Fundamentais da União Europeia e a protecção dos Direitos Fundamentais,* Cuadernos Europeos de Deusto, 2001, pgs. 161 e seguintes; Guy Braibant, *La Charte des droits fondamentaux de l'Union européenne – Témoignage et commentaires*, Paris, Ed. du Seuil, 2001; AAVV, *Carta de Direitos Fundamentais da União Europeia,* Coimbra, 2001; Florence Benoît-Rohmer, *La Charte des droits fondamentaux de l'Union européenne,* Rec. Dalloz, 2001, pgs. 1483 e seguintes; Juan Antonio Carrillo Salcedo, *Notas sobre el significado político y jurídico de la Carta de Derechos fundamentales de la Unión Europea,* Rev. Der. Com. Eur., 2001, pgs. 7 e seguintes; Lord Goldsmith Q. C., *A Charter of Rights, Freedoms and Principles,* CMLR, 2001, pgs. 1201 e seguintes; Eckhard Pache, *Die Europäische Grundrechtscharta – ein Rückschritt für den Grundrechtsschutz in Europa?* EuR, 2001, pgs. 475 e seguintes; Peter J. Tettinger, *Die Charta der Grundrechte der Europäischen Union,* NJW, 2001, pgs. 1001 e seguintes; Koen Lenaerts / Eddy de Smitter, *A «Bill of Righs» for the European Union,* CMLR, 2001, pgs. 273 e seguintes; Jonas Bering Liisberg, *Does the EU Charter of Fundamental Rights Threaten the Supremacy of Community Law?* CMLR, 2001, pgs. 1171 e seguintes; Christoph Grabenwarter, *Die Charta der Grundrechte für die Europäischen Union,* DVBl., 2001, pgs. 1 e seguintes; Natividad Fernández Sola, *À quelle nécessité juridique répond la négociation d'une Charte des droits fondamentaux de l'Union européenne ?,* RMCUE, 2000, pgs. 595 e seguintes; Marc Fischbah, *Le Conseil de l'Europe et la Charte des droits fondamentaux de l'Union européenne,* RUDH, 2000, pgs. 7 e seguintes; Albrecht Weber, *Die Europäische Grundrechtscharta – auf dem Weg zu einer europäischen Verfassung,* NJW, 2000, pgs. 537 e seguintes; Laurence Burgorgue--Larsen, *La Charte des droits fondamentaux de l'Union européenne racontée au citoyen européen,* RAE, 2000, pgs. 398 e seguintes; Françoise Tulkens, *Towards a Greater Normative Coherence in Europe – the Implications of the Draft Charter of Fundamental Rights of the European Union,* HRLJ, 2000, pgs. 329 e seguintes; Denys Simon, *Les droits du citoyen de l'Union,* RUDH, 2000, pgs. 22 e seguintes; Melchior Wathelet, *La Charte des droits fondamentaux: Un bon pas dans une course qui reste*

3.2. A incorporação da CDFUE na Constituição Europeia

A CDFUE vai ser incorporada no texto do Tratado que estabelece uma Constituição para a Europa[81], cujo artigo I-9.º, n.º 1, afirma que a União reconhece os direitos, liberdades e princípios nela enunciados[82]. Quando e se a Constituição Europeia entrar em vigor, a **CDFUE**, que constitui a sua Parte II, passará, portanto, a ter **dignidade constitucional e carácter vinculativo**.

Deve, no entanto, notar-se que **a incorporação da CDFUE na Constituição Europeia se fez à custa de algumas concessões**. Com efeito, a Convenção sobre o futuro da Europa[83] [84], na sequência das

---

longue, CDE, 2000, pgs. 585 e seguintes; Manfred Zuleeg, *Zum Verhältnis nationaler und europäischer Grundrechte –Funktionnen einer EU-Charta der Grundrechte,* EuGRZ, 2000, pgs. 511 e seguintes; Siegbert Alber / Ulrich Widmaier, *Die EU-Charta der Grundrechte und ihre Auswirkungen auf die Rechtsprechung – zu den Beziehungen zwischen EuGH und EGMR,* EuGRZ, 2000, pgs. 497 e seguintes.

[81] Sobre a inclusão da Carta dos Direitos Fundamentais da União Europeia na Constituição Europeia, ver Thomas Schmitz, *Die Grundrechtecharta als Teil der Verfassung der Europäischen Union,* EuR, 2004, pgs. 691 e seguintes; Joël Rideau, *Le greffe de la Charte des droits fondamnetaux sur le projet de Constitution européenne, in* Olivier Beaud e. a., L'Europe en voie de Constitution, Bruxelas, 2004, pgs. 347 e seguintes; Bernadette Lebaut-Ferrarese / Michaël Karpenshif, *La «constitutionalisation» de la Charte: un acte fondamental, in* Christian Philip / Panayotis Soldatos, La Convention sur l'avenir de l'Europe, Bruxelas, 2004, pgs. 125 e seguintes; Ana Maria Guerra Martins, *O Projecto de Constituição Europeia – Contributo para o debate sobre o futuro da União,* 2ª ed., Coimbra, Almedina, 2004, pgs. 51 e seguintes; Dimitris N. Triantafyllou, *Le projet constitutionnel de la Convention européenne– Présentation crituque de ses choix clés,* Bruxelas, 2003, pgs. 56 e seguintes; Javier Roldán Barbero, *La Carta de Derechos Fundamentales de la UE: su estatuto constitucional,* Rev. Der. Com. Eur., 2003, pgs. 943 e seguintes; Fabienne Turpin, *L'intégration de la Charte des droits fondamentaux dans la Constitution européenne,* RTDE, 2003, pgs. 615 e seguintes; S. Koukoulis-Spiliotopoulos, *Which Charter of Fundamental Rights was Incorporated in the Draft European Convention?,* ERPL/REDP, 2003, pgs. 295 e seguintes; Andrew Williams, *EU human rights policy and the Convention on the Future of Europe: a failure of design?,* ELR, 2003, pgs. 794 e seguintes; Cesare Pinelli, *Diritti fondamentali e riasseto istituzionale dell'Unione,* Dir. Pub., 2003, pgs. 817 e ss.

[82] O Tratado que estabelece uma Constituição para a Europa procedeu a uma renumeração dos artigos da Carta, que passaram a ser os artigos 61.º a 114.º.

[83] Na sequência da Declaração n.º 23 do Tratado de Nice, o Conselho Europeu de Laeken, de 15 de Dezembro de 2001, decidiu convocar uma convenção para assegurar uma preparação tão ampla e transparente quanto possível da próxima conferência intergovernamental.

recomendações do Grupo de trabalho II, introduziu modificações no texto da CDFUE aprovado em Nice[85]. Essas alterações incidiram, especialmente, no preâmbulo e nas disposições gerais e delas devem destacar-se as seguintes:

i) a menção, no **preâmbulo**, das actualizações efectuadas pelo *Praesidium* da Convenção Europeia;

---

[84] Sobre a Convenção sobre o Futuro da Europa ver Paulo de Pitta e Cunha, *Direito Institucional da União Europeia,* Coimbra, 2004, pgs. 141 e seguintes; Paul Craig, *Constitutional Process and Reform in the EU: Nice, Laeken, the Convention and the IGC,* EPL, 2004, pgs. 653 e seguintes; Ana Maria Guerra Martins, *Curso de Direito Constitucional da União Europeia,* cit., pgs. 150 e seguintes; *Idem, O Projecto de Constituição Europeia...,* cit., pgs. 32 e seguintes; Maria Eduarda Azevedo, *Convenção sobre o futuro da Europa – Reflexões e Testemunhos,* Lisboa, 2004, pgs. 20 e seguintes; Alberto Costa, *Na Convenção Europeia – Posições, Argumentos, Debates,* Lisboa, 2004, pgs. 3 e seguintes; Christine Ferrari-Breeur, *La Convention: evaluation d'une méthode de changement, in* Christian Philip / Panayotis Soldatos, La Convention sur l'avenir de l'Europe, Bruxelas, 2004, pgs. 1 e seguintes; Guilherme D'Oliveira Martins, *Que Constituição para a União Europeia – Análise do Projecto da Convenção,* Lisboa, 2003, pgs. 23 e seguintes; Patricia Heindl e. a., *The Future Constitution of Europe – European Convention, IGC 2004, and the Prospects for European Integration,* Verwaltung aktuell, 2003, pgs. 154 e seguintes; Valéry Giscard D'Estaing, *The Convention and the Future of Europe: Issues and Goals,* Int. J. Const. Law, 2003, pgs. 346 e seguintes; Robert Badinter, *A European Constitution: Perspectives of a French Delegate to the Convention,* Int. J. Const. Law, 2003, pgs. 363 e seguintes; Giuliano Amato, *The European Convention: First Achievements and Open Dilemas,* Int. J. Const. Law, 2003, pgs. 355 e seguintes; Michel Rosenfeld, *The European Convention and Constitution Making in Philadelphia,* Int. J. Const. Law, 2003, pgs. 375 e seguintes; Juliane Kokott / Alexandra Rüth, *The European Convention and its Draft Treaty establishing a Constitution for Europe: Appropriate Answers to the Laeken Questions?,* CMLR, 2003, pgs. 1315 e seguintes; José Martín Y Pérez De Nanclares, *El proyecto de Constitución europea: reflexiones sobre los trabajos de la Convención,* Rev. Der. Com. Eur., 2003, pgs. 527 e seguintes; Jürgen Schwarze, *The Convention's Draft Treaty establishing a Constitution for Europe,* CMLR, 2003, pgs. 1037 e seguintes; C. Ladenburger, *Towards a Post-national Constitution – Federal, Confederal or Genuinely sui generis? Introductory Remarks on the Convention Method, and Some Features of an Improved Constitutional Charter,* ERPL/REDP, 2003, pgs. 75 e seguintes; Ana Maria Guerra Martins, *Vers une Constitution post-nationale – fédérale, confédérale ou vraiment sui generis?,* ERPL/REDP, 2003, pgs. 39 e seguintes; Jan Wouters, *Exit the Convention, Come the ICG. Some Reflections on the Convention as a Method for Constitutional Change in the EU,* MJ, 2003, pgs. 225 e seguintes; Guy Scoffoni, *Convention pour l'avenir de l'Europe et Convention de Philadelphia: la question du mode de production d'une constitution,* RAE, 2001-2002, pgs. 683 e seguintes.

[85] CONV 354/02, de 22 de Outubro de 2002.

ii) a inclusão de uma **declaração na Acta Final**, segundo a qual a Conferência toma nota das anotações elaboradas sob a responsabilidade do *Praesidium* da Convenção, que redigiu a CDFUE e actualizadas sob a responsabilidade *Praesidium* da Convenção Europeia;

iii) o **aditamento de um n.º 7 ao artigo II-52.º**[86], que considera as anotações acabadas de mencionar como um guia para efeitos de interpretação por parte dos órgãos jurisdicionais da União e dos Estados-Membros;

iv) a **distinção entre direitos e princípios** constante do seu artigo II-52.º[87], limitando-se a invocação jurisdicional destes últimos. Este parece ter sido o preço a pagar pela inclusão da CDFUE no Tratado que estabelece uma Constituição para a Europa, pois certos Estados, como, por exemplo, o Reino Unido, opunham-se, em especial, ao inevitável carácter vinculativo dos direitos sociais, que acarretaria a inclusão da CDFUE na Constituição. Ora, a distinção entre direitos e princípios parece permitir reservar estes últimos para os direitos sociais, embora nada se diga, expressamente, nem na CDFUE nem na Constituição Europeia sobre esse assunto.

A inclusão da CDFUE no Tratado que estabelece uma Constituição para a Europa deve ser encarada como um **reforço da protecção dos direitos fundamentais na União**, uma vez que o indivíduo passa a saber *a priori*, ou seja, antes do recurso a um qualquer tribunal, quais os direitos de que dispõe, diminuindo, assim, a ampla margem de manobra de que o TJ dispõe neste domínio.

Além disso, aumentam a certeza e a segurança jurídicas, ao mesmo tempo que diminui o carácter fragmentário dos direitos fundamentais, que obtêm consagração no Direito da União Europeia. Os direitos estão identificados, bem como o seu conteúdo, pelo que é possível destacar os valores que objectivamente lhe estão subjacentes e que vão orientar, quer toda a actividade hermenêutica, quer toda a actividade legislativa.

---

[86] Artigo 112.º, n.º 7, da Constituição Europeia.

[87] Artigo 112.º da Constituição Europeia.

3.3. **A adesão da União à CEDH**

Um último aspecto que deve ser salientado no domínio das inovações introduzidas pela Constituição Europeia em matéria de direitos fundamentais diz respeito à problemática da **adesão da União à CEDH**.

Esta questão tem ocupado a doutrina e os órgãos comunitários desde a década de 70, sendo que um dos textos percursores, e mais importantes, sobre esta matéria é o memorando da Comissão sobre a adesão das Comunidades Europeias à CEDH de 1979[88]. Segundo aquele órgão, as **vantagens da adesão** das Comunidades à CEDH são as seguintes:

- a Comunidade ficaria vinculada por um instrumento internacional em matéria de direitos fundamentais, sujeitando-se ao mesmo controlo que os seus Estados-Membros;
- passaria a existir um catálogo de direitos, que seria o fundamento jurídico das decisões do TJ, o que contribuiria para aumentar a certeza jurídica;
- a CEDH seria incorporada na Ordem Jurídica comunitária.

Apesar das vantagens enunciadas, a Comissão não conseguiu convencer os outros órgãos, e muitos menos os Estados-Membros, pois esta solução também apresenta dificuldades, que alguns consideravam intransponíveis, como sejam as relacionadas com problemas técnicos e institucionais, cujo principal é a concorrência de sistemas jurisdicionais distintos, que obedecem a princípios diferentes.

Tendo em conta as **opiniões divergentes**, quer ao nível da doutrina, quer ao nível dos Governos dos Estados-Membros e dos próprios órgãos comunitários, a Presidência belga resolveu submeter a questão ao Tribunal, em 26/4/94, ao abrigo da competência consultiva que lhe confere o actual artigo 300.º (antigo artigo 228.º) TCE.

O TJ emitiu o **Parecer 2/94**, em 28/3/96, com o qual pôs, pelo menos temporariamente, termo a esta discussão, uma vez que negou a competência da Comunidade para a adesão à CEDH. Segundo o TJ, a Comunidade não dispunha, no quadro jurídico à época vigente, nem expressa nem implicitamente, de tal competência. O então artigo 235.º

---

[88] Este memorando está publicado no Bul. CE, supl. n.º 2/79, pgs. 3 e seguintes. Ver também programa da Comissão para 1990, n.º 72, Bul. CE, Sup. 1/90, pg. 40.

(actual artigo 308.º) TCE não é uma base jurídica adequada, uma vez que a adesão à CEDH não se enquadra nos objectivos comunitários. Por conseguinte, a adesão implicaria a prévia revisão do Tratado, nos termos do artigo N (actual artigo 48.º) TUE[89].

Depois deste parecer ficou claro que só os Estados-Membros poderiam conferir à União a capacidade internacional necessária para aderir à CEDH. Não obstante terem existido propostas nesse sentido, quer na revisão de Amesterdão, quer na de Nice, elas não obtiveram o acordo necessário dos Estados-Membros.

A Constituição Europeia procura resolver, de uma vez por todas, **este problema**, através da atribuição de capacidade à União para aderir à CEDH, nos termos do artigo I-9.º, n.º 2, ressalvando, no entanto, que esta adesão não significa alteração das competências da União.

Deve ainda sublinhar-se que a adesão da União à CEDH pressupõe a prévia modificação do artigo 59.º daquela Convenção, o qual apenas permite a adesão de Estados-Membros do Conselho da Europa. Por consequência, já foi aprovado o Protocolo n.º 14, o qual introduz um novo número no artigo 59.º, para permitir à União Europeia aderir à CEDH, protocolo esse que ainda não entrou em vigor.

---

[89] Para um comentário do parecer 2/94, veja-se Nadja Theurer, *Das Verhältnis der EG zur Europäischen Menschenrechten Konvention. Eine Analyse des Gutachtens 2/94 des EuGH,* Zurique, 1998, *maxime,* pgs. 43 e seguintes; A. G. Toth, *The European Union and Human Rights: the Way Forward,* CMLR, 1997, pgs. 491 e seguintes; Ulrich Häde, *Zur Abgrenzung des Art 235 EGV von der Vertragsänderungen: neue Erkenntnisse durch das Gutachen 2/94 des EuGH vom 28.3.1996?,* EuZW, 1997, pgs. 13 e seguintes; Patrick Wachsmann, *L'avis 2/94 de la Cour de justice relatif à l'adhésion de la Communauté européenne à la Convention de sauvegarde des droits de l'homme et des libertés fondamentales,* RTDE, 1996, pgs. 467 e seguintes; Tobias Jaag, *Beitritt der EG zur EMRK?: zum Gutachten 2/94 des Europäischen Gerichtshofs,* Aktuelle Juristische Praxis, 1996, pgs. 980 e seguintes; Lucia Serena Rossi, *Il parere 2/94 sull'adesione della Comunità europea alla Convenzione europea dei diritti dell'uomo,* Dir. Un. Eur., 1996, pgs. 839 e seguintes; Jean-François Flauss, *L'avis 2/94 de la Cour de Justice des Communautés Européennes du 28 mars 1996,* Bull. D.H., 1996, pgs. 1 e seguintes; Olivier De Schutter / Yves Lejeune, *L'adhésion de la Communauté à la Convention européenne de droits de l'homme. À propos de l'avis 2/94 de la Cour de Justice des Communautés,* CDE, 1996, pgs. 55 e seguintes; Concepción Escobar Hernández, *Comunidad Europea y Convenio Europeo de Derechos Humanos: el fin de una vieja controversia?*, Rev. Inst. Eur., 1996, pgs. 817 e seguintes; Giorgio Gaja, *Opinion 2/94,* CMLR, 1996, pgs. 973 e seguintes.

Enquanto o Protocolo não entrar em vigor ou a União não aderir à Convenção, afigurou-se necessário salvaguardar juridicamente a protecção dos direitos fundamentais[90]. Por isso, o n.º 3 do artigo I-9.º do Tratado que estabelece uma Constituição para a Europa mantém o disposto no actual artigo 6.º, n.º 1, do TUE, segundo o qual os direitos fundamentais constantes da CEDH e das tradições constitucionais dos Estados-Membros fazem parte do Direito da União como princípios gerais.

4. A Constituição Europeia e o Direito vigente em Portugal no domínio dos direitos fundamentais

4.1. Os possíveis pontos de confluência

a) A base axiológica comum

Nos termos do artigo 6.º, n.º 1, TUE a União assenta nos princípios da liberdade, da democracia, do respeito pelos direitos humanos e pelas liberdades fundamentais e do Estado de direito. Estes princípios são comuns aos seus Estados-Membros, ou seja, trata-se de princípios e

[90] Sobre a adesão da União à CEDH na Constituição Europeia, ver, entre muitos outros, Gráinne de Búrca, *Fundamental Rights and Citizenship, in* Bruno de Witte (Ed.), Ten Reflections on the Constitutional Treaty for Europe, E. book publicado em Abril de 2003 pelo Robert Schuman Centre for Advanced Studies and European University Institute, San Domenico di Fiesole, pgs. 25 e seguintes; Rui Medeiros, *A Carta dos Direitos Fundamentais...*, cit., pgs. 7 e seguintes; Olivier De Schutter, *L'adhésion de l'Union européenne à la convention européenne des droits de l'homme comme element du débat sur l'avenir de l'Europe, in* Marianne Dony / Emmanuelle Bribosia, L'avenir du système juridictionnel de l'Union européenne, Bruxelas, 2002, p. 205 e seguintes; Hans Christian Krüger / Jörg Polakiewicz, *Vorschläge für ein kohärentes System des Menschenrechtsschutztes in Europa,* EuGRZ, 2001, pgs. 92 e seguintes; Françoise Tulkens / Johan Callewaert, *Le point de vue de la Cour Européenne des Droits de l'Homme, in* Yves Carlier / Olivier De Schutter (dir.), La Charte..., pgs. 219 e seguintes; Vital Moreira, *A Carta e a adesão da União Europeia à Convenção Europeia dos Direitos do Homem (CEDH), in* AAVV, Carta de Direitos Fundamentais da União Europeia, Coimbra, 2001, pgs. 89 e seguintes; Florence Benoît-Rohmer, *L'adhésion de l'Union à la Convention européenne des droits de l'homme,* RUDH, 2000, pgs. 57 e seguintes.

valores que fazem parte de uma herança cultural comum europeia e de um *corpus juris* europeu[91].

Esta **comunhão de princípios e valores entre a União Europeia e os seus Estados-membros** não pode deixar de ter implicações na convergência de soluções em matéria de direitos fundamentais. O artigo 6.º, n.º 1, TUE funciona, pois, como uma espécie de cláusula de homogeneidade semelhante à do artigo 28.º da *Grundgesetz* alemã[92].

A Constituição Europeia continua esta tradição de comunhão de valores entre a União e os Estados-Membros. O artigo 2.º afirma que a União se funda nos valores da dignidade da pessoas humana, da liberdade, da democracia, da igualdade, do Estado de Direito e do respeito dos direitos, incluindo dos direitos pertencentes a minorias.

O relevo dado à protecção dos direitos fundamentais manifesta-se também na inclusão da CDFUE na Constituição Europeia, que já estudámos.

b) A identidade de ponto de partida

Um outro aspecto que contribui para uma certa convergência de soluções de todos os instrumentos jurídicos, sejam eles constitucionais,

---

[91] Sobre os valores da União Europeia, ver Ana Maria Guerra Martins, *Os valores da União na Constituição Europeia, in* Colóquio ibérico: Constituição europeia – Homenagem ao Doutor Francisco Lucas Pires, BFDUC, Studia Jurídica n.º 84, Coimbra, Coimbra Editora, 2005, pgs. 497 e seguintes; Fausto Quadros, *Einige Gedanken zum Inhalt und zu den Werten der Europäischen Verfassung, in* Michael Brenner e. a., Der Staat des Grundgesetzes – Kontinuität und Wandel, Heidelberga, 2004, pgs. 1125 e seguintes; Roland Bieber, *Ingérence ou manifestation d'une responsabilité commune? – La protection des valeurs de l'Union européenne à l'égard des Etats-membres,* Institut Suisse de Droit Comparé (ed.), L'intégration européenne: historique et perspectives, Zurique, 2002, pgs. 95 e seguintes; Ana Maria Guerra Martins, *Les valeurs communes et la place de la Charte en Europe,* ERPL/REDP, 2002, pgs. 130 e seguintes; *Idem, A natureza jurídica da revisão do Tratado da União Europeia,* cit., pgs. 349 e seguintes; Frank Schorkopf, *Homogenität in der Europäischen Union – Ausgestaltung und Gewärhleistung durch Art. 6 Abs. 1 und Art. 7 EUV,* Berlim, 1999; Maria Luisa Fernandez Esteban, *Constitutional Values and Principles in the Community Legal Order,* MJ, 1995, pgs. 134; Peter Häberle, *Europäische Rechtskultur, in* Peter Häberle, Europäische Rechtskultur: Versuch einer Annäherung in zwölf Schritten, Baden-Baden, 1994, pgs. 7 e seguintes; Paul Thibaud, *L'Europe des nations (et reciproquement), in* Jean-Marc Ferry e. a., Discussion sur l'Europe, Paris, 1992, pgs. 11 e seguintes.

[92] De acordo com este preceito da *Grundgesetz*, a ordem constitucional dos *Länder* deve respeitar os princípios republicano, democrático e do Estado social de direito.

internacionais ou da União Europeia, é a **identidade do seu ponto de partida – a dignidade da pessoa humana**[93].

A Constituição Europeia não foge a esta regra e refere a dignidade da pessoa humana em vários preceitos, designadamente, nos artigos 2.º e 61.º.

Ora, isto não pode deixar de ter consequências no modo como é concebido o sistema de direitos fundamentais, desde logo porque reflecte uma certa concepção de sociedade e de Estado.

c) Alguma convergência, pelo menos formal, do catálogo

Se compararmos os direitos fundamentais consagrados na Constituição Portuguesa com os que aparecem na Constituição Europeia, verificaremos uma certa **convergência no catálogo dos direitos**, pelo menos do ponto de vista formal. É o caso, entre muitos outros, do direito à vida, do direito à integridade pessoal, da proibição da tortura.

Tal não será de estranhar, se pensarmos que as tradições constitucionais comuns aos Estados-Membros da União são uma das fontes inspiradoras da protecção de direitos fundamentais na União Europeia.

d) A aproximação do regime jurídico dos direitos, liberdades e garantias

Existe também uma certa **aproximação do regime jurídico específico dos direitos, liberdades e garantias** previsto na nossa Constituição e na Constituição Europeia, especialmente no tocante às restrições de direitos.

Com efeito, se compararmos o artigo 18.º, n.os 2 e 3, CRP com o artigo 112.º, n.º 1, da Constituição Europeia, verificamos que as exigências em matéria de restrições são bastante próximas.

---

[93] V., por exemplo, artigo 1.º CRP; artigo 1.º da Declaração Universal dos Direitos do Homem; 1.º par. do Pacto Internacional dos Direitos Civis e Políticos.

4.2. Os possíveis pontos de divergência

Apesar dos pontos de convergência acabados de mencionar, também existem pontos de divergência entre a Constituição Portuguesa e a Constituição Europeia, neste domínio, a saber:

a) Não obstante alguma coincidência formal do catálogo de direitos fundamentais nas duas Constituições, a **Constituição Portuguesa apresenta um catálogo não só mais amplo como também mais denso** – se compararmos as duas Constituições, facilmente chegaremos à conclusão que o legislador constituinte nacional incluiu uma lista mais extensa de direitos e que teve uma maior preocupação de desenvolvimento das normas.

b) Mas o contrário também é verdade: **há direitos reconhecidos na Constituição Europeia que não fazem parte do catálogo constitucional nacional**. É o caso, por exemplo, do direito consagrado no artigo 96.º da Constituição Europeia, qual seja, o de acesso a serviços de interesse económico geral.

c) Do ponto de vista do **conteúdo dos direitos fundamentais**, assiste-se na Constituição Portuguesa a um maior grau de pormenorização. Vejamos o exemplo do direito à liberdade e à segurança: enquanto o artigo 66.º da Constituição Europeia se limita a dizer que todas as pessoas têm direito à liberdade e à segurança, o artigo 27.º CRP, começando da mesma forma vai muito mais longe.

d) Por último, deve mencionar-se um caso em que se poderão vir mesmo a levantar **problemas de incompatibilidade** entre as normas constitucionais nacionais e as normas da Constituição Europeia: o *lock out* não está proibido na Constituição Europeia (artigo 88.º), ao contrário do que acontece na CRP – artigo 57.º, n.º 4.

4.3. Em busca de um princípio de harmonia entre a Constituição Europeia e as constituições nacionais

A Constituição Europeia procura a harmonia com as Constituições nacionais e com o Direito Internacional dos Direitos Humanos através das regras gerais relativas à interpretação e aplicação da Carta.

Com efeito, as disposições gerais que regem a **interpretação da Carta** consagram um **princípio de harmonia com as tradições constitucionais** (artigo 112.º, n.º 4, Constituição Europeia) **e com a Convenção Europeia dos Direitos do Homem** (artigo 112.º, n.º 3), o que significa que, em alguns casos, como o mencionado direito à liberdade e à segurança, se atingirá um muito maior grau de densidade e de pormenorização pela via interpretativa.

Por outro lado, o **âmbito de aplicação da Carta**, previsto na Constituição Europeia, é relativamente reduzido, dado que ela só se aplica às instituições, órgãos e organismos da União. Os Estados-Membros só são destinatários da Carta, na medida em que apliquem o Direito da União (artigo 111.º, n.º 1). Assim sendo, enquanto as normas constitucionais nacionais e as internacionais se dirigem primordialmente aos Estados, o âmbito de aplicação da Carta é diverso, o que contribuirá para o surgimento de um reduzido número de conflitos normativos no domínio dos direitos fundamentais.

Além disso, a Carta consagrava dois princípios, que a Constituição Europeia aceitou – o **princípio do nível de protecção mínimo e o princípio do tratamento mais favorável à protecção dos direitos fundamentais** – os quais contribuirão também para minimizar os conflitos entre as Constituições nacionais e a Constituição Europeia. Com efeito, o artigo 113.º estabelece que nenhuma disposição da Carta deve ser interpretada no sentido de restringir ou lesar os direitos fundamentais reconhecidos nos instrumentos internacionais mais relevantes, bem como nas Constituições nacionais.

Em **conclusão**, *a Constituição Europeia não prejudicará o patamar de protecção dos direitos fundamentais já atingido em Portugal, devendo ser antes encarada como um instrumento que procura reforçar os níveis de protecção existentes.*

Lisboa, Março de 2007

O INCUMPRIMENTO DO DIREITO DA UNIÃO EUROPEIA: O CASO DE PORTUGAL

MARIA JOSÉ RANGEL DE MESQUITA
Professora Auxiliar
da Faculdade de Direito da Universidade de Lisboa

SUMÁRIO: 1. O incumprimento do Direito da União Europeia: aspectos gerais. 2. O incumprimento do Direito da União Europeia pelos Estados membros. 2.1. Evolução: do Tratado CECA ao Tratado da União Europeia. 2.2. Os regimes jurídicos diferenciados do Tratado da União Europeia (art.º 7.º) e do Tratado CE (art.ºs 104.º e 226.º a 228.º). 2.3. Vias comunitárias de declaração e de revelação do incumprimento estadual. 2.3.1. Os processos por incumprimento dos artigos 7.º do TUE, 104.º do TCE e 226.º a 228.º do TCE. 2.3.2. O processo das questões prejudiciais do artigo 234.º do TCE. 3. O incumprimento do Direito da União Europeia pelo Estado português: exemplos e perspectivas. 3.1. Acção por incumprimento: exemplos. 3.2. Segunda acção por incumprimento: perspectivas. 3.3. Processo por défices excessivos: exemplo e perspectivas. 3.4. Processo das questões prejudicias: exemplos. 4. Ensinamentos inerentes ao caso português: que lições para o futuro?

1. O incumprimento do Direito da União Europeia: aspectos gerais

O tema que me pediram para tratar hoje, no âmbito do Curso de Verão sobre Direito da União Europeia, prende-se com «O incumprimento do Direito da União Europeia – o caso de Portugal»[1].

---

[1] O presente texto corresponde, no essencial, à transcrição da comunicação proferida em 19 de Julho de 2005 no Curso de Verão sobre Direito da União Europeia subor-

Nesta intervenção vou tratar quatro pontos essenciais, desde logo porque não faz sentido falar do caso de Portugal em termos de incumprimento sem fazer algumas referências prévias em termos de aspectos gerais do incumprimento na União Europeia e de aspectos específicos relacionados com o incumprimento *estadual* no quadro da União Europeia (UE). Depois, numa terceira parte, vou concretizar o caso do incumprimento do Estado português, quer em termos de exemplos práticos, quer em termos de perspectivas, através do tratamento dos aspectos referidos no sumário e que são três: a acção por incumprimento, o processo por défices excessivos e a aferição indirecta do incumprimento estadual pela via do processo das questões prejudiciais. Finalmente, o último ponto da minha intervenção será dedicado a algumas considerações finais por forma a ver que tipo de ensinamentos podemos tirar do caso do incumprimento relativo ao Estado português, sobretudo como lições para o futuro – espero para obviar ao tipo de incumprimento em que pontualmente temos incorrido durante o processo de integração.

Sem prejuízo de correr o risco de mencionar algum aspecto que já foi abordado nas conferências anteriores – porque há pelo menos duas cujos temas se cruzam com o tema desta sessão – tentarei não incorrer em repetições.

Começaria por fazer algumas referências de ordem geral ao incumprimento no âmbito da União Europeia.

Em primeiro lugar, queria recordar que o fenómeno do incumprimento estadual foi sempre um *fenómeno contemporâneo do processo de integração*. Isto quer dizer que os casos de incumprimento em geral, e de incumprimento dos Estados membros em especial, desde cedo foram constatados pelo Tribunal de Justiça – e, portanto, estamos a falar da década de sessenta e, sobretudo, da década de setenta em diante.

Depois queria referir também que a ordem jurídica comunitária, dentro da sua originalidade, tem sempre conseguido 'inventar' ou construir alguns mecanismos específicos, mesmo na falta de disposições expressas do Direito Comunitário originário, para obviar a estas situações de incumprimento.

---

dinado ao tema "A Constituição Europeia e Portugal – Perspectivas jurídicas, económicas e políticas", organizado pelo Instituto Europeu da Faculdade de Direito da Universidade de Lisboa. O texto foi objecto de revisão por forma a eliminar, tanto quanto possível, as marcas do discurso oral.

Além disso, o *fenómeno do incumprimento não se limita*, na Ordem Jurídica da União Europeia, assim como não se limitava na ordem jurídica das Comunidades Europeias, ao *incumprimento dos Estados membros*; e o incumprimento do Direito Comunitário e, hoje, do Direito da União Europeia, é um fenómeno que diz respeito a todos os sujeitos da ordem jurídica da União. Em termos de grandes grupos podemos referir, além dos Estados membros, outros dois: os próprios órgãos comunitários, cujo comportamento em termos de legalidade é apreciado através de meios contenciosos próprios, como sejam os meios contenciosos integrados no contencioso da legalidade, em especial o recurso de anulação; e, ainda, as pessoas singulares e colectivas, em especial as empresas, que constituem uma outra categoria de sujeitos da ordem jurídica comunitária que também é bastante relevante para o tema do incumprimento.

Por último, saliente-se que os incumprimentos destes vários sujeitos foram e são aferidos, declarados e sancionados através de meios específicos para o efeito.

A matéria do incumprimento, nestas múltiplas vertentes, foi sendo *progressivamente objecto de tratamento* pelo Direito Comunitário primeiro, e pelo Direito da União Europeia, posteriormente. Isto quer dizer que se previam nos Tratados meios específicos para revelar e sancionar o incumprimento, por exemplo quanto aos agentes económicos e às empresas (lembre-se o caso das normas de concorrência que têm uma importância muito grande no quadro da realização do mercado interno e que desde sempre foi possível aplicar sanções às empresas por violação de tais normas). Para referir também outro exemplo quanto a sujeitos que não são Estados, considere-se que hoje, no quadro do Sistema Europeu de Bancos Centrais, existe a possibilidade de o Banco Central Europeu (BCE) impor sanções no quadro do funcionamento desse sistema – tal está previsto no Tratado da Comunidade Europeia e foi complementado pelo Direito derivado. Há, pois, toda uma série de normas relevantes do Tratado CE, e desenvolvidas no Direito Comunitário derivado, relativamente a um conjunto de sujeitos que actuam no quadro, sobretudo, do mercado interno e em relação com algumas políticas comunitárias – como, por exemplo, o caso da política agrícola comum – em que toda a evolução do Direito Comunitário vai no sentido de ter preocupações em sancionar estes comportamentos, mais ou menos directamente e com uma intervenção mais ou menos forte por parte dos Estados membros, nomeadamente em concretização do chamado princípio da lealdade comunitária.

Quanto a este fenómeno de tratamento progressivo da problemática do incumprimento dos vários sujeitos da ordem jurídica comunitária, não queria deixar de referir dois aspectos que também são muito importantes.

Um desses aspectos diz respeito à protecção dos interesses financeiros da União Europeia. Existe hoje todo um conjunto de normas de direito derivado que tem exactamente a preocupação da tutela financeira dos interesses da União Europeia, e que inclui normas sobre sanções de determinado tipo de comportamentos que são lesivos desses interesses, em especial do orçamento comunitário.

Depois há também algumas iniciativas – é o último aspecto que queria referir em termos de evolução – que traduzem uma nova tendência para aprovar, no quadro da União Europeia, algumas regras em matéria penal, e no sentido da harmonização penal para protecção, por essa via, quer do direito do ambiente, quer dos interesses financeiros da União. Em regra trata-se de actos aprovadas no quadro do terceiro pilar da União Europeia, mas já há também algumas iniciativas, nomeadamente propostas de directivas, no quadro do primeiro pilar. Assim há que notar que a matéria sancionatória não só foi objecto de um tratamento progressivo no quadro das Comunidades e da União Europeia, como também tal tratamento foi diversificado em termos de medidas sancionatórias para obviar a certo tipo de incumprimentos.

Por último, quanto aos aspectos gerais, queria mencionar que o fenómeno do incumprimento estadual tem hoje *meios específicos* e bem definidos *de aferição e de sanção* que começaram por estar previstos no originário Tratado que instituiu a Comunidade Europeia do Carvão e do Aço (artigo 88.º) e, posteriormente, no Tratado que instituiu a Comunidade Económica Europeia (hoje Tratado da Comunidade Europeia (TCE)) com a redacção do Tratado da União Europeia (actuais artigo 104.º e artigo 228.º, n.º 2, do TCE) e, mais tarde, no próprio Tratado da União Europeia (TUE) na redacção do Tratado de Amesterdão (artigo 7.º do TUE).

Os meios que existem nos Tratados sobre esta matéria, de que dei exemplos, são em regra sempre concretizados por actos de *direito derivado*. É o que acontece no domínio da concorrência e o que acontece no domínio da aplicação de sanções pelo BCE; é o que acontece no domínio da protecção dos interesses financeiros da Comunidade e é também o que sucede em matéria de sanção dos Estados membros quanto ao incumprimento das metas dos défices excessivos. Portanto, estes meios específicos de aferição e sanção passam sempre hoje, em regra, por disposições do Tratado e por actos complementares, de Direito Comunitário derivado, que o desenvolvem – e que, em regra, são regulamentos do Conselho da União Europeia.

2. O incumprimento do Direito da União Europeia pelos Estados membros

Antes de passar ao tema mais concreto de hoje que se prende com o incumprimento de um Estado membro – Portugal –, não posso deixar de traçar, em grandes linhas, a evolução daquela que foi a preocupação dos vários Tratados em matéria de incumprimento estadual.

2.1. Evolução: do Tratado CECA ao Tratado da União Europeia

Em termos do incumprimento estadual há casos típicos, como é o caso de não transposição de uma directiva, o caso de transposição incorrecta de uma directiva, o caso de aprovação de um acto legislativo contrário a um princípio fundamental da União Europeia, o caso de Estados membros que não tomam medidas adequadas para prosseguir uma política comunitária como, por exemplo, a política comum das pescas. Ou, ainda, o caso de um Estado membro ou de um órgão jurisdicional nacional que interpreta de modo menos correcto uma disposição de Direito Comunitário, ou que se recusa a colocar uma questão sobre a interpretação do Direito Comunitário quando o deva fazer. Há, pois, toda uma série de casos de incumprimento que se enquadram nos regimes jurídicos previstos pelos Tratados. Como é que se processou, em traços largos, a evolução dos regimes de incumprimento nos Tratados?

O primeiro Tratado, historicamente, foi o Tratado que instituiu a Comunidade Europeia do Carvão e do Aço (CECA) que vigorou durante cinquenta anos e, curiosamente, tinha um regime bastante supranacional em matéria de incumprimento dos Estados. E porquê? Porque previa um regime, por um lado, segundo o qual era a então Alta Autoridade, assim chamada na sequência do Plano Schuman (hoje Comissão, após o tratado de fusão de 1965) que constatava o incumprimento dos Estados membros;

e, por outro lado, era também supranacional porque previa desde logo a possibilidade de aplicação de sanções aos Estados membros. Esta possibilidade era importante, mas a letra do Tratado CECA não passou de letra morta e não houve, portanto, nesse quadro, casos de constatação de incumprimento de Estados com aplicação de sanções. E talvez por essa razão os autores do Tratado de Roma – alguma doutrina afirmou que por serem bastante mais realistas –, quando redigiram o Tratado que instituiu a Comunidade Económica Europeia (CEE), apenas previram um processo por incumprimento dos Estados membros consagrado nos então originários artigos 169.º a 171.º do Tratado CEE (e que hoje, após a renumeração do Tratado de Amesterdão, correspondem aos artigos 226.º a 228.º do TCE) no sentido de o Tribunal de Justiça (TJ) – e, repare-se, já não a Comissão, mas um órgão jurisdicional comunitário – poder declarar que um Estado membro não cumpriu as obrigações que lhe incumbem por força dos Tratados.

O fenómeno do incumprimento não só é contemporâneo do início do processo de integração, como a Comissão e o Tribunal de Justiça sempre tiveram uma intervenção activa neste domínio. Na prática sucedia que o Tribunal de Justiça constatava que os Estados membros não cumpriam – e havia alguns Estados membros que no início eram menos 'bons alunos', entre eles o Estado italiano que era um caso típico. O Tribunal de Justiça, de facto, utilizava o processo atrás referido e constatava o incumprimento, mas por vezes nada se passava e alguns Estados membros nem cumpriam o Direito Comunitário, nem executavam o acórdão do Tribunal de Justiça que declarava o incumprimento. Por isso, criou-se na prática comunitária – daí ter dito que havia mecanismos de originalidade –, desde a década de setenta, a figura do *segundo processo e da segunda acção por incumprimento*. Assim, quando o Tribunal de Justiça declara que um Estado membro não cumpriu, por exemplo a obrigação de transpor uma directiva, e tiverem passado x anos e o Estado membro continuar sem transpor a directiva, em clara violação, portanto, do princípio da lealdade e dos Tratados, criou-se um mecanismo original no sentido de se intentar um novo processo e uma nova acção por incumprimento (no TJ) para declarar que aquele Estado incumpriu não só a obrigação de transpor a directiva, como também a obrigação de executar o acórdão por incumprimento (inicial) do Tribunal de Justiça. Este foi o primeiro elemento de originalidade em matéria de incumprimento estadual, para além da letra dos Tratados.

Como se processou de seguida a evolução? A evolução deu-se sobretudo com o TUE e com o Tratado de Amesterdão (TA).

Com o TUE retomou-se a solução do Tratado CECA de aplicação de mecanismos de sanção aos Estados membros – mas agora pelo TJ. Os casos de aplicação de sanções aos Estados membros são relativamente recentes: o primeiro é de 2000[2], o segundo de 2003[3] e há um recentíssimo da semana passada, do dia 12 de Julho[4], em que o TJ aplicou simultaneamente sanções pecuniárias compulsórias *e* sanções pecuniárias de valor muito significativo. Podíamos comparar tais sanções com algumas sanções aplicadas pela Comissão no domínio da concorrência já que se trata de sanções pecuniárias pesadas.

E este é o primeiro traço de evolução interessante que aparece com o Tratado de Maastricht. A possibilidade de aplicação de sanções foi consagrada pelo Tratado da Comunidade Europeia no quadro de uma segunda acção por incumprimento – que era a originalidade que tinha sido criada para além da letra do TCE – e permitiu-se que se aplicassem sanções pecuniárias aos Estados membros. É óbvio que se teve de esperar sete anos entre o Tratado de Maastricht e a primeira acção por incumprimento que condenou a Grécia no pagamento de uma sanção pecuniária. Mas, em qualquer caso, depois de começar a ser utilizada a possibilidade de aplicação de sanções aos Estados é de esperar que o mecanismo seja utilizado mais do que três vezes.

Além das alterações em matéria de acção por incumprimento, o TUE trouxe outro aspecto importante relativamente ao incumprimento estadual: o *processo por défices excessivos*. Neste âmbito também é permitida, pelo Tratado da Comunidade Europeia, a aplicação de sanções

---

[2] Ac. do TJ de 4 de Julho de 2000, *Comissão das Comunidades Europeias contra República Helénica*, proc.º C-387/87, Col., 2000, p. I-5047 e ss. As conclusões foram apresentadas pelo Advogado-Geral D. Ruiz-Jarabo COLOMER em 28/8/1999.

[3] Ac. do Tribunal de Justiça (Tribunal Pleno), de 25 de Novembro de 2003, *Comissão das Comunidades Europeias c. Reino de Espanha*, proc.º C-278/01, Col., 2003, p. I--14141 e ss. As Conclusões foram apresentadas pelo Advogado-Geral J. MISCHO em 12/06//2003 (v. http://europa.eu/eur-lex/ ou http://curia.europa.eu/).

[4] Ac. do Tribunal de Justiça (Grande Secção) de 12 de Julho de 2005, *Comissão das Comunidades Europeias c. República Francesa*, proc.º C-304/02, Col., 2005, p. I-6263 e ss. As duas Conclusões do Advogado-Geral A. GEELHOED foram apresentadas em 29/4//2004 e, posteriormente, em 18/11/2004, estas últimas na sequência do Despacho do TJ de 16/6/204 (v. http://europa.eu/eur-lex/ ou http://curia.europa.eu/).

aos Estados membro, mas apenas do tipo que está previsto no artigo 104.º do TCE. Neste contexto, gostava de esclarecer o seguinte: muitas vezes ouve-se dizer que se o Estado não cumpre as metas do défice orçamental, são-lhe retirados os fundos estruturais. Esta sanção de retirada dos fundos estruturais não está prevista directamente no quadro do processo por défices excessivos. É óbvio que da conjuntura política pode resultar que a negociação ou renegociação desses fundos estruturais seja mais benéfica ou menos benéfica para o Estado membro incumpridor. Mas, juridicamente, não é uma sanção que esteja prevista como sendo a consequência de ser ultrapassada a meta dos 3% do défice orçamental.

O que é que o Tratado de Amesterdão trouxe de interessante quanto a esta matéria do incumprimento estadual? Basicamente, um aspecto. O TA, denotando preocupação com o tratamento dos direitos fundamentais, veio introduzir no TUE, no artigo 6.º, n.º 1, integrado nas Disposições Comuns, um conjunto de princípios fundamentais da União de que consta a protecção dos direitos fundamentais («respeito pelos direitos do Homem e pelas liberdades fundamentais») a par dos princípios da liberdade, da democracia e do Estado de direito. Hoje a estrutura metafórica de templo grego a que se compara a UE tem três pilares: o primeiro é o pilar comunitário, o segundo a Política Externa e de Segurança Comum (PESC) e o terceiro a Cooperação Policial e Judiciária em matéria Penal (CPJMP), e as disposições comuns do TUE enquadram-se, metaforicamente, no frontão do templo.

Assim, o TA veio consagrar não só que aqueles princípios eram princípios estruturantes do ordenamento jurídico da União Europeia, como também veio consagrar um mecanismo de sanção da violação destes princípios no artigo 7.º TUE, através de um processo que, basicamente, se reconduz ao seguinte. Se os Estados consideram – e, sublinhe-se, trata-se de um processo *político*, e não de um processo em que o TJ intervenha, já que é um processo em que os Estados são 'julgados' pelos seus pares – que um dado Estado incumpriu ou violou alguns daqueles princípios poder-lhe-á ser aplicada uma sanção prevista no artigo 7.º TUE e que, em regra, consiste na suspensão de direitos decorrentes do estatuto de membros. Por exemplo: suspensão de direito de voto no Conselho, suspensão do direito de exercer a presidência rotativa da UE, suspensão do direito de participação nas cooperações reforçadas, entre outros. Esta foi uma das inovações mais interessantes dos Tratados que até agora, contudo, não teve ainda concretização prática, não obstante ter registado alguns desenvolvimentos relevantes, sobretudo em 2000.

Além do processo previsto no artigo 7.º do TUE, o TA introduziu no TCE uma norma, a que chamo *reflexa* (art.º 309.º do TCE), e que permite o seguinte: se o Conselho, reunido ao nível de Chefes de Estado e de Governo, ao abrigo do artigo 7.º do TUE, considerar que um Estado membro violou algum ou alguns dos princípios constantes do artigo 6.º, n.º 1, do TUE, no âmbito do pilar comunitário propriamente dito é possível aplicar sanções ao Estado membro – com autonomia e para além da suspensão do direito de voto no Conselho decidida no quadro do artigo 7.º do TUE (a qual é, no fundo, a sanção típica prevista).

Posteriormente, no ano 2000, registou-se um episódio que 'ensombrou' a presidência portuguesa e que se prende com as alterações introduzidas pelo TA: o famoso caso austríaco. Tendo em conta o resultado das eleições realizadas na Áustria na altura e com a probabilidade de subida ao poder de um determinado partido político, levantou-se a dúvida se o partido em questão e o futuro governo respeitariam os direitos fundamentais e, em consequência, foram aplicadas, pelos outros catorze Estados membros, diversas sanções à Áustria que, na prática, eram sanções típicas do Direito Internacional e, por isso, não tiveram nada que ver com a previsão dos artigo 6.º, n.º 1, e 7.º, do TUE. Depois (da precipitação, na minha opinião) da adopção de uma série de medidas à Áustria – sem sequer haver grande preocupação em averiguar se eram ou não aplicáveis as disposições dos Tratados – os outros órgãos comunitários, nomeadamente a Comissão e o Parlamento Europeu, tiveram alguma cautela relativamente ao assunto – este episódio inédito acabou com o chamado Relatório dos Três Sábios. Com efeito, foi solicitado a três entidades independentes, peritos em matéria de direitos humanos, que se pronunciassem no sentido de saber se havia, ou não, violação dos direitos fundamentais no caso austríaco. E a conclusão do relatório em causa foi no sentido de não haver violação, pelo que recomendou o levantamento das sanções e, ainda, a criação de uma fase preventiva que não estava prevista no TUE (na redacção do TA) para eventuais casos futuros.

Esta referência ao caso austríaco destina-se a explicar as novidades que apareceram com o Tratado de Nice em matéria do incumprimento estadual, já que foram consequência directa do respectivo desfecho quanto a dois aspectos: em primeiro lugar, a introdução de uma fase *preventiva* – antes de declarar que há incumprimento é preciso aferir o *risco* de violação grave e persistemte de um dos princípios fundamentais da União; em segundo lugar, a introdução da possibilidade de recorrer à intervenção de peritos ou especialistas, exteriores à UE, que podem ser chamados a dar o seu contributo no âmbito deste processo por incumprimento estadual.

Além dos dois aspectos referidos, há também um outro a salientar, de igual modo decorrente da revisão operada pelo Tratado de Nice. No quadro do processo por incumprimento estadual dos princípios consagrados no art.º 6.º, n.º 1, do TUE, introduz-se a possibilidade de controlo pelo TJ. O processo em causa, tal como foi consagrado pelo TA, era um processo eminentemente político, no qual os Estados são 'julgados' pelos seus próprios pares, os outros Estados membros – quanto à declaração de incumprimento, pelo Conselho, reunido ao nível de Chefes de Estado e de Governo –, não existindo qualquer tipo de intervenção por parte do TJ. Com o Tratado de Nice introduziu-se a possibilidade de controlo por parte do Tribunal de Justiça, ainda que limitado às disposições processuais do artigo 7.º. Quanto a este controlo, são de salientar dois aspectos: este controlo jurisdicional é um controlo jurisdicional *atípico* e que *prima facie* não pode incidir sobre a verdadeira questão fundamental material que é a existência ou não de violação dos princípios previstos no artigo 6.º, n.º 1, e, em particular, dos direitos fundamentais. Tal afigura-se um pouco contrário ao facto de o TJ ter desempenhado, no passado, um papel fundamental em matéria de protecção dos direitos fundamentais, existindo portanto aqui uma questão de articulação com a competência do TJ, nomeadamente no pilar comunitário – pode entender-se que o TJ também deveria poder estender a sua apreciação a esta matéria, até porque pode ter essa intervenção e pode exercer controlo jurisdicional no quadro das sanções aplicadas de acordo com o artigo 309.º do TCE, já mencionado, o qual é, no fundo, um reflexo, no quadro do 1.º pilar, do processo por incumprimento dos princípios fundamentais da União previstos no art.º 6.º, n.º 1, do TUE.

2.2. Os regimes jurídicos diferenciados do Tratado da União Europeia (art.º 7.º) e do Tratado CE (art.ºs 104 e 226.º a 228.º)

Em conclusão, após a apresentação, em traços largos, da evolução em matéria de incumprimento estadual, existem basicamente três regimes diferenciados de aferição e de sanção do incumprimento estadual.

Em primeiro lugar, aquele que designo por *processo por incumprimento comum*, ou seja, aquele que nasceu primeiro, no pilar comunitário, e que pode ter dois graus: o primeiro processo e acção por incumprimento e o segundo processo e acção por incumprimento – sendo no quadro da segunda acção que podem ser aplicadas as sanções pecuniárias atrás referidas.

Depois, em segundo lugar, o procedimento por défices excessivos, que designo por *processo por incumprimento especial*, consagrado no artigo 104.º do TCE.

Por último, e em terceiro lugar, o *processo por incumprimento qualificado* – no sentido de incumprimento dos princípios mais importantes da União Europeia e que está previsto nos artigos 7.º do TUE e 309.º do TCE[5].

Afigura-se pertinente referir alguns aspectos fundamentais relativos aos três meios específicos enunciados para declarar, aferir e, eventualmente, sancionar o comportamento dos Estados membros.

Quanto ao processo por incumprimento *comum,* ou seja, aquele que está previsto no pilar comunitário, são de estabelecer algumas dicotomias, entre outros aspectos. A primeira dessas dicotomias é a seguinte: o processo por incumprimento comporta sempre uma fase pré-contenciosa e, ainda, uma eventual fase contenciosa. A fase pré-contenciosa, que em regra é iniciada pela Comissão, pode desembocar ou não numa fase contenciosa, isto é, numa acção por incumprimento no TJ. E há dois aspectos a referir: quanto ao papel da Comissão, esta em regra tem sempre um poder discricionário neste domínio, aliás reconhecido pelo TJ, não sendo portanto obrigada nem a começar o processo, nem a levá-lo até ao fim, nem a intentar uma acção no TJ; depois, só quando há fase contenciosa propriamente dita – a acção por incumprimento intentada no TJ – é que o Tribunal de Justiça declara se existe, ou não, incumprimento por parte do Estado membro (porque, p. ex., não transpôs uma dada directiva, ou transpôs de modo incorrecto tal directiva).

---

[5] Vide, quanto à caracterização de cada um dos três regimes de incumprimento estadual, Maria José Rangel de Mesquita, *O Poder Sancionatório da União e das Comunidades Europeias sobre os Estados membros,* Coimbra, Almedina, 2006, respectivamente, p. 175 e ss., p. 153 e ss., p. 241e ss. e, ainda, p. 639 e ss.

A segunda dicotomia prende-se com a iniciativa para dispoletar este processo: essa iniciativa está reservada à Comissão ou a um Estado membro, mas a prática vai no sentido de a iniciativa ser da Comissão, por razões sobretudo políticas – não há experiência em matéria de processos por incumprimento intentados por um Estado membro contra outro Estado membro.

Depois, a terceira dicotomia a salientar prende-se com os dois graus deste meio contencioso para aferir e apreciar o incumprimento estadual. Num primeiro momento, o Tribunal declara que houve incumprimento – p. ex. do princípio da não discriminação em razão da nacionalidade, ou do princípio da livre circulação de pessoas ou direito de estabelecimento, previstos no TCE. Se o Estado persistir em não dar cumprimento ao Direito Comunitário e ao acórdão do TJ – continuar sem transpor uma directiva, ou continuar sem modificar as disposições de direito interno desconformes, durante um período que pode ser longo (10, 15 ou 20 anos, o que já aconteceu, pelo menos no caso do Estado francês) – pode ter lugar um novo processo por incumprimento. Com efeito, pode haver um novo processo e uma nova acção por incumprimento em que o Tribunal pode não só declarar que o Estado membro não executou um acórdão por incumprimento anterior, mas ainda, em certas circunstâncias, aplicar ao Estado sanções de índole pecuniária, sob a forma de quantia fixa ou progressiva – a chamada, no nosso ordenamento jurídico, sanção pecuniária compulsória (não sem influência das *astreintes* do ordenamento jurídico francês e, também, alemão) – ou mesmo, como aconteceu recentemente, *ambas*.

Por isso, a última grande dicotomia que queria referir é a dicotomia entre *declaração* do incumprimento e *sanção do incumprimento* pelo TJ, através da aplicação de medidas sancionatórias pecuniárias. E esta sanção do incumprimento só pode ocorrer no quadro de uma segunda acção por incumprimento, ou seja, da chamada acção por incumprimento em segundo grau – porque acção por incumprimento de um acórdão anterior do TJ – e, portanto, não pode haver aplicação de sanções aos Estados membros pelo TJ no quadro de um primeiro acórdão por incumprimento.

Quanto ao processo por incumprimento *especial,* por défices excessivos, previsto no artigo 104.º do TCE, gostaria de salientar o seguinte: o chamado mecanismo de alerta rápido que está previsto no Pacto de Estabilidade e Crescimento (PEC), em concreto num dos regulamentos que o integram, denota alguma convergência com o processo por incumprimento *comum*, no sentido de existirem fases preventivas relativamente ao incumprimento estadual. Com efeito, o mecanismo de alerta rápido, que aliás já foi utilizado relativamente a alguns Estados membros, tem por função pôr um Estado de sobreaviso, por forma a evitar que a meta dos 3% não seja cumprida. Dois outros aspectos são ainda de salientar. Tal como acontece com o processo por incumprimento *comum* do pilar comunitário, e tal como acontece com o processo por incumprimento *qualificado* do artigo 7.º do TUE, há sempre também uma dicotomia entre fase *declarativa* e fase *sancionatória*. E estas fases estão encadeadas: não pode haver uma sem a outra. A estas fases obviamente acresce, num caso, a fase preventiva, que, no quadro do incumprimento por défices excessivos basicamente se concretiza através do chamado mecanismo de alerta rápido. Não há fase sancionatória sem fase declarativa prévia – é preciso que o Conselho declare que existe um défice excessivo num ou em vários Estados membros, o que já aconteceu. E, além disso, a fase sancionatória depende de um conjunto de passos anteriores, nomeadamente, além da fase declarativa, a fase de formulação de recomendações dirigidas ao Estado para ter um determinado comportamento e, eventualmente, de publicidade dessas recomendações, e, inclusive, da notificação concreta de medidas que o Estado deve adoptar para pôr fim àquela situação. E só no final de todas essas fases encadeadas entre si é que poderá ter lugar a aplicação das sanções previstas no artigo 104.º, n.º 10, do TCE.

Por último, e ainda quanto ao processo por incumprimento *especial,* é de salientar o seguinte: o processo por défices excessivos afasta, pelo menos parcialmente, o regime do processo por incumprimento *comum.* Isto significa que se afastou à partida, pelo menos até à fase de aplicação das sanções, exclusive (entendo que o TJ pode intervir numa fase posterior do processo), qualquer hipótese de intervenção do TJ, o que também reconduz este processo a uma índole essencialmente política, apesar de estar integrado no primeiro pilar, em concreto na matéria da União Económica e Monetária (concretamente num dos seus dois pilares – a politica económica – que não é todavia o pilar centralizado).

A última palavra vai para o processo por incumprimento *qualificado* do artigo 7.º do TUE (e, reflexamente, artigo 309.º do TCE). Recapitulando, trata-se do incumprimento dos princípios fundamentais da União

Europeia consagrados no artigo 6.º, n.º 1, do TUE. Este processo tem hoje, após o TN, três fases: preventiva, declarativa e sancionatória. Não se tendo utilizado este mecanismo para o caso austríaco, hoje não existem quaisquer exemplos práticos de aplicação das disposições em causa e, portanto, quer no quadro de toda a UE e do artigo 7.º do TUE, quer no quadro do pilar comunitário e do artigo 309.º do TCE. E, sendo um processo com natureza política, o controlo do TJ continua limitado nos termos atrás referidos.

Por último, não podia deixar de fazer uma pequena referência ao *Tratado que estabelece uma Constituição para a Europa* (TECE), assinado em Roma em 29 de Outubro de 2004[6] – e sem qualquer pessimismo sobre o futuro da Europa.

Quanto aos processos específicos para aferir o incumprimento estadual é de referir, desde logo, que eles se mantêm no TECE e basicamente tal como hoje existem: o processo por incumprimento *comum* está previsto na Parte III do TECE (artigo III-362.º); continua a existir, igualmente na Parte III (artigo III-184.º), um processo por défices excessivos, ou processo por incumprimento *especial,* com os mesmos mecanismos de sanção; assim como continua a haver um processo por incuprimento *qualificado* de princípios fundamentais da União, na Parte I (artigo I-59.º), que agora se chamam «valores fundamentais da União», estão elencados no TECE (art.º I-2.º) e transcendem o teor do actual artigo 6.º, n.º 1, do Tratado de Maastricht. No essencial, não há grandes alterações a registar em termos de tipologia de processos para a aferição e sanção do incumprimento estadual e respectivas características[7].

Talvez a maior dificuldade, e a questão mais interessante, quanto a estes processos para aferição e sanção do incumprimento estadual no TJ,

[6] O texto que se considera para efeitos de análise reporta-se ao documento CIG 87/1/04 REV 1, objecto de posterior publicação no Jornal Oficial da União Europeia C 310 de 16/12/2004, p. 1 e ss.

[7] Com excepção da novidade introduzida pelo TECE no processo por incumprimento *comum* que permite a aplicação de sanções aos Estados membros pelo TJ numa primeira acção por incumprimento da obrigação de transposição de uma lei-quadro europeia, isto é, uma directiva de acordo com a designação actual – vide o n.º 3 do artigo III-262.º do TECE.

tenha que ver com o controlo do TJ. As dificuldades, em minha opinião, prendem-se com o facto de se ter efectuado a junção do TUE e do TCE e, consequentemente, tendo as normas sobre a competência do TJ sido mudadas de sítio (nomeadamente as que estavam nas disposições finais do TUE, p. ex., estão agora na Parte III do TECE) há que ter algum cuidado para não deixar que o controlo do TJ – será essa a preocupação fundamental – seja inferior àquele que existe hoje de acordo com o TUE e o Tratado da Comunidade Europeia em vigor.

2.3. Vias comunitárias de declaração e de revelação do incumprimento estadual

São várias as vias através das quais se pode aferir o incumprimento estadual no quadro da União Europeia.

2.3.1. *Os processos por incumprimento dos artigos 7.º do TUE, 104.º do TCE e 226.º a 228.º do TCE.*

Como atrás se referiu, há processos típicos para aferir o incumprimento por parte dos Estados membros. Estes processos típicos são aqueles que mencionei e caracterizei sucintamente: o processo por incumprimento *comum*, o processo por incumprimento *especial* por défices excessivos e o processo por incumprimento *qualificado* por violação dos princípios fundamentais da União Europeia. Qualquer destes processos permite aferir e *declarar* o incumprimento estadual.

2.3.2. *O processo das questões prejudiciais do artigo 234.º do TCE*

Todavia, há outros modos de revelação do incumprimento estadual, pelo que se afigura indispensável fazer uma referência ao processo das questões prejudiciais.

O processo das questões prejudiciais tem o seu regime comum (e originário) no actual artigo 234.º do TCE, e apresenta-se desde sempre como um mecanismo fundamental, à disposição dos orgãos jurisdicionais nacionais, que garante uma interpretação e uma aplicação uniformes do Direito comunitário – e com repercussões para a solução do litígio concreto que também se afiguram relevantes. Além deste regime base originário, contemporâneo da génese da integração europeia, que sempre esteve nos tratados, existem hoje mais dois regimes de questões prejudiciais, decorrentes do TUE e das alterações introduzidas pelo TA. Um desses regimes diz respeito ao terceiro pilar, da CPJMP, em que também é possível, dentro de certos limites, e dependendo de aceitação prévia pelos Estados membros da jurisdição do TJ, colocar questões prejudiciais ao TJ. Existe hoje também um regime um pouco híbrido, previsto no artigo 68.º do TCE – e que resultou da comunitarização do 3.º pilar operada pela revisão do TUE pelo TA (ou seja, da passagem para o pilar comunitário das matérias respeitantes a vistos, asilo, imigração e outras políticas relativas à livre circulação de pessoas).

Antes de me concentrar no regime regra do artigo 234.º, em matéria de questões prejudiciais, não queria deixar ainda de referir que, além daquelas e dos três processos por incumprimentos indicados, há pelo menos mais um meio que tem a ver com o comportamento dos Estados membros e que permite a aferição do incumprimento estadual: o regime do incumprimento das obrigações dos Estados membros decorrentes dos Estatutos do Banco Europeu de Investimento, hoje regulado no artigo 237.º do TCE.

Quanto ao processo das questões prejudiciais gostaria de explicar o intuito com que inseri este meio contencioso no quadro da presente intervenção, para justificar que pode ser um *meio indirecto para revelar o incumprimento estadual,* isto é, o incumprimento do Direito comunitário por parte dos Estados membros.

O mecanismo das questões prejudiciais tem obviamente uma função fundamental de garantia da uniformidade na interpretação e na aplicação do Direito comunitário. Aquilo que pode ser objecto de uma questão prejudicial é, pois, a interpretação ou a apreciação de validade do Direito comunitário, nos termos previstos no artigo 234.º do TCE. Além disso, o processo das questões prejudiciais exprime uma relação de *cooperação* entre dois níveis de órgãos jurisdicionais – nacionais e comunitários – sem haver, em bom rigor, nenhum tipo de relação hierárquica. E se não há nenhuma relação hierárquica, também não há, em bom rigor, qualquer traço federal no sentido de os tribunais comunitários – em concreto o TJ – poderem invalidar ou declarar a nulidade da norma nacional contrária à norma comunitária. Ensina a jurisprudência comunitária, em especial no caso *Simmenthal,* que a sanção do princípio do primado ou prevalência do Direito comunitário sobre o Direito nacional é uma sanção ao nível da *eficácia* e, portanto, é a *inaplicabilidade* da norma nacional contrária[8]. Pense-se, por exemplo, entre outros, também no caso *Factortame*[9], um caso interessante de aplicação de providências cautelares contra a Coroa britânica – neste caso, não sendo permitido aplicar providências cautelares contra a Coroa, o TJ admitiu que se as mesmas fossem necessárias para salvaguardar um determinado direito decorrente da ordem jurídica comunitária, então deviam ser aplicadas mesmo se existisse Direito nacional em sentido contrário. Este caso é um bom exemplo de que o processo das questões prejudiciais pode pôr em evidência uma desconformidade entre a norma nacional e a norma comunitária.

E, apesar de não haver uma relação de hierarquia entre os tribunais nacionais e o tribunal comunitário e, por isso, um traço de carácter federal, é óbvio que o juiz comunitário acaba por fazer, pelo menos de modo indirecto, mais ou menos velado, um juízo de conformidade do Direito nacional com o Direito Comunitário. Tal juízo às vezes será mais patente no teor da decisão, outras vezes não terá expressão no teor da decisão. Em síntese, o processo das questões prejudiciais apresenta-se como um meio importante de revelação do incumprimento estadual – que será concretizado, no caso português, com dois exemplos.

3. O incumprimento do Direito da União Europeia pelo Estado português: exemplos e perspectivas

Passando ao núcleo da presente sessão – o exemplo português e os casos de incumprimento protagonizados pelo Estado português – saliento *a priori* que para apresentar a situação de Portugal em termos de incumprimento, tentei abranger um número significativo de anos (não tendo todavia considerado todo o período temporal desde a data da adesão).

---

[8] Ac. do TJ de 9/3/1978, *Simmenthal,* proc.º 106/77, Rec., 1978, p. 629 e ss.

[9] Ac do TJ de 19/6/1990, *Factortame,* proc.º C-213/89, Col., 1990, p. I-2433 e ss.

3.1. Acção por incumprimento: exemplos

Começando pelo processo por incumprimento *comum*, em que o Tribunal de Justiça declara que um Estado membro não cumpriu as obrigações que lhe incumbem por força do Tratado, se olharmos para os acórdãos recentes do Tribunal de Justiça – que estão aliás, como todos, disponíveis no *site* da União Europeia e do Tribunal de Justiça – relativos ao período compreendido entre entre 1/7/1997 e 15/7/2005 constata-se que há 29 acções por incumprimento, das quais 27 culminaram com um acórdão que declarou que o Estado português não cumpriu as obrigações que lhe incumbem por força do Tratado, e 2 casos apenas em que as acções por incumprimento intentadas pela Comissão foram julgadas improcedentes Quanto à evolução dos acórdãos proferidos pelo Tribunal de Justiça que declararam que o Estado português não cumpriu entre 1997 e 2005, esta é intermitente: há anos em que há mais acórdãos por incumprimento e há anos em que não há ou há menos acórdãos por incumprimento (v. *infra,* Quadro 1 – Evolução dos acórdãos por incumprimento proferidos em processos intentados pela *Comissão c. Portugal* – 1997-2005).

Quadro 1
Evolução dos acórdãos por incumprimento proferidos
(Comissão c. Portugal – 1997-2005)

93	94	95	96	97	98	99	00	01	02	03	04	05
-	-	-	-	0	6	1	6	3	1	3	7	2

(Fonte: *Site* Tribunal de Justiça – Jurisprudência recente do TJ (1.7.2005))

Quanto a estes vários acórdãos, gostaria de salientar dois ou três aspectos. Se olharmos para os *domínios materiais* relevantes – tendo em conta que é sempre feito um enquadramento em termos de matéria em cada um dos acórdãos proferidos pelo TJ, seja em sede de incumprimento, seja noutras – a maioria dos acórdãos respeitam ao ambiente e à protecção dos consumidores. Com efeito, são 16 em 29, o que é um número significativo. Depois os outros casos de incumprimento prendem-se, por exemplo, com os transportes, a política social, o direito das sociedades, a livre circulação de pessoas ou de capitais e, ainda, com a área da concorrência, seja concorrência propriamente dita ou auxílios estatais, e a fiscalidade (pelo menos um caso).

Depois, quanto aos *tipos de incumprimento*, constata-se nos referidos 29 acórdãos, sobretudo 3 tipos: a maioria dos casos tem sempre que ver com directivas – ou não transposição pura e simples de directivas (há sempre atrasos, por uma razão ou por outra), ou também casos de transposição incompleta ou incorrecta das directivas comunitárias. Apura-se também que, dentro dos casos considerados, existem casos de incumprimento por violação de normas do Tratado, nomeadamente normas do TCE em matéria de livre circulação, e também de incumprimento de actos de direito comunitário derivado, como sejam o regulamento.

Em concreto sublinhe-se que, além de todos os casos em matéria de direito do ambiente que têm a ver com resíduos e óleos usados e outros similares, há casos em áreas muito importantes, sobretudo no quadro do direito das sociedades e da concorrência, como sejam a matéria, por exemplo – digno de ser salientado – de recurso em matéria de contratos de direito público de obras e fornecimentos em que o Tribunal de Justiça considerou recentemente (num acórdão de Outubro de 2004[10]) que, ao não ter revogado o diploma sobre responsabilidade civil extracontratual do Estado que subordina a indemnização por violação do Direito Comunitário nesta matéria à prova da existência de culpa ou dolo, o Estado português – que, portanto, não tinha transposto correctamente a directiva – incorreu em incumprimento. Além deste caso interessante pela sua relevância prática, há também outro interessante na perspectiva dos consumidores e cidadãos comunitários. Trata-se de um caso em matéria de transportes e que se prendia com a aplicação das taxas aeronáuticas e das taxas de segurança – já que Portugal aplicava taxas superiores nos vôos intracomunitários em relação aos vôos domésticos, o que foi considerado não só uma violação do Tratado da Comunidade Europeia – exemplo de violação do Direito Comunitário originário – mas também um incumprimento do regulamento respectivo. Por fim, há também no âmbito do ambiente casos de falta de transposição de directivas em matéria de, sobretudo, qualidade e tratamento de águas, águas balneares, etc.

Esta era a primeira concretização do caso português a transmitir no âmbito da presente intervenção.

---

[10] Ac. do Tribunal de Justiça (Terceira Secção) de 14 de Outubro de 2004, *Comissão das Comunidades Europeias c. República Portuguesa,* proc.º C-275/03, não publicado (v. http://www.europa.eu).

3.2. Segunda acção por incumprimento: perspectivas

Quanto às perspectivas em termos de segunda acção por incumprimento, gostaria também de apresentar uma visão quantificada, dentro do possível, usando como fonte os relatórios sucessivos da Comissão sobre o controlo da aplicação do Direito Comunitário. De acordo com estes relatórios, é possível determinar qual o número de casos, e assim o número de acórdãos, por ano, que Portugal não executa. Considerando os relatórios entre 1997 e 2003 (que é o último relatório sobe o controlo da aplicação do Direito Comunitário pubicado nesta data), há sempre alguns casos por ano não executados e há alguns casos que transitam (V. Quadro 2 – Evolução dos acórdãos proferidos pelo TJ e não executados (1997-2003)). Isto significa, relativamente a Portugal, que já foram iniciados segundos processos por incumprimento contra o Estado português por não execução de um acórdão por incumprimento anterior e, no final de 2003, havia três (segundos) processos por incumprimento pendentes (V. Quadro 3 – Segundas acções por incumprimento (artigo 228.º TCE)). É de esperar que tais acções não cheguem ao seu termo e que não se venha a concretizar a aplicação de sanções pecuniárias ao Estado português.

Quadro 2
Evolução dos acórdãos proferidos pelo TJ e não executados (1997-2003)

93	94	95	96	97	98	99	00	01	02	03	04	05
-	-	-	-	0	0	5	5	5	3	5	-	-

(Fonte: Relatórios anuais da Comissão sobre o controlo da aplicação do Direito Comunitário (1997-2003))

Quadro 3
Segundas acções por incumprimento (artigo 228.º TCE)

- 2001: 2
- 2002: 1
- 2003: 1
- 2002: 1
- Pendentes em 31.12.2003: 3

(Fonte: Relatórios anuais da Comissão sobre o controlo da aplicação do Direito Comunitário (1997-2003))

3.3. **Processo por défices excessivos: exemplo e perspectivas**

Quanto ao processo por défices excessivos e respectiva concretização em relação ao Estado português, é de referir o seguinte. Houve, efectivamente, uma decisão do Conselho que considerou que existia um défice excessivo em Portugal no âmbito de um processo instaurado em 2002[11]. Este processo acabou bem, tendo o Conselho, na sua formação ECOFIN, considerado que as condições já não subsistiam e, portanto, aquela decisão foi revogada[12]. Este é, nesta data, o único caso concreto de aprovação de uma decisão que constata, em relação ao Estado português, a existência de um défice excessivo.

Quanto ao processo em curso em relação ao Estado português, o mesmo encontra-se ainda na fase do relatório da Comissão e da audição do Estado e da apresentação do respectivo programa. Esperemos que, dentro da flexibilidade que a reforma do PEC permite, não se chegue às fases do processo seguintes que são, nomeadamente: o parecer da Comissão para uma decisão sobre a existência de um défice, a decisão sobre a existência de um défice excessivo, e a recomendação do Conselho para a adopção das medidas necessárias – cujo incumprimento poderia levar à aplicação de sanções nos termos do artigo 104.° do TCE.

3.4. **Processo das questões prejudicias: exemplos**

Por último, há que fazer uma referência ao processo das questões prejudiciais, apresentando a evolução do número de questões prejudiciais suscitadas por tribunais portugueses entre 1990 e 2003 (V. Quadro 4 – Evolução questões prejudiciais tribunais portugueses (1990-2002)). Em termos de tribunais nacionais que suscitaram questões prejudiciais, pode afirmar-se que a maior parte das questões foi suscitada pelo Supremo Tribunal Administrativo a que se juntaram também, entre outros, os

[11] Decisão 2002/923/CE do Conselho de 5/11/2002 – Existência de um défice excessivo em Portugal (2001). Foi inclusive aprovada, na mesma data, uma recomendação ao Estado português, ao abrigo do artigo 104.°, n.° 7, do TCE.

[12] Decisão do ECOFIN de 11/5/2004, ao abrigo do artigo 104.°, n.° 12, do TCE (decisão de abrogação da decisão 2002/923/CE).

tribunais tributários de primeira e segunda instância, o tribunal cível de Lisboa, tribunais judiciais de várias comarcas, o Tribunal de Círculo do Porto e um tribunal fiscal aduaneiro. É de notar que o número de questões prejudiciais colocadas ao TJ é relativamente baixo, sobretudo em comparação com as questões prejudiciais colocadas por tribunais de outros Estados membros.

Quadro 4
Evolução das questões prejudiciais nos tribunais portugueses (1990-2003)

90	91	92	93	94	95	96	97	98	99	00	01	02	03
2	3	1	3	1	5	6	2	7	7	8	4	3	1

(Fonte: Relatórios anuais da Comissão sobre o controlo da aplicação do Direito Comunitário (1997-2003))

Em termos de matérias, estas prendem-se sobretudo com fiscalidade, que é o caso mais típico (6ª directiva IVA, por exemplo), existindo também alguns casos interessantes relativos à aproximação de legislações no quadro do mercado interno, a que se seguem questões prejudiciais sobre livre circulação de mercadorias, livre prestação de serviços, política social e, também, união aduaneira.

Passemos agora à concretização, em relação ao caso de Portugal, de dois exemplos que se afiguram relevantes em termos de revelação do incumprimento por parte do Estado português. O primeiro diz respeito à aproximação de legislações no domínio da responsabilidade civil resultante da circulação de veículos automóveis e o segundo à harmonização de legislações no domínio dos impostos indirectos na Comunidade Europeia.

O primeiro caso é interessante por duas razões. Em primeiro lugar, porque não houve uma questão prejudicial, mas houve duas. O TJ teve oportunidade de se pronunciar sobre a questão e a matéria em causa por duas vezes a pedido de tribunais portugueses[13]. Basicamente estava em causa o Código Civil português e os limites que a legislação portuguesa previa em matéria de responsabilidade civil pelo risco. No ordenamento

[13] Ac. do TJ de 14/9/2000 (5.ª Secção), *Mendes Ferreira e Delgado Correia Ferreira,* proc.º C-348/98, Col., 2000, p. I-6711 e ss., e despacho do TJ de 24/7/2003 (1.ª Secção), *Messejana Viegas,* proc.º C-166/02, Col., 2003, p. I-7871 e ss.

jurídico português vigora um diploma sobre seguro obrigatório de responsabilidade civil por factos ilícitos[14] que prevê como montantes mínimos de garantia os montantes previstos pelo Direito Comunitário (no mínimo 600000 euros)[15]. O problema colocava-se relativamente ao regime da responsabilidade civil pelo risco que, estando consagrado no artigo 508.º do Código Civil, previa então (e previu, durante um certo período, até ao diploma que reviu esta disposição) limites inferiores aos previstos na segunda Directiva automóvel. E, portanto, o aspecto interessante das questões prejudiciais colocadas sobre a matéria por tribunais judiciais de comarca (nem sequer foram questões colocadas por um tribunal superior) é que o Tribunal de Justiça acabou por fazer, em minha opinião, um juízo indirecto sobre a compatibilidade do Direito nacional com a directiva comunitária em matéria de harmonização do seguro obrigatório que previa como montante mínimo de garantia 600000 euros. E tal juízo, ainda que indirecto, não deixou de ser muito claro: no primeiro acórdão, o TJ afirmou que os artigos 1.º, n.º 2, e 5.º, n.º 3, na redacção que lhe foi dada pelo acto de adesão, da segunda directiva automóvel «obstam à existência de uma legislação nacional que prevê montantes máximos de indemnização inferiores aos montantes mínimos de garantia fixados por esses artigos, quando, não havendo culpa do condutor do veículo que provocou o acidente, só haja lugar a responsabilidade civil pelo risco»[16] – a alusão (todavia não expressa) ao artigo 508.º do Código Civil é indiscutível, já que a «legislação nacional» abstractamente considerada era, efectivamente, a legislação nacional portuguesa e, em concreto, o artigo 508.º do Código Civil. Parece, pois, um juízo indirecto mas bastante claro sobre o conteúdo do direito nacional e a sua desconformidade com o Direito Comunitário – juízo esse que seria depois reiterado em despacho posterior que remeteu

[14] Decreto-lei n.º 522/85, de 31 de Dezembro.

[15] Cf. artigo 1.º, n.º 2, da Directiva do Conselho de 30 de Dezembro de 1983 relativa à aproximação das legislações dos Estados membros respeitantes ao seguro de responsabilidade civil que resulta da circulação de veículos automóveis (84/5/CEE), JO L 8, de 11/1/84, p. 17 e ss.

[16] Vejam-se as anotações de Adriano Garção Soares, *Anotação ao acórdão do T.J.C.E de 14 de Setembro de 2000, in* Revista do Conselho Distrital do Porto da Ordem dos Advogados, n.º 19, p. 57 e ss., e de Luis Duarte d'Almeida, *Acórdão do Tribunal de Justiça das Comunidades Europeias de 14 de Setembro de 2000 – processo n.º C-348/ /98, pedido de reenvio prejudicial e Sentença do Tribunal da Comarca de Setúbal, Comentário, in* Revista Jurídica n.º 25, Abril 2002, p. 563 e ss.

para o primeiro acórdão em causa[17]. A título informativo refira-se que este tema deu lugar a um acórdão do Supremo Tribunal de Justiça de uniformização de jurisprudência – o acórdão 3/2004[18] – em que o Supremo Tribunal de Justiça faz algumas considerações, entre outras, sobre os acórdãos do Tribunal de Justiça e o Direito Comunitário na matéria, acabando por concluir pela revogação tácita do artigo 508.º do Código Civil – exactamente pelo artigo do diploma sobre o seguro obrigatório que transpôs para a ordem jurídica interna os limites previstos pela directiva[19]. Em qualquer caso, e confirmando a aceitação da desconformidade pelo Estado português, o artigo 508.º do Código Civil foi alterado pelo Decreto-Lei n.º 59/2004, de 19 de Março, para consagrar os limites previstos no diploma do seguro obrigatório e, assim, aqueles que estão previstos na directiva. Trata-se, pois, de um bom exemplo da aferição indirecta da desconformidade entre o direito nacional e o direito comunitário – e, assim, do incumprimento estadual – com a consequência última da alteração das normas nacionais.

O segundo exemplo a referir é o caso *Modelo/Continente* – em houve também dois acórdãos na matéria[20] e, agora, um terceiro, no caso *IGI*[21], mas que tem, mais ou menos, a mesma índole. Basicamente, as empresas em causa foram confrontadas com a cobrança de emolumentos notariais relativos a escrituras públicas de aumento de capital e modificação da denominação social que seria, segundo estas empresas, contrária a uma directiva comunitária que harmoniza regras em matéria de impostos indirectos sobre reuniões de capitais (69/335/CEE). A questão

---

[17] No despacho posterior, de 24/7/2003, o TJ considerou que a resposta à pergunta colocada pelo Tribunal de Alcácer se podia inferir claramente da sua jurisprudência anterior, tendo-se pronunciado por despacho fundamentado, reiterando que o n.º 2 do artigo 1.º da Directiva 84/5/CEE «opõe-se a uma legislação nacional que, conhecendo vários regimes de responsabilidade susceptíveis de serem aplicados aos acidentes que resultam da circulação de veiculos automóveis, prevê, para um deles, montantes máximos de garantia inferiores aos montantes mínimos de garantia fixados pelo referido artigo».

[18] Acórdão de Uniformização de Jurisprudência do Supremo Tribunal de Justiça n.º 3/2004 – proc.º 3515/2003, de 25 de Março de 2004 (DR, I-A, de 13 de Maio de 2004, p. 3024 e ss.).

[19] Artigo 6.º do Decreto-Lei n.º 522/85, de 31 de Dezembro.

[20] Ac. do TJ de 29/9/1999, *Modelo SGPS SA*, proc.º C-56/98, Col., 1999, p. I-6427 e ss., e ac. do TJ de 21/9/2000, *Modelo Continente SGPS SA*, proc.º C-19/99, Col., 2000, p. I-7213 e ss.

[21] Ac. de 26/9/2000, *IGI*, proc.º C-134/99, Col., 2000, p. I-7717 e ss.

relevante era a de saber se o valor que era cobrado por tais escrituras – simplificando –, directamente proporcional ao capital social, tinha ou não carácter remunerátório nos termos previstos na directiva. Ora os dois acórdãos do TJ nos caso *Modelo/Continente* e o terceiro, no caso *IGI*, vieram considerar que estas cobranças de emolumentos não tinham o referido carácter remuneratório e portanto – tire-se a conclusão – não eram permitidas pelo Direito comunitário. O desfecho é conhecido, tendo havido alteração das tabelas dos emolumentos, o que obviamente aconteceu em consequência destes casos concretos – e com o conteúdo da respectiva decisão do Tribunal de Justiça, que não foi todavia tão directa e clara como no caso da responsabilidade civil automóvel.

4. **Ensinamentos inerentes ao caso português: que lições para o futuro?**

Dado que a minha intervenção já vai longa, gostaria, por último, de tecer algumas considerações finais, ficando depois à disposição da audiência para todas as perguntas que quiserem fazer.

O incumprimento do Direito da União Europeia é um fenómeno muito antigo, mas é simultaneamente um fenómeno muito actual que, como atrás referi, subsiste até hoje. E, recentemente, há acórdãos do TJ que sancionam os Estados membros através da aplicação de sanções pecuniárias.

Como é que se procedeu ao desenvolvimento dos meios para declarar, aferir, apreciar e sancionar o incumprimento estadual na ordem jurídica da União Europeia? Pela via da diversificação dos processos – basicamente existem hoje três processos importantes para aferir o incumprimento dos Estados. Esses processos não ficaram letra morta, com excepção do Tratado CECA, tendo sido efectivamente utilizados no caso de incumprimento *comum,* e tendo sido, em três casos, aplicadas sanções significativas a três Estados membros (Grécia, Espanha e, recentemente, França – cujo caso é também muito interessante, porque dizendo respeito à política de pescas se prendia com a questão do desenvolvimento sustentado posto em causa pelo incumprimento estadual[22]).

[22] Na medida em que, se um Estado não toma certo tipo de medidas, põe em causa os recursos que são de toda a União, ou seja, do comportamento de um Estado tem repercussão directa no bem estar e no desenvolvimento e na situação dos outros Estados membros, em termos de desenvolvimento a médio prazo.

De seguida, há que recordar que além dos referidos processos há outros mecanismos originais da ordem jurídica comunitária que permitem vigiar e sancionar, em sentido amplo, o comportamento dos Estados membros – mecanismos esses que dependem bastante dos cidadãos comunitários. Tais mecanismos são, sobretudo, além da aplicabilidade directa, o *efeito directo*, ou seja, a possibilidade de o particular invocar num tribunal nacional uma norma de direito comunitário clara, precisa e incondicional, para poder beneficiar de um direito que a ordem jurídica comunitária lhe confere (por exemplo uma norma de uma directiva que o Estado não transpôs atempadamente) e, ainda, o princípio da *responsabilidade do Estado* por incumprimento do Direito comunitário. Se este é um princípio comunitário definido pela jurisprudência do TJ, o importante é que os particulares, enquanto cidadãos, e as empresas, ou seja, todos os lesados, efectivem, quando for caso disso, essa responsabilidade nos tribunais nacionais. Trata-se de um exemplo da importância dos cidadãos comunitários quanto à cessação do incumprimento estadual.

Quanto ao caso português, já se registaram experiências pelo menos em dois dos três tipos de processos por incumprimento: em matéria de processo por incumprimento *comum* e *especial* por défices excessivos, sendo certo apesar disso que não houve, até hoje, nenhum caso de aplicação de sanções ao Estado português. Esperamos que tal nunca se verifique, assim como nunca se verifique nenhum caso de incumprimento por violação dos princípios fundamentais da União.

Quanto aos meios indirectos de revelação do incumprimento estadual pela via do processo das questões prejudiciais, os dois exemplos concretos referidos ilustram que não só foi revelado o incumprimento estadual, como tal revelação acabou por conduzir à alteração das disposições nacionais contrárias ao Direito comunitário.

Para terminar, quanto aos ensinamentos a tirar, e sem me alongar, queria deixar finalmente uma nota de responsabilização. O incumprimento é algo que têm a ver com o comportamento dos Estados e com a intervenção dos vários órgãos do Estado no domínio das suas competências respectivas. Sendo certo que, no tocante a Portugal, se olharmos para todos os casos de incumprimento que existiram e que referi, eles se prendem sobretudo com má transposição ou não transposição, talvez fosse necessário desenvolver um esforço em termos de transposição, a que não deviam ser alheios também os esforços daqueles que vêem a sua esfera jurídica afectada pelo incumprimento – que não podem invocar a directiva porque não foi transposta ou porque esse incumprimento lhes causou algum dano. Essa vigilância dos particulares pode ser também um meio importante para levar o Estado a assumir essa maior responsabilização em relação à participação voluntária que assumiu primeiro nas Comunidades e, depois, na União Europeia. Fico agora à vossa disposição para responder a todas as questões que queiram colocar.

CONSTITUIÇÃO EUROPEIA, CONSTITUIÇÃO COMPLETA OU INCOMPLETA

ANTÓNIO VITORINO
Faculdade de Direito da Universidade de Lisboa

Na altura em que escolhi este tema para o nosso debate de hoje foi no quadro da preparação de uma conferência sobre a temática do Tratado Constitucional Europeu no Instituto Universitário Europeu. A minha ideia de partida era analisar o dilema que o Prof. Giuliano Amato, Vice-presidente da Convenção sobre o Futuro da Europa, e ilustre constitucionalista italiano, equacionava num texto que escreveu meses atrás, alguns dias antes da conclusão dos trabalhos da Convenção, ao confessar que quando se iniciou o processo constitucional europeu esperava que saísse uma rapariga e acabou por sair um rapaz, isto é, esperava uma Constituição Europeia e acabou por lhe sair um Tratado Constitucional! Nesse sentido tratava-se de reflectir sobre a medida em que um Tratado Constitucional constitui um substitutivo de uma Constituição Europeia ou se, pelo contrário, um tal Tratado se deveria ter por uma Constituição incompleta.

Os acontecimentos recentes, sobretudo os referendos na França e na Holanda, tornaram um pouco esotérico este debate sobre a natureza jurídica do texto que (ainda) está em cima da mesa embora sendo já evidente que o processo de ratificação pelos Estados membros da União se encontra num impasse. Contudo, creio que mantém ainda algum interesse falar do dilema de uma Constituição completa ou incompleta, embora, depois da rejeição francesa e holandesa, já não estaremos exactamente a falar do mesmo tipo de completude ou de incompletude.

À primeira vista até seria agora mais fácil tratar deste assunto: a Constituição é incompleta porque não vai entrar em vigor! E podia, pois, ficar por aqui na conferência, agradecer muito a vossa simpatia e a vossa atenção, e naturalmente agradecer o convite que me endereçaram... Uma tal abordagem teria a vantagem de poupar o vosso tempo para me ouvirem e permitiria uma resposta inequívoca à questão que inicialmente coloquei. Naturalmente, uma tal abordagem seria para mim um pouco frustrante e por isso, sem perder de vista o quadro global do debate constitucional, muito em especial as consequências dos referendos francês e holandês, tentarei explicar-vos porque é que em minha opinião este Tratado Constitucional, ou esta Constituição – veremos em que medida é que os termos são de facto fungíveis em termos práticos –, se podem ter por textos fundamentais incompletos e quais as causas da sua incompletude.

Em primeiro lugar, pretendo dar-vos a minha interpretação acerca das razões que levaram os franceses e os holandeses a rejeitar o Tratado Constitucional, circunstância que gerou um impasse no seu processo de ratificação e que suscitou de forma muito marcante um efeito de dominó nas opiniões públicas de outros Estados membros da União Europeia, incluindo Portugal, onde as sondagens imediatamente assinalaram um quase empate técnico entre o "sim" e o "não" num eventual referendo. Veja-se também o caso muito significativo do Luxemburgo onde a vitória do "sim" no referendo de 10 de Julho cifrou-se em 56%, o que é manifestamente uma vitória tímida para um país como o Luxemburgo, que é historicamente um país de grande filiação europeísta. Do meu ponto de vista, tendo em conta a incompletude da Constituição e a expressão do voto naqueles dois países que fizeram referendos bem como o efeito de contaminação nos outros, a razão da rejeição do Tratado Constitucional não está essencialmente no Tratado Constitucional em si mesmo considerado. Isso, em meu entender, afasta-nos, portanto, da tentação da "reengenharia constitucional" como sendo a solução para a crise política que se criou na União Europeia com o impasse do processo de ratificação. A minha convicção é de que não é o artigo 10.º, ou o artigo 13.º, ou o artigo 24.º ou o artigo 48.º que estão em causa nos resultados dos referendos francês e holandês. Não será pois por via de um exercício confinado à remodelação constitucional, isto é um exercício de emenda de um certo e determinado número de disposições do Tratado Constitucional que se poderá dar resposta ao voto de rejeição ou de desconfiança que franceses e holandeses exprimiram e que, de alguma forma, também se espelha na opinião pública de outros Estados membros da União Europeia.

Sei que muitas vezes os defensores do "não" ao Tratado Constitucional, tanto na França e na Holanda como entre nós, fazem profissões de fé de que rejeitar o Tratado Constitucional não provocaria uma crise na União Europeia. Sempre achei que esse argumento era ou falso ou pelo menos ilusório. E, feliz ou infelizmente, dependendo do ponto de vista, o que se passou a seguir ao referendo francês e holandês é a prova de que a rejeição do Tratado Constitucional foi a ponto de aplicação de um sentimento de crise política na União Europeia. Não se surpreenderão, por isso, que seja dos que pensam que está mesmo instalada uma crise na União Europeia. Só que não se trata de uma crise institucional, muito menos de uma crise constitucional, mas sim de uma crise política de fundo que vai ter efeitos e repercussões negativas noutros aspectos da vida da União Europeia, desde o alargamento até às perspectivas financeiras. A resposta a esta crise não pode portanto ser encontrada dentro dos limites do Tratado Constitucional, mas, em meu entender, tem de ser encontrada em primeira linha fora do próprio Tratado Constitucional.

As causas profundas da crise de confiança na União Europeia, tal como a encaro, são fundamentalmente três.

A primeira é, claramente, o alargamento. Não o próximo futuro alargamento à Roménia e à Bulgária. O problema da crise de confiança ligada ao alargamento, em meu entender, também não se resume à questão da Turquia. Aliás, as sondagens feitas após o referendo francês e o referendo holandês mostram que a questão turca pesou menos no voto "não", tanto na França como na Holanda, do que muitos antecipavam. A questão do alargamento que está na base da crise política da União reporta-se ao último alargamento, ao que integrou os dez Estados membros da Europa Central e Oriental que entraram em 1 de Maio de 2004. É preciso reconhecer com alguma humildade que, do ponto de vista político, não ganhamos o argumento do alargamento e que as opiniões públicas não o perceberam nem viram neste último alargamento vantagens significativas do ponto de vista económico e do ponto de vista político. O famoso debate em França sobre a ameaça que representaria o canalizador polaco é a demonstração cabal de que, nem sequer no plano económico, foi possível fazer passar para a grande opinião pública dos quinze Estados membros o caso positivo do alargamento. Por outro lado, os alargamentos nunca foram populares, não vale a pena ter sobre isso a menor ilusão. Olhando para esta assistência, e com uma ou outra excepção, penso que não têm ainda memória pessoal do ano de 1986, faz agora vinte anos, quando Portugal aderiu a União Europeia, mas vale a pena recordar. Nós próprios, portugueses, não fomos recebidos na União Europeia (Comunidades Europeias na época) com Hossanas... Pelo contrário, muitos dos argumentos que hoje vejo reproduzidos contra o alargamento, às vezes até, espantosamente, em Portugal, foram esgrimidos nos anos 80 contra a entrada de Portugal e da Espanha. O dumping social era também então um dos grandes argumentos contra a entrada de Portugal e da Espanha e que, aliás, levou a um regime de transição pesado relativamente à liberdade de circulação dos trabalhadores portugueses e, em especial, para o Luxemburgo onde nesses anos uma percentagem importante da população era já fruto da emigração portuguesa. A questão das diferenças de nível de vida era outro dos argumentos já então utilizados contra o alargamento aos países ibéricos. Com efeito, Portugal, quando aderiu às Comunidades, teria um PIB per capita na ordem dos 50% em relação à média comunitária. Ora, neste momento, os dez países que entraram têm, em média, 40% do PIB per capita europeu e os dois novos que vão entrar, a Roménia e a Bulgária, representam 30% desse mesmo P1B per capita. Portugal evoluiu nestes últimos 20 anos de adesão em cerca de 20% no PIB per capita, hoje andará nos 73% ou 74%, dependendo como se fazem as contas a quinze ou a vinte cinco. Os termos de comparação falam por si.

Portanto, os alargamentos nunca foram populares mas recentemente a desconfiança em relação ao alargamento aprofundou-se tanto pelo elevado número de países que entraram como pelo facto de as lideranças políticas europeias terem apresentado o último alargamento como uma espécie de fatalidade, de inevitabilidade histórica e nunca se preocuparam em explicar porque é que um tal alargamento era positivo, tanto para os que iam entrar como para os Estados membros da União a quinze, quer do ponto de vista económico, com a criação de um grande mercado de 450 milhões de habitantes, quer do ponto de vista político, na perspectiva da estabilidade e da paz no continente europeu, que são valores fundamentais, sobretudo para quem ainda tem em memoria o que aconteceu nos Balcãs nos anos 80.

A segunda razão para o mau estar e a ideia globalmente negativa da União Europeia junto dos cidadãos, em meu entender, radica na desconfiança em relação às elites governantes e às classes politicas em geral. Mas esta questão levava-nos muito longe, e é talvez um tema demasiado sensível do ponto de vista da abordagem pública...

Em todos os países da União Europeia verifica-se um decréscimo constante do grau de confiança dos cidadãos nos políticos eleitos e, cada vez mais, a transferência da confiança dos cidadãos para instituições não electivas, tais como jornalistas, cientistas, militares, juízes, ou polícias. Os políticos só aparecem em sétimo ou oitavo lugar... Esta desconfiança em relação aos políticos não se verifica apenas ao nível europeu, mas também a nível nacional. Tendo em conta que o espaço público nacional e o espaço público europeu estão cada vez mais indissociáveis entre si, e que, provavelmente, a democracia a nível europeu e a nível nacional não dispõem dos instrumentos necessários e suficientes para garantir uma efectiva *accountability* do que os políticos nacionais fazem em Bruxelas, daí resulta uma percepção global de défice democrático que não é apenas imputável às instituições europeias isoladamente consideradas. Entendamo-nos sobre este ponto. Há, obviamente, problemas próprios e específicos de *accountability* e de transparência no funcionamento das instituições europeias, mas esses problemas, os mesmos na essência embora com manifestações e intensidade distintas, existem também a nível nacional, quer no que respeita ao funcionamento das democracias nacionais quer relativamente ao protagonismo nacional no plano europeu, ou seja, quanto ao controlo e responsabilização dos agentes políticos nacionais no que toca à sua actuação no contexto das instituições europeias. Mecanismos esses de controlo e de responsabilização definidos em parte pelos ordenamentos constitucionais nacionais e que, por isso, apresentam um quadro de referência de geometria (muito) variável. Em alguns países, essa transparência e esse grau de responsabilização é mais elevado, intenso e qualificado, noutros, é muito menor, ou seja, em alguns Estados, os parlamentos nacionais exercem um controlo mais efectivo sobre o desempenho dos seus governos nacionais em Bruxelas, e noutros, esse controlo é minimalista, para não dizer praticamente inexistente. Isto acresce às específicas insuficiências do próprio sistema de *checks and balances* das instituições europeias, o que somado cria um fosso entre os cidadãos e as instituições europeias, que são vistas cada vez mais como remotas e distantes, embora na maior parte dos casos sejam personificadas por políticos de origem nacional. Cria também uma grande desconfiança dos cidadãos em relação à política, no sentido mais estrito do tempo, mas este é um problema muito complexo das nossas democracias modernas, não é próprio à questão europeia enquanto tal.

A terceira razão que, a meu ver, está na base desta crise europeia é o medo da globalização.

A Europa é, na sua origem, um projecto de paz e de estabilidade, com uma lógica de integração económica que devia conduzir à prosperidade e à coesão social. Este projecto, que está inscrito no Tratado de Roma de 1957, teve um momento alto no Acto Único Europeu, de 1986, onde Estados membros com visões diferentes, histórica e culturalmente falando, e diferentes também no funcionamento dos seus sistemas económicos e sociais nacionais, concluíram um acordo básico que representou um equilíbrio entre liberalização dos mercados e promoção da coesão económica e social do espaço europeu em benefício das regiões menos desenvolvidas. Os países que tinham uma visão mais liberal do funcionamento da economia alcançaram então um *road map* de liberalização dos mercados à escala continental, isto é, consolidaram o projecto do grande mercado interno de 1993, onde está implícito, em meu entender, a ideia da moeda única como factor de consolidação. Por outro lado, os países menos desenvolvidos do ponto de vista económico receberam garantias de compensação em benefício do seu desenvolvimento com base numa lógica redistributiva do projecto europeu, isto é, uma política de coesão económica e social assente na utilização dos fundos estruturais, para promoção do seu próprio desenvolvimento económico e social, a fim de poderem também beneficiar a prazo plenamente das quatro liberdades, que são o coração do grande mercado interno de 1993.

Ora o problema, em meu entender, é que, actualmente, este "contrato político e económico-social" plasmado no Acto Único já não se apresenta como válido e irrestritamente aceite por todos os Estados membros da União... Isto é assim porque a Europa passou a 25 Estados membros, o que por si só traz consequências relevantes. A "revolução do número" não é inocente na necessidade de revisitar o modelo de acordo político do Acto Único. Mas, sobretudo, esse modelo já não corresponde aos desafios da globalização, económica e financeira em que vivemos. A emergência das grandes potências económicas do século XXI, como a China ou a Índia, e a necessidade de responder, provavelmente, ao mais terrível desafio com que os europeus se confrontam, isto é, ao envelhecimento da população europeia, à perda da competitividade económica e à incapacidade de continuar a sustentar o modelo social europeu com base neste modelo económico. Faço aqui, contudo, um *distinguo*: não existe um modelo social europeu uniformizado, mas sim vários tipos de modelo social europeu. No entanto, todos os países europeus partilham da mesma concepção da coesão e da solidariedade fundamental, que conduz, em função das realidades nacionais, a diferentes tipos de modelo social e de solidariedade entre gerações e entre grupos do mesmo tecido social nacional. O modelo do Estado social na Alemanha é diferente do modelo de Estado social na Holanda, embora sejam ambos países da Europa continental. O modelo de Estado social na Inglaterra não é de maneira alguma equiparável ao modelo de Estado social dos países Nórdicos e, contudo, as economias destes dois blocos de países apostaram largamente na liberalização dos mercados e na competitividade das empresas. A maioria dos países do sul, como Portugal, a Espanha e a Grécia, têm Estados sociais bastante mais jovens e o seu figurino é manifestamente distinto dos outros países do Sul, como a Itália, por exemplo, que tem um Estado social há mais anos e em certa medida mais experimentado.

Ora, em minha opinião, o problema da crise de confiança no projecto europeu resulta do facto de os cidadãos perceberem este modelo de prosperidade económica e de sustentabilidade social como tendo deixado de produzir os resultados que produziu no passado. E esta dúvida e esta desconfiança fundamental é, em meu entender, a grande razão pela qual os cidadãos da França e da Holanda usaram o referendo sobre o Tratado Constitucional para manifestar esta profunda crise de confiança na finalidade última do projecto europeu... Uns fizeram-no por boas razões, outros por más razões. Uns, como a extrema-direita populista, em vários países Europeus, defendem com grande clareza o retorno à autarcia nacionalista, isto é, o fechar das fronteiras, o fim do mercado interno. Outros, no paradigma oposto, à esquerda, manifestaram-se, curiosamente, em nome de uma outra Europa, a que chamam a Europa Social, mas que, muitas vezes, no fundamento ideológico, corresponde à negação da liberalização dos mercados e ao estabelecimento de um modelo conceptual que conduz no limite a um proteccionismo continental. No fundo, transpõem a lógica do proteccionismo nacional para a União Europeia e para o continente, dizendo que o bloco económico europeu deveria ser um bloco fechado ou, pelo menos, um bloco com elevados níveis de protecção face aos riscos e ameaças da globalização. Todo o discurso contra a globalização pela esquerda é, consequentemente, muitas vezes, um discurso de proteccionismo continental, enquanto que, pela ala direita, trata-se apenas de um discurso de retorno ao proteccionismo nacional. Em meu entender, é evidente que a resposta aguardada pelos cidadãos por parte das entidades políticas responsáveis da União Europeia a este desafio da globalização não está nem numa nem noutra dessas soluções.

Fiz este percurso para vos explicar por que motivo penso que em primeira linha os juristas não serão de grande valia para este debate... Com efeito, os juristas podem discutir os detalhes do Tratado Constitucional, mas nenhuma alteração de fundo desse texto permitirá restabelecer a confiança dos cidadãos no projecto europeu. O cenário mais provável, portanto, é que este Tratado Constitucional entre num período de congelamento, de letargia. É claro que os que são contra o Tratado dizem que está morto, mas é prudente não matar o Tratado prematuramente... Uma vez criadas as condições políticas mínimas de confiança, a retoma do projecto constitucional será um instrumento de relançamento do projecto europeu.

Mas, suponhamos que, uma vez criadas as condições políticas necessárias, será possível retomar o processo constitucional europeu e procurar encontrar uma solução para o Tratado Constitucional. Quando os dinamarqueses ou os irlandeses votaram "não", legitimamente, aos Tratados de Maastricht e de Nice, logo os Estados membros mais prósperos perguntaram aos retardatários quando é que voltavam a votar para desbloquear o impasse que haviam criado. Porém, não se pode deixar de notar que quando é a França a votar "não", até parece que ninguém se lembrou de fazer a mesma pergunta e parece também que ninguém em França se sentiu obrigado a responder. Franceses e holandeses, nunca disseram o que é que esperavam que acontecesse, nem quando e em que termos voltariam a colocar este Tratado a referendo. Por isso, o processo mantém-se nesta ambiguidade. Os luxemburgueses fazem um referendo, mas os portugueses, os dinamarqueses e os irlandeses cancelam ou suspendem-no. E, ficamos todos a espera da revisitação deste tema, em Julho do próximo ano.

Olhando para o futuro, é necessário ter cuidado com a maneira como se sai das crises. O projecto europeu não vai acabar com esta crise e, tendo em conta que é um projecto que constrói uma memória colectiva, a maneira como sairemos da crise será invocada, mais tarde, quando da próxima crise. Não gostaria, portanto, que a solução encontrada para esta crise nos deixasse com a ideia de que existem países de primeira e países de segunda classe, em termos de capacidade em bloquear ou não um processo de emenda dos Tratados europeus. É preciso por isso não claudicar na defesa intransigente do princípio da igualdade entre os Estados, inclusive, do ponto de vista formal, na solução que vier a ser encontrada para esta crise.

Sobre a substância do Tratado Constitucional, gostava de responder nesta minha intervenção a três questões que têm sido colocadas a propósito do texto adoptado em 2004.

Em primeiro lugar, uma das críticas formuladas ao Tratado consiste em dizer que foi um erro escolher a via constitucional, isto é, chamarem-lhe Constituição. Admito sem dificuldade que a escolha da expressão "Constituição" ou do referencial "constitucional" justaposto à designação do Tratado seja provavelmente uma das causas próximas da rejeição por franceses e holandeses. Mas vale a pena recordar o motivo pelo qual se chamou Constituição ao Tratado. Primeiro, porque, durante muito tempo, o projecto europeu foi acusado de ser um processo de dissimulação, isto é, de nunca chamar as coisas pelo seu exacto nome. Ninguém dúvida que existe na União Europeia uma Constituição material, até por que essa é a consolidada interpretação dos Tratados feita pelo Tribunal de Justiça das Comunidades Europeias. Além disso, temos de reconhecer que todos os cidadãos sabem o que é uma Constituição, mas não necessariamente o que é um Tratado... Lembro-me, aliás, do Presidente da Convenção, Giscard d'Estaing, ter dito num discurso que o grande problema do processo político europeu consistia em chamar a atenção dos cidadãos europeus, muito indiferentes ao seu curso futuro. Para isso, dizia ele, seria necessário utilizar palavras mais explícitas e reportar-se a realidades próximas da vida quotidiana dos cidadãos. Foi de acordo com esta preocupação que surgiu a ideia de lhe chamar Constituição e de substituir, por exemplo, as directivas e os regulamentos por instrumentos normativos, tais como leis quadro europeias e leis europeias, mais próximos dos instrumentos legislativos típicos de um Estado nacional. Sabia-se desde o início que esta opção comportava riscos e que daria azo a críticas, pela analogia dos conceitos com os conceitos utilizados nas ordens jurídicas nacionais, críticas que se traduziriam na acusação de que estaria em germinação um projecto de super Estado Europeu. Todavia, tendo em conta o resultado do referendo francês ou do referendo holandês, o facto de usar o "termo proibido" de Constituição (ou os termos leis e leis quadro) acabou paradoxalmente por ter um enorme sucesso. Conseguiu-se, de facto, chamar a atenção sobre o projecto europeu, e tanto se chamou que até foi reprovado nos dois referendos na senda de um debate que, comportando equívocos e enganos, foi contudo muito participado. Além disso, o objectivo de transparência foi também cumprido. Nessa medida o insucesso do Tratado Constitucional foi, no plano da visibilidade, o seu próprio sucesso...

Segundo, acho que estamos a caminhar para um mundo de constitucionalismo em vários níveis, e que o conceito Constituição se tornará cada vez mais num conceito reportado a um sistema constitucional de vasos comunicantes onde há uma interactividade de ordens constitucionais com diferentes planos de aplicação. No entanto, independentemente da questão conceptual, o argumento contra o uso do referencial constitucional na qualificação dos Tratados europeus contém uma segunda parte interessante e merecedora de atenção, que consiste em dizer que, a ter-se pretendido um acto refundacional de natureza constitucional, nesse caso, devia-se ter restringido a tal Constituição Europeia às Partes I e II do Tratado Constitucional (princípios, objectivos, valores e arquitectura constitucional fundamental), excluindo a Parte III relativa às políticas comunitárias em concreto. Os críticos mais radicais da opção constitucional como, por exemplo, a minha querida amiga Gisela Stuart, que vos virá falar na quinta-feira, dir-vos-ão que o erro foi todo dos juristas porque quiseram dar uma formulação articulada ao texto de vocação constitucional. A Constituição deveria ser, nesta visão das coisas, uma Magna Carta, uma espécie de declaração de intenções, um texto político, convivendo com os tratados que continuariam a existir à parte, como tal. À proclamação política chamava-se Constituição, na senda da doutrina expressa por Jack Straw, o actual Ministro dos Negócios Estrangeiros britânico, que escreveu aquele celebre artigo no *Economist* onde dizia que "se o meu clube de Golfe tem uma Constituição, porque é que a Europa também não há de ter uma"! Com aquele distanciamento artificial tão típico dos nossos amigos britânicos, os únicos na

União, aliás, a não ter uma Constituição escrita, tentaram fazer uma desdramatização do termo Constituição, e é de facto verdade que na Convenção e na CIG subsequente nunca fizeram do uso do termo "Constituição" um ponto de conflito.

Este segundo argumento anticonstitucionalista suscita duas questões jurídicas interessantes. Primeiro, a Constituição Europeia é uma Constituição *sui generis*. A recusa em reconhecer esta natureza especial do referencial constitucional europeu é, talvez, um dos erros de análise dos constitucionalistas nacionais que por vezes se sentem muito feridos quando se fala em Constituição no âmbito europeu, porque só vêm a Constituição à luz do prisma nacional e acham que a Constituição é um conceito dado e adquirido para todo o sempre e irremediavelmente limitado ao espaço público nacional. Em meu entender, hoje em dia, "Constituição" é um conceito aberto e evolutivo no seu âmbito e alcance, tal como a própria noção de Constituição nacional evoluiu desde o século XVIII à luz da sucessão dos acontecimentos históricos. Esta Constituição europeia ou Tratado Constitucional, como lhe quiserem chamar, é um conceito *sui generis*, porque recolhe o essencial de uma constituição nacional aplicando esse desiderato às especificidades de uma organização supranacional, ou seja, contém as regras sobre os objectivos da União, os princípios e os valores, a separação de poderes, as bases institucionais, o processo de tomada de decisões, a natureza dos actos normativos, isto é, contém uma arquitectura e um quadro de referência de finalidades e de instituições. Daí resulta, desde logo, um dos traços da sua originalidade, mesmo quando segue o paradigma típico das constituições nacionais. Mas acresce que a Constituição Europeia apresenta ainda uma outra componente *sui generis* que, de facto, esta sim, não existe de todo, em regra, nas constituições nacionais: é que a Constituição no plano europeu contém os conteúdos das próprias políticas. Tivemos em Portugal, se bem se lembram, um arrastado debate e uma acesa querela sobre a desideologização da Constituição de 1976, desde logo na primeira revisão constitucional, em 1982, quando tiramos o socialismo da Constituição, e, posteriormente, em 1989, na segunda revisão, quando eliminamos a irreversibilidade das nacionalizações. Durante esse período, sempre se disse que a Constituição devia ser neutra do ponto de vista do conteúdo das políticas, que se devia deixar à livre alternância do poder democrático a definição das políticas em concreto e que a Constituição era apenas um quadro de referência que devia consentir uma ampla liberdade de escolha dos eleitores. É este tipo de lógica que de facto não está presente na Constituição Europeia e que, com o devido respeito, não poderia estar presente, porque essa Constituição se distingue geneticamente das constituições nacionais ao não constituir um acto de auto-organização de um povo europeu, aliás inexistente! A Constituição, no plano europeu é, de facto, na sua essência, um contrato político entre Estados livres e soberanos, onde o poder constituinte (o poder de conformar esse quadro constitucional fundamental) está exclusivamente nas mãos desses Estados.

Portanto, neste contexto, penso que, do ponto de vista do contrato político entre Estados, que é a base essencial da legitimidade da ordem jurídica da União, a Parte III é praticamente inseparável da Parte I e da Parte II, porque os Estados membros só aceitam aqueles objectivos, aquelas finalidades e aqueles procedimentos recolhidos na Parte I na precisa medida em que a estrutura que estão a construir lhes garante que o conteúdo daquelas políticas é o conteúdo essencial das políticas europeias que consta da Parte III. Experimentem ir a França e explicar aos franceses que as regras da Política Agrícola Comum a nível europeu não são constitucionais. À luz de uma leitura estrita da Constituição na óptica nacional, não o são, de facto, mas a França dificilmente aceitará o contrato político europeu sem ter garantias sobre o estatuto reservado à Política Agrícola Comum. Também em Portugal, se disserem que as políticas e as normas sobre a coesão económica, social e territorial desaparecem da Constituição Europeia porque não têm dignidade constitucional, os portugueses legitimamente perguntar-se-ão, porque é que vão aceitar votos por maioria qualificada, ponderações de votos pelo Conselho, mecanismos de primado e de efeito directo do Direito Comunitário, se o conteúdo das políticas que os interessam mais directamente não têm uma garantia constitucional correspondente.

A este argumento poderia responder-se que o mesmo resultado poderia ser alcançado através de um Tratado com valor para-constitucional. Ora essa é a razão pela qual acredito que os actuais Tratados europeus, tendo uma natureza constitucional e recolhendo as políticas que constituem a base do contrato entre os Estados membros, fazem a síntese deste modelo *sui generis* o que dilui a fronteira entre o termo "Constituição" e o termo "Tratado Constitucional".

Há uma segunda questão que gostava de colocar ainda sobre a substância do texto do Tratado Constitucional. Na base da Convenção sobre o Futuro da Europa e da Conferência Intergovernamental subsequente está a Declaração n.º 23 anexa ao Tratado de Nice. Essa Declaração de Nice contém quatro pontos que deveriam ser objecto de debate na Convenção, e é desse elenco que surge uma das grandes querelas sobre o processo do Tratado Constitucional: a ausência de título que habilitasse a Convenção a falar de Constituição. Em parte esta crítica é fundada. Com efeito, na declaração de Nice não se fala exactamente em Constituição. No entanto, convém recordá-lo, ulteriormente a Declaração de Laeken já por seu turno coloca expressamente a questão da Constituição, a de saber se o processo de simplificação dos Tratados não deveria revestir uma forma constitucional. Portanto, não me parece justo nem verdadeiro dizer que foi a Convenção que se auto-arrogou uma vocação constitucional por *motu próprio*. Foi de facto a Declaração de Laeken, subscrita pelos 15 Chefes de Estado e de Governo da União Europeia, que levantou a "lebre" constitucional, se me permitem a expressão.

Existe uma questão, que consta da Declaração de Nice, e à qual nem sempre se presta a devida atenção. Com a unificação alemã e com a alargamento da União, em dois momentos separados por mais de uma década, foi crescendo na opinião pública alemã a sensação, em alguns casos fundada, de que o projecto europeu estava a introduzir paulatinamente um desequilíbrio interno no modelo federal alemão e que, de alguma forma, o acrescentamento de poderes ao centro, isto é, a nível europeu, era feito em larga medida em detrimento do poder dos Estados Federados alemães e com benefício indirecto do Estado Federal, isto é, do governo central alemão. A natureza do federalismo alemão estaria, portanto, a ser alterada por força do projecto de integração europeia, com descompensação das garantias dos Estados Federados alemães. Esta questão, em bom rigor, já estava presente quando da adopção do Tratado de Maastricht sendo, aliás, abordada com prudência pelo próprio acórdão do Tribunal Constitucional Alemão sobre o tratado de Maastricht, quando define o critério da admissibilidade de transferência de poderes soberanos para a União Europeia e estabelece os limites observáveis. Do mesmo modo quando da adopção do Tratado de Amesterdão, esta questão voltou a estar no centro de debate alemão e então o Chanceler Kohl obteve o voto favorável no Bundesrat com base na garantia de que o equilíbrio interno do Estado Federal alemão decorreria da consolidação do princípio da subsidiariedade. A aplicação concreta do princípio da subsidiariedade, contudo, não foi suficiente para tranquilizar os Länders alemães sobre o impacto do processo de construção europeia no Estado federal. Por conseguinte, quando das negociações do Tratado de Nice, a reivindicação/ /inquietação dos Länders alemães renova-se e está claramente na base da decisão de convocar a Convenção – ponto dois da Declaração n.º 23 anexa ao Tratado de Nice que se refere aos critérios de repartição de competências entre os Estados e a União. Quando, a seguir, a Convenção se debruçou sobre esta matéria apresentaram-se duas teses em confronto. Na tese dos Länders alemães, expressa na Convenção por representantes alemães, para estabelecer nos Tratados um critério de repartição de competências entre a União Europeia e os Estados membros seria necessário em primeiro lugar clarificar que as competências da União são apenas competências de atribuição. Ou seja, as competências originárias são e permanecem no âmbito dos Estados membros, que as atribuem à União, mas a atribuição de competência é, por definição, reversível. Tratava-se, pois, de clarificar uma questão que nunca havia sido levada no plano da sua formulação legislativa até às últimas consequências, mas que aflorou no debate da adesão do Reino Unido ao Euro, à moeda única europeia. Com efeito tratava-se de saber se um país que aderisse ao Euro poderia dele sair mais tarde, reintroduzindo uma sua moeda exclusivamente nacional ou se a adesão seria por definição uma decisão irreversível. Esta questão foi, de alguma forma, escondida e foi sempre diluída nas dificuldades técnicas que envolveria uma tal operação de retorno a uma moeda puramente nacional. Mas de facto o que estava em causa era saber se os poderes atribuídos à União são irreversíveis ou não e se as decisões dos Estados de atribuírem competências à União poderia ser invertida no sentido oposto, ou seja, no sentido da sua devolução aos Estados. Estou em crer que o Tratado Constitucional vem clarificar esta questão ao estatuir explicitamente que as competências de atribuição são reversíveis, colectivamente – isto é, pode haver uma decisão colectiva no sentido de, por alteração no Tratado, devolver competências aos Estados –, e individualmente, na medida em que agora o Tratado Constitucional passaria a consagrar, pela primeira vez, uma cláusula de saída individual dos Estados membros da União Europeia. Na realidade embora este assunto nunca tivesse sido objecto de regras explícitas, sempre se considerou, de forma implícita, que quem é livre de aderir é livre de sair. Historicamente temos o caso de não ratificação das negociações de adesão, como sucedeu com a Noruega, mas, até hoje, não tivemos nenhum caso de quem quisesse sair da União. O Tratado Constitucional prevê a entrada e a saída livre dos Estados na União Europeia, dentro de certos condicionalismos, no seguimento de um processo de negociação.

Este era o primeiro elemento da reivindicação dos Länders alemães que foi acolhido no Tratado: a consagração explícita da lógica das competências de atribuição e da sua reversibilidade.

A sua segunda reivindicação consistia em acolher no Tratado Constitucional um elemento essencial do modelo federal, através da definição de um *Kompentenz Katolog* a nível europeu, de uma lista exaustiva de competências europeias, tornando claro que as matérias não incluídas nesse elenco exaustivo seriam da exclusiva competência nacional. Esta reivindicação não foi, contudo, acolhida nem no texto que saiu da Convenção nem na subsequente Conferência Intergovernamental. O debate desta proposta foi muito interessante tanto do ponto de vista teórico sobre a natureza da União como do ponto de vista das suas implicações práticas. Sem entrar agora nos detalhes dos argumentos esgrimidos, acabou por se considerar que o *Kompetenz Katalog* era um exercício impossível e demasiado rígido quando aplicado à realidade europeia. No entanto, e este é talvez o resultado mais interessante, ficou-se a meio caminho do modelo pretendido pelos *Länder* alemães, com a inclusão de uma lista de competências da União no Tratado Constitucional, divididas em quatro categorias: exclusivas, partilhadas, medidas complementares ou de apoio e, subtraída às três outras categorias por ter natureza especial, medidas no campo da política externa e de segurança comum. Esta lista é, contudo, indicativa, contrariamente à lógica de exaustividade ínsita na concepção do *Kompetenz Katalog*. Em paralelo, subsiste uma regra que recolhe o essencial do actual art. 308.º, relativo às competências implícitas, sujeito às regras actuais da unanimidade, embora com um campo de aplicação ampliado. Actualmente, o art. 308.º só se reporta à concretização do mercado interno, embora na prática tenha sido objecto de interpretações extensivas. Por exemplo, a medida europeia de uniformização do número de telefone de emergência para chamar a polícia, os bombeiros, as ambulâncias, que em Portugal era o 115, e é agora o 112 em todos os Estados membros, acabou por ser adoptada ao abrigo do art. 308.º, isto é, das competências implícitas para garantir a efectivação do mercado interno. Este exemplo dá-nos uma ideia da medida em que o art. 308.º na sua concreta interpretação e aplicação tem beneficiado de uma grande flexibilidade.

No tratado Constitucional incluiu-se um elenco de competências meramente indicativo e, com base num artigo chave, o art. 12.º, no primeiro período do n.º 6 do art. 12.º mais concretamente, definiu-se o critério de repartição de competências entre a União e os Estados membros quando se diz: "A extensão e as regras de exercício das competências da União são determinadas pelas disposições da parte 3 relativas a cada domínio". Este artigo cândido, que até parece pleonástico, que não chega a duas linhas, é a chave da explicação da lógica do Tratado Constitucional em matéria de atribuição de competências e a razão pela qual a Parte III tem natureza constitucional e é indissociável do conjunto do texto da Constituição Europeia. Na prática, o problema da repartição de competências entre a União e os Estados membros não assenta na adopção de um *Kompetenz Katalog,* mas antes na definição do nível de intensidade com que os poderes a nível europeu podem ser exercidos, designadamente, no domínio das competências partilhadas e no domínio das competências de apoio ou das medidas complementares, que são o grosso da coluna das competências da União. O nível de intensidade da intervenção europeia em cada uma das categorias de matérias constantes do Tratado Constitucional como competências da União não resulta nem da Parte I do Tratado, nem da lista de competências que ela inclui que na sua enunciação não responde à questão da delimitação do âmbito de intervenção europeu, mas resulta apenas das bases legais concretas para cada acto legislativo que constam para cada matéria da Parte III da Constituição. Por isso, a consequência lógica do ponto de vista jurídico é que a Parte III da Constituição tenha que ser incontornavelmente direito primário, sendo portanto indissociável do chamado "bloco de constitucionalidade europeu" e, por isso, sendo parte integrante do parâmetro de aferição da validade de todo o direito comunitário derivado. Juízo de conformidade esse que não poderia ser obtido apenas à luz da Parte I, pelas razões expostas. Juízo de conformidade essencial para a garantia dos valores do primado e do efeito directo do direito comunitário, e que assim terá que resultar da conjugação do quadro de competências da Parte I com o conteúdo concreto das bases legais constantes da Parte III. Seria complexo, do ponto de vista jurídico, a criação de um estatuto jurídico sub-constitucional ou para-constitucional para as normas da Parte III da Constituição ou Tratado Constitucional, hipótese que chegou a ser avançada mas foi afastada atenta a jurisprudência consolidada do Tribunal de Justiça e a margem de incerteza jurídica que tal nível intermédio introduziria na ordem jurídica comunitária.

Por estas razões penso sinceramente que a solução não estaria em retirar a Parte III do patamar constitucional e degradá-la, do ponto de vista do seu estatuto jurídico-constitucional, acabaria por criar mais problemas do que aqueles que resolveria. Pelo contrário, se alguma crítica pode ser feita à Parte III, em meu entender, é que ela é incompleta do próprio ponto de vista constitucional. É incompleta, porque apenas dois dos seus títulos é que de facto foram objecto de discussão na Convenção e na Conferência Intergovernamental – o título sobre o Espaço de Liberdade, Segurança e Justiça, e o título sobre a Política Externa e de Segurança Comum e Relações Externas – permanecendo em tudo o mais, no essencial, na redacção actualmente em vigor dos Tratados. Isto significa que, pelo menos, só 30% da Parte III foi efectivamente objecto de alterações na versão consolidada do Tratado Constitucional. No caso dos domínios da Justiça e Assuntos Internos introduziram-se inovações importantes, embora, em larga medida, correspondendo à consolidação, no plano dos Tratados, dos avanços registados, em termos práticos, desde as conclusões do Conselho Europeu de Tampere, de Outubro de 1999. No que concerne ao título da Política Externa e das Relações Externas, as alterações resultam, em larga medida, das soluções institucionais encontradas na Parte I – com a criação do "duplo chapéu" do Ministro dos Negócios Estrangeiros que preside ao Conselho Relações Exteriores e é simultaneamente Vice-Presidente da Comissão encarregue das Relações Externas. No que vai além do estrito *aggiornamento* institucional as alterações introduzidas, por exemplo, no âmbito da política comercial externa, dizem sobretudo respeito às regras sobre as maiorias necessárias para a aprovação de acordos comerciais e, matérias de saúde, segurança social e educação, a chamada excepção cultural francesa, que são matérias sempre muito sensíveis. Onde de facto se introduziram inovações de substância foi no domínio da chamada "cooperação estruturada na defesa", recolhida quer na Parte III quer num Protocolo específico.

Tirando estes dois títulos que acabei de vos referir, o grosso da Parte III não foi alterado, nem pela Convenção, nem pela Conferência Intergovernamental. E é precisamente na Parte III que se encontra a essência das políticas europeias, muitas delas objecto de contestação no quadro da crise de confiança dos cidadãos no projecto europeu por que comecei esta minha intervenção. Daqui decorre que a Parte III da Constituição, sobretudo o seu título III – que versa sobre a substância das políticas europeias –, não foi modernizado e, por isso, encontra-se incompleto do ponto de vista do objectivo constitucional que a Convenção e a CIG se fixaram. Uma refundação dos textos fundamentais europeus digna do nome e dotada de efectiva vocação constitucional não poderia ter deixado de fora o Título III da Parte III da Constituição, que é, hoje em dia, o ponto mais contestado, no que diz respeito à política económica, social, de coesão, ou à própria Política Agrícola Comum europeias.

Para concluir, acho que os ingleses têm razão quando dizem que o Tratado Constitucional é, no essencial, um exercício de *tide out,* de recozedura dos Tratados existentes. É por isso que o meu amigo Giuliano Amato, que queria uma rapariga mas saiu-lhe um rapaz, tem o dilema que tem...

O curioso é que os federalistas radicais estão a favor deste Tratado um pouco pelo efeito encantatório da referência constitucional, embora pense que não o leram em todos os seus detalhes, porque algumas das teorias clássicas do federalismo europeu são claramente desautorizadas por várias das soluções acolhidas neste Tratado Constitucional, de que já vos dei hoje aqui alguns exemplos. Pelo contrário, sou dos que pensam que este texto contém em vários dos seus aspectos autênticos travões ao desenvolvimento de uma lógica federalista, que, para além de eu próprio nunca a ter perfilhado, está, em meu entender, cada vez mais comprometida.

Permitam-me que vos relate a este propósito um episódio pouco conhecido da opinião pública. No decurso de uma intervenção do presidente da Convenção Valéry Giscard d'Estaing num jantar-debate com uma audiência selecta em Bruxelas, dando provas de um *savoir faire* inegável, que é, aliás, uma das suas características pessoais marcantes, o ex-Presidente francês transformou uma assembleia de banqueiros, industriais e pessoas bem sucedidas na vida, numa espécie de *focus group* europeu para opinar sobre uma sua tese querida. Giscard tentou fazer um teste de braço levantado sobre a sua opinião, de que se deveria mudar o nome da União Europeia, optando por uma das três soluções seguintes: primeiro, Comunidade Europeia; segundo, manter o nome actual, União Europeia; ou, por último, adoptar a designação de Estados Unidos da Europa. Embora nunca o tivesse indicado expressamente, Giscard indiciava favorecer uma nova designação, no caso a de "Estados Unidos da Europa". Perdeu nessa votação clamorosamente por uma audiência que preferiu manter o nome actual por larga maioria.

Este fait divers sobre a mudança de nome da União constitui o afloramento de uma questão política e jurídica que pairou durante muito tempo sobre os debates da Convenção, essa sim uma questão verdadeiramente essencial e constitucional da qual teriam que decorrer todas as outras opções: estava-se ou não a proceder à refundação integral do projecto europeu, que haveria de culminar numa Constituição para uma entidade dotada de uma nova designação? Estava em causa, no fundo, saber se o novo Tratado Constitucional ou a nova Constituição para a Europa iria ser adoptada de acordo com um princípio de continuidade jurídica, isto é, obedecendo à regra jurídica em vigor sobre a revisão dos Tratados, ou se o Tratado Constitucional iria ser objecto de uma nova aprovação e, consequentemente, apontar para uma operação em dois momentos distintos. Na primeira operação jurídica, os 15 (ou os 25) decretariam o fim da União Europeia e a extinção formal do Tratado da União Europeia e, subsequentemente, numa segunda operação, aprovariam o Tratado dos Estados Unidos da Europa, melhor dizendo, a Constituição de uma nova organização internacional. Como se sabe não foi isto que se passou! Pelo contrário, o que prevaleceu, desde o próprio momento da Convenção, foi a observância de um princípio absoluto de continuidade jurídica, de modo a que a reapreciação e reaprovação daquelas normas dos Tratados em vigor, em bom rigor, pode ser dispensada, porque elas são apenas repescadas e reproduzidas no Tratado Constitucional mas para a sua plena vigência em nada dependem da entrada em vigor do Tratado Constitucional. Logo o impasse quanto a este não tem qualquer efeito sobre a esmagadora maioria das normas da Parte III da Constituição...

É aqui que se coloca o que alguns chamam "a questão de Filadélfia". Com efeito os federalistas radicais defendiam a tese da dupla operação – o fim da União Europeia e a abertura de um processo constitucional novo, que teria como corolário, nem sempre explicitado, a reprodução da célebre norma da Constituição Americana, segundo a qual a Constituição entraria em vigor quando 2/3 dos Estados membros, que correspondem a 3/4 da população, a tivessem ratificado. Os outros teriam um prazo de 2 anos a partir dessa data ou para aderir ou para negociarem a sua desvinculação definitiva. Esta concepção federal radical diferencia-se da tese de Giscard atrás referida, que nunca explicitou em público a sua posição quanto ao processo de ratificação da nova Constituição. Mas a ideia de introduzir uma tal rotura foi afastada desde logo na própria Convenção, onde prevaleceu a tese da continuidade, não tendo obviamente chegado ao debate da Conferência Intergovernamental. A gestação do novo Tratado obedeceu, pois, escrupulosamente às regras de alteração dos Tratados existentes, ou seja, unanimidade na Conferência Intergovernamental e unanimidade na ratificação pelos 25 Estados membros, por consenso da Convenção ratificado (sem qualquer hesitação ou dúvida) na Conferência Intergovernamental. É, portanto, neste momento que o meu amigo Giuliano Amato perde a sua rapariga e se encontra com um rapaz nos braços!

Ora, com o Tratado Constitucional construído segundo o modelo que aqui sucintamente vos tentei explicar, acabam por ser colocadas de novo a aprovação e ratificação dos Estados membros as Partes dos tratados que já são hoje lei vigente e cuja subsistência não depende do destino final desse Tratado Constitucional! Deste facto resulta um paradoxo curioso, segundo a minha maneira de ver os acontecimentos: contestado e, em larga medida, no meu entender, rejeitado sobretudo por razões que se prendem com o Título III da Parte III da Constituição, isto é, com a substância das políticas económicas e sociais da União, aquelas disposições do Tratado que mais veementemente foram contestadas acabam por continuar placidamente em vigor, porque não eram objecto de alteração no Tratado Constitucional, e por constarem dos Tratados em vigor em nada dependem do desfecho final do processo constitucional!

Ironia do destino? Talvez, mas a vida também tem muito de irónico!

PORTUGAL, A EUROPA E O MUNDO*

RUI MACHETE
Presidente da Fundação Luso-Americana para o Desenvolvimento
Faculdade de Direito da Universidade de Lisboa

Senhor Professor Pitta e Cunha, Senhor Professor Fausto de Quadros, minhas Senhoras e meus Senhores, caros Colegas, quero, em primeiro lugar, agradecer o honroso convite em participar neste Curso organizado pelo Instituto Europeu da Faculdade de Direito de Lisboa, em colaboração com o Pólo Europeu, as Cátedras Europeias da Faculdade de Direito de Lisboa e da AREP.

Tive uma certa dificuldade em escolher sob que perspectiva abordar o tema "Portugal, a Europa e o Mundo", numa perspectiva jurídica, económica ou política.

Relativamente à literatura sobre a teoria geral do Estado, gostaria de começar por chamar a vossa atenção para algo de particularmente interessante que tem ocorrido sobretudo nos países de língua alemã e a que, curiosamente, os países latinos, ao contrário dos anglo-saxónicos, têm estado relativamente indiferentes. Refiro-me ao reacender de um velho debate que tem largas tradições publicistas e que pôde ser sintetizado, já em 1932, quando Carl Schmitt, num célebre estudo que publicou sobre o conceito de política, dizia que o Estado, tal como o conhecíamos, como monopólio do poder, estava destronado. Ainda antes da tomada do poder pelos nazis, na época final da República de Weimar, Schmitt notava, com a agudeza que o caracterizava, a circunstância do modelo de Estado, a

* Mantêve a oralidade do discurso.

que nos encontrávamos habituados e que fundamentalmente era um modelo Weberin em termos de monopólio da força física num determinado território ou um modelo que derivava das construções de Gerber, Laband e Jellinek, com uma parte organizatória e uma parte de relação jurídica fundamental entre os cidadãos e o Estado, se encontrar ultrapassado devido à progressiva fraqueza do monopólio do poder. Essas ideias que foram postas durante um tempo na gaveta, primeiro em função da tomada de poder por Hitler, depois, pela 2ª Guerra Mundial, reconstrução da Europa e a Guerra Fria. Voltou a ter uma enorme actualidade, quando se acentuaram os fenómenos, por um lado, de europeização do Direito nos países comunitários europeus e, apesar de tudo, na própria Inglaterra, depois, com o acentuar da globalização. Portanto, assistiu-se a uma discussão, ainda hoje, extremamente actual e na qual tomam parte alguns dos nomes mais destacados da ciência ius publicista alemã, da parte do Direito Constitucional e da teoria geral do Estado, sobre a concepção clássica do Estado, enquanto poder soberano com limites territoriais bem definidos – na teoria clássica, o território era considerado um dos elementos do Estado –, onde as fontes de Direito são essencialmente estaduais e onde domina o monismo jurídico de predominância estatal, mesmo com o próprio Kelsen. Numa primeira fase, isso foi posto em causa com a progressiva erosão do Estado com o da soberania, e pluralismo das fontes, e dos ordenamentos jurídicos, e com a clara afirmação da autonomia, ou da tentativa de autonomizar o direito público da política e com a tentativa de que a constituição, como conceito operacional, seja ela própria autonomizada em relação ao poder constituinte e ao Estado. Estamos hoje muito longe nessas teorias que preconizam uma constituição autónoma, independente, no sentido de não necessariamente ligada ao Estado, ou no sentido de um Estado aberto. Os fenómenos da internacionalização, e no caso particular da Europa, da progressiva relevância do Direito Comunitário como Direito que tem primazia, que tem aplicação imediata, conduzem a um claro enfraquecimento dos poderes do Estado, tal como nós os conhecíamos anteriormente, do modelo do Estado, quer o Weberiano, quer o modelo clássico da Constituição do Estado liberal. Isso, no fundo, traduz-se numa progressiva importância atribuída ao grupo político onde, de algum modo, alguns procuram recuperar a ideia da nação, retirando-lhe os aspectos mais marcadamente culturais para lhe dar uma conotação acentuadamente política; outros, usando as modernas teorias sobra a comunicação, tipo Habermas, por exemplo, procuram a identidade do grupo político em termos que estão completamente separados da clássica teoria do Estado.

Chamo isto à colação porque, por um lado, se trata de um fenómeno extremamente interessante do ponto de vista da Ciência da Teoria geral do Estado, que reflecte as dificuldades da internacionalização a que estamos a assistir, e que é uma tentativa de resposta aos problemas que nos põe a sociedade contemporânea. Mas, por outro lado, de algum modo, estabelece a ligação entre a perspectiva jurídica e a perspectiva política, porque é uma análise contra a pretensão de autonomizar, de isolar a teoria política, e a explicação de fenómeno jurídico-político do Estado para realçar a importância do grupo, da decisão política, da entidade política. Isto é para nós, como país pequeno que somos, extremamente importante, porque, se parece inevitável que de uma maneira ou de outra haja limitações extremamente importantes ao poder político, tal como nós o conhecíamos na formulação clássica do Estado, se queremos preservar a autonomia política dos portugueses, se queremos evitar que os portugueses fiquem subalternizados numa qualquer construção de modelo estadual federal, é extremamente importante encontrarmos formas de realizarmos as construções intelectuais capazes de simultaneamente argumentar contras as teses contrárias e de serem critérios orientadores da nossa acção.

Julgo esta fase particularmente interessante, mas também de crise porque parece claro que a Constituição europeia, tal como foi desenhada e apresentada, acabou por morrer aos golpes dos referendos francês e holandês. É extremamente relevante para nós perceber que, como entidade política, como nação, vista não apenas como entidade cultural, mas fundamentalmente como grupo político autónomo que temos dimensões que extravasam, por um lado, do Estado considerado como o meio político por excelência de realização desse grupo e dessa autonomia e, por outro lado, que não se circunscrevem necessariamente e apenas à região europeia, embora ela seja naturalmente o centro de gravidade onde temos necessariamente de nos situar. Quero dizer com isto que, no fundo, é importante dar toda a relevância aos fenómenos que nos identificam como entidade política própria, que não exclusivos necessariamente dos fenómenos de soberania estadual. Estes estão em crise, não apenas em Portugal, mas na Europa e, de uma maneira geral, no mundo, derivados justamente dos fenómenos de globalização e de certas integrações regionais, dos quais a mais significativa é obviamente a União Europeia. Mas que precisamos justamente de todos os meios para fortalecer a nossa identidade e a nossa autonomização, conseguir que ela não se sobre e não venhamos a ser parte de um grupo político mais vasto perdendo aspectos significativos dos traços que nos identificam e nos caracterizam e que nos permitem afinal de contas afirmar-nos como uma entidade diferente das outras, temos hoje, ao nosso dispor, um vasto instrumentário.

E é neste contexto que é importante chamar à colação duas coisas. Por um lado, que os meios de realização e de defesa dessa autonomia são certamente o Estado, mas não são apenas o Estado. Em última análise, aquilo que nos designamos pela sociedade civil, como contraposição ao Estado, são os indivíduos agindo de acordo com as suas capacidades, mas são sobretudo os indivíduos agindo em termos de empresas, de instituições do saber como as universidades, de fundações, de outras associações, agrupamentos, tudo esquemas de colaboração que possam permitir afirmar justamente essa personalidade própria, se não quisermos utilizar um conceito tão equívoco nesta matéria como o da personalidade colectiva.

Por outro lado, segundo aspecto, não nos devemos apenas circunscrever, embora reconhecendo a importância prevalecente do contexto europeu, a este espaço geográfico-político. Inclusivamente porque, mesmo para garantirmos que nossa autonomia e uma voz na Europa, embora naturalmente reconhecendo o peso relativo e sendo um país pequeno, devemos aproveitar cartas que nos dão uma capacidade de negociação, "bargaining power" na Europa justamente porque temos relações importantes, ou que podemos tornar mais importantes com os Estados Unidos, com o Brasil, com os países africanos de expressão oficial portuguesa, e mesmo na Europa, há uma outra Europa, para além da União Europeia, que não é completamente despicienda.

Neste sentido, gostaria de sublinhar que os aspectos de afirmação cultural, da nossa língua em primeiro lugar, depois da nossa cultura, que não se limita apenas à literatura, mas que toda a produção de tipo cultural é extremamente importante para nos individualizar, para nos afirmar, para permitir justamente essa demonstração que somos uma entidade autónoma. Não devemos perder de vista que, nesse capítulo, também há um factor muito significativo e que pode desempenhar estrategicamente um papel importante que é a circunstância de termos efectivamente, fora das nossas fronteiras, um conjunto de "comunidades portuguesas" que podem ser usadas, não no sentido instrumental que as diminua, mas pelo contrário que as dignifica e que as realize, no sentido de afirmar essa identidade portuguesa.

Gostaria de chamar a vossa atenção para a circunstância de algum modo, em Portugal, hoje, os aspectos culturais em termos amplos, e designadamente os aspectos da língua, assumirem um papel que não era habitualmente reconhecido no passado e que, ainda hoje, a política oficial, designadamente a nossa diplomacia e a nossa política externa habitualmente, não direi que negligencia, mas não lhes atribui a importância que esses aspectos merecem.

No fundo, Portugal sofreu de um traumatismo severo com o abandono de um sonho de um império, que estava construído, em bases irrealistas. De resto, ao fim de algumas dezenas ou centenas de anos, é uma regra geral da História, os impérios desaparecem. É o que aconteceu com todos eles e ainda não está provado que o actual império americano seja uma excepção. Mas não nos recompusemos inteiramente e não assumimos completamente um novo papel, o que tem criado grandes dificuldades e perturbações na condução, com mediana clareza, da nossa política externa e na redescoberta da nossa vocação. As dificuldades do momento, não apenas internas mas também internacionais, parecem forçar cada vez mais que, face à gravidade dos desafios, as respostas sejam respostas claras. No que diz respeito à Europa, gostaria de sublinhar que não me parece que possamos ter um papel de protagonismo exagerado. Devemos, naturalmente, acompanhar com grande atenção e com grande cuidado e cooperar numa política de pequenos passos que permita que, nos aspectos mais válidos da integração europeia, se prossiga e não se regrida, e que permita que alguns dos avanços mais teóricos e menos sustentados sejam, pelo menos, reorientados em termos de não seguirmos o modelo de uns Estados Unidos da Europa muito paralelo àquele que aconteceu nos Estados Unidos da América, e que naturalmente ignore as diferenças abissais do ponto de vista histórico, político e sociológico entre a Europa de hoje e a Europa histórica e aquilo que aconteceu na América do Norte. Por outro lado, devemos estar atentos porque, no activo comunitário, há coisas extremamente importantes, e não são apenas meramente económicas, que não devem ser abandonadas e, portanto, devemos contribuir com um esforço para permitir um equilíbrio entre a garantia de uma autonomia fundamental de carácter político e, uma integração, que permita que a Europa seja ao mesmo tempo um parceiro e um concorrente no mercado mundial, e que tenha um papel político a desempenhar na segurança do mundo ocidental. Por outro lado, devemos dedicar uma atenção, que até agora tem sido menor do que aquela que parecia exigível, à relação bilateral com os Estados Unidos da América, que não deve circunscrever-se apenas às questões de defesa e em que, evidentemente, podemos desempenhar apenas um pequeno papel, embora estejamos necessariamente inscritos na política europeia (temos pelo menos que alinhar com uma das grandes correntes da política europeia, como se viu a propósito da guerra do Iraque; nesta relativa cisão que houve nas políticas europeias, seguimos fundamentalmente a liderança da Grã-Bretanha). No que diz respeito aos Estados Unidos da América, devemos apoiar-nos fortemente nas nossas comunidades, que aí existem, e nos interesses que os americanos têm de ter na Europa aliados fiéis e que não se limitem apenas à Grã-Bretanha. Há aspectos de cooperação científica, cultural, económica, que são extremamente relevantes e que até agora não têm sido suficientemente explorados, sobretudo se tivermos em atenção que, face à desproporção das dimensões dos Estados Unidos e de Portugal, pequenas alterações nos fluxos comerciais e na política de investimento americana teriam repercussões enormes no que diz respeito a uma pequena economia como é a economia portuguesa. Nalguns aspectos, poderia até permitir contrabalançar situações cada vez mais difíceis de deslocalização industrial, que naturalmente são inevitáveis. Portanto, no que diz respeito aos Estados Unidos, há matérias relativas à educação, ao desenvolvimento científico e à investigação científica conjunta, em que os Estados Unidos estão claramente avançados em relação à Europa, aspectos relacionados com a economia e com a cultura em geral, que podem e devem potenciar um desenvolvimento económico muito maior do que tem acontecido, e que exigem um cuidado e uma aproximação e um perscrutar das oportunidades e das possibilidades a que, regra geral, temos sido um pouco indiferentes ou desatentos.

Depois, embora não pareça que tal do ponto de vista económico, as coisas dêem frutos para já, mas o facto de termos uma relação privilegiada com os países africanos de expressão oficial portuguesa é uma vantagem importante nas negociações europeias e nas próprias negociações com os Estados Unidos da América, visto que os Estados unidos estão outra vez mais interessados em África, por razões de segurança e de política de recursos. Até agora, esse interesse tem-se sobretudo manifestado nos países africanos de língua inglesa. Ora, ao sul do Sahara, temos Angola e Moçambique, apesar de Moçambique pertencer ao Commonwealth – é uma escolha formal, sem consequências muito significativas do ponto de vista da política cultural e da maneira de ser moçambicana. Nesse capítulo, há aspectos importantes a ser explorados e, sobretudo, há uma via de cooperação trilateral que, até aqui, foi praticamente ignorada e que a recente viagem do Ministro dos Negócios Estrangeiros português à Washington, em princípio, permitirá fazer avançar de uma maneira mais substancial.

Em todo o caso, existem aspectos que vale a pena mencionar e que indicam alterações de fundo que se começam a registar. Uma delas são naturalmente os investimentos portugueses no Brasil, que têm assumido uma relevância que, no passado, era desconhecida. Aliás, o Brasil, a certa altura, beneficiou de uma imigração portuguesa, motivada por razões políticas, que alterou um pouco a imagem que os brasileiros tinham da imigração portuguesa. Permite-nos pensar que é possível encontrar formas de cooperação, designadamente através da língua, da cultura, mas também da economia, muito diferentes do que aconteceu no passado, naturalmente, uma vez mais, guardadas as devidas proporções. Por outro lado, Portugal oferece, ou deveria oferecer, condições particularmente favoráveis à articulação do Brasil com a União Europeia, o que até agora não tem acontecido.

Diria que, para além da intensificação do nosso esforço em termos de União Europeia, não é de afastar completamente as oportunidades que devemos encontrar noutras áreas e países. Devemos aproveitar as potencialidades dos países de Leste europeu, que ainda não integraram a União Europeia, com grande atenção ao que vai ser a política da Rússia, e, na medida das nossas possibilidades, mas aí o nosso grau de autonomia e de caminho próprio é menor, ao despertar da China e, de um modo mais atrasada, da Índia. No fundo, isso significa que o nosso país deveria tomar uma consciência clara de que está cada vez mais dependente, não apenas como economia aberta, mas como sociedade aberta, da inserção na rede internacional dos contactos. Essas redes que têm múltiplas dimensões e perspectivas, não só oferecem oportunidades importantes de afirmação, como no fundo são essenciais para garantirem a nossa autonomia, não apenas em termos económicos, mas também em termos políticos. É um desafio particularmente difícil, para o qual não estamos suficientemente preparados, mas também, nessas coisas, nunca há preparação suficiente. Os desafios surgem, os problemas põem-se e as pessoas, como as colectivas ou os grupos, neste caso o grupo político, ou são capazes de responder ou não são capazes. Dada a importância do que está em jogo, o não ser capaz teria consequências catastróficas. Devemos ter claramente essa consciência e daí que a reflexão sobre os problemas internacionais, sobre as questões política e jurídica, não apenas da construção europeia – embora a construção europeia tenha neste capítulo a parte do leão –, assumem uma importância que vai muito para além daquele interesse teórico, limitado que, até há muito pouco tempo, se dedicava às relações internacionais como objecto de um conhecimento científico. Estamos perante desafios realmente muito importantes.

Há um certo défice de reflexão se circunscreveremos o problema à Espanha. A Espanha é naturalmente uma questão importante, mas não podemos limitar ou focalizarmos esta problemática da nossa inserção internacional apenas à Península Ibérica. Mais, se o fizermos, ficaremos certamente a perder, porque, na Península, nós não temos uma hipótese séria de concorrermos com a Espanha. Temos de sair da Península Ibérica para encontrarmos as compensações e os contrapesos necessários. Aliás, sempre o fizemos. A nossa política externa, como se recordarão, foi sempre uma política de equilíbrio, de balança de poderes em que, aliás, a Grã-Bretanha desempenhou um papel muito decisivo ao longo dos séculos, e que agora tem sido substituída pela União Europeia. Mas algumas das atenções ou medidas menos felizes podem conduzir-nos a situações de inferioridade. No aspecto da segurança, e fomos forçados à substituição da Grã-Bretanha pelos Estados Unidos da América, basicamente integrados numa política geral da Europa. A Espanha merece uma atenção particular, porque é o mercado natural de expansão da economia portuguesa, em muitos aspectos, e do investimento português. Isso não tem sido cotejado com o comportamento do outro lado da fronteira, em termos que nos permita grande tranquilidade. Mas, de um ponto de vista da análise e da política, não me parece que nós nos possamos limites à análise dos problemas da Ibéria como uma questão fundamental. Essa é uma questão que decorre e há de depender dos resultados de uma atitude mais geral.

Para concluir, diria que vivemos um momento particularmente interessante da história da Europa e de Portugal, porque difícil, e isso exige das nossas elites um esforço extremamente grande de equacionar os problemas e de definir políticas. Há que dizer uma vez mais que, até aqui, esse esforço de reflexão tem sido claramente insuficiente e iniciativas como esta de pensar não apenas os problemas estritamente jurídicos, mas também políticos, a propósito da crise aberta pela Constituição Europeia e, depois, pela rejeição pela França e pela Holanda da ratificação em referendo dessa Constituição, o torna mais agudo e, se possível, mais actual. Muito obrigado pela oportunidade.

A ECONOMIA PORTUGUESA NA UNIÃO EUROPEIA

João Ferreira do Amaral
Instituto Superior de Economia e Gestão

O debate europeu: as duas visões da integração europeia

Gostaria em primeiro lugar agradecer ao Professor Paulo Pitta e Cunha, por mais este honroso convite de vir aqui debater estes temas tão interessantes como são os temas Europeus. Vou tentar dar uma visão do tema da palestra, "A economia portuguesa na União Europeia", olhando basicamente para a evolução da situação económica portuguesa, desde a adesão à então Comunidade Económica Europeia, em 1986.

Pode parecer estranho que, abordando este tema, comece por dar a minha concepção muito simplificada, e talvez um pouco simplista, do debate Europeu, porque aparentemente tal não tem uma relação directa com a situação económica portuguesa. Mas julgo que, ao longo desta minha intervenção, se vai verificar que existe, de facto, uma relação entre as visões políticas que têm prevalecido na União Europeia e a situação portuguesa.

A concepção a que me referia é a seguinte: considero que se podem detectar duas visões contraditórias da Europa política. Uma primeira visão entende a Europa ou as instituições europeias como substituindo progressivamente as funções dos Estados membros. Esta visão, que chamaria **centralista** e que inclui entre outras as concepções federalistas, é uma visão que entende, no fundo, que a Europa se deve transformar num Super Estado que substitua os Estados membros nas suas principais funções.

Uma segunda visão da Europa, que se opõe a esta, é a que entende que uma Europa centralista não é a finalidade da integração europeia, a qual deveria ser preferencialmente, permitir aos Estados membros exercerem as suas funções, num mundo que – passe a redudância – é cada vez mais globalizado. Neste novo mundo as formas de actuação do Estado já não podem ser as mesmas que as do passado, pelo que a missão de uma integração regional deveria ser a de permitir que os Estados exercessem as suas funções no novo enquadramento mundial.

É claro que são duas visões extremadas e é provavelmente simplismo da minha parte estar a abordá-las desta forma, mas, como veremos daqui a pouco, podem ser úteis para compreender a evolução económica portuguesa e não só portuguesa dos últimos anos.

Portugal pós-adesão

Começando de uma forma cronologicamente mais ordenada, começaria justamente pela adesão de Portugal à então CEE, em 1986. Esse processo foi a conclusão de um longo conjunto de vários ciclos de negociação. Do meu ponto de vista, a entrada de Portugal na CEE fez-se de uma forma bastante adequada aos interesses dos portugueses. As negociações decorreram bem para Portugal e a entrada na CEE fez-se em boas condições.

É claro que pode haver diversas visões da adesão, mas julgo que será consensual dizer que logo em 1986 e nos anos seguintes esta entrada teve consequências muito importantes – e a maior parte positivas – para a economia portuguesa. Vou recordar três delas.

Em primeiro lugar, a expansão do comércio. Logo em 1986 e nos anos seguintes, houve uma expansão do comércio para Espanha, e não tanto para os outros países da então CEE. Isto porque, por um lado, Portugal tinha desde 1972 um acordo de comércio com os países da Comunidade e, portanto, não houve aqui uma mudança radical em relação àquilo que já existia e, por outro lado, Portugal e Espanha mantinham entre si grandes restrições ao comércio, o que era uma situação perfeitamente anómala sendo países vizinhos que não tinham contenciosos políticos graves. Na realidade, não significavam quase nada em termos de comércio um para o outro. Em Portugal, nem as importações nem as exportações para Espanha pesavam, nem em Espanha elas pesavam em relação a Portugal. Os países da América Latina eram muito mais importantes para Espanha em termos de comércio externo do que Portugal que era seu vizinho. Isto é uma situação completamente anómala em termos económicos. Mal houve a integração dos dois países na Comunidade, o comércio entre eles expandiu-se enormemente e, portanto, assistimos já em 1986, e depois nos anos seguintes, a uma grande criação de comércio de Portugal com a Espanha. Este foi um efeito extraordinariamente positivo na economia dos dois países, e em particular na economia portuguesa, porque rapidamente a Espanha se tornou no nosso maior fornecedor e agora é já o nosso principal cliente. Olhando para o futuro, julgo que esta intimidade da relação vai, com certeza, progredir e certamente que o comércio tem muito mais para crescer, entre Portugal e a Espanha. Portanto, este foi o primeiro efeito imediato positivo de adesão à comunidade.

O segundo, normalmente menos apontado, mas igualmente importante, foi a verdadeira explosão, no sentido positivo, do investimento estrangeiro em Portugal. A nossa entrada na CEE proporcionou aquilo que nunca tinha sido muito importante em Portugal, o investimento estrangeiro – embora no final dos anos 60 tivesse tdo, apesar de tudo, algum impacte.

Asistiu-se a um aumento extraordinário do investimento estrangeiro, em grande parte devido ao facto de, por Portugal ser membro da Comunidade, ter de cumprir certas regras que dão confiança e estabilidade ao investimento estrangeiro. Regras que permitem transferências de lucros, por exemplo, de respeito por direitos de propriedade e por aí fora.

Um terceiro aspecto positivo e de grande importância, também, foram os fundos comunitários. Portugal tinha já recebido alguns fundos ainda antes da adesão, os chamados fundos de pré-adesão, mas em quantidade relativamente pequena. Fazendo parte da Comunidade passou a beneficiar dos fundos estruturais em quantidade, para o tempo, bastante elevada. É claro que eles depois vieram assumir muito maior dimensão nos anos seguintes, mas já eram importantes na altura da negociação que Portugal fez com a Comunidade. O facto de Portugal ter um nível de produtividade e em geral de desenvolvimento muito abaixo da média comunitária, possibilitou a existência, de programas especiais de ajuda, para além dos fundos normais de qualquer país nas mesmas circunstâncias. Beneficiámos assim de dois programas específicos, o PEDAP para a agricultura e o PEDIP para a indústria.

Em relação aos fundos devemos recordar ainda o seguinte. Portugal estava na altura muito pouco provido de infra-estruturas. Não tinha havido dinheiro para as infraestruturas durante o final do anterior regime, devido a despesas militares resultantes da guerra em África que tanto quanto se supõe, atingiam 40% de despesa pública, e portanto, não deixavam margem para grandes investimentos em infra-estruturas. Depois do 25 de Abril e antes da adesão, além de condicionantes financeiras que existiram basicamente, em dois momentos aflitivos da nossa economia, que foram em 1976/77, e em 1983/84, não houve capacidade administrativa para se realizar um programa de dotação suficiente de infra-estruturas.

Depois da adesão à CEE e juntamente com a estabilidade política que se verificou na altura, criaram-se condições para o financiamento e criou-se também a capacidade administrativa necessária para lançar um grande programa de re-equipamento de infra-estruturas, como aliás se verificou.

No que respeita à formação profissional, também os fundos foram muito importantes, porque praticamente Portugal não tinha formação profissional antes da adesão à CEE. Antes do 25 de Abril não havia grande formação profissional a nível da empresa, mas havia uma espécie de formação, pode-se dizer, a nível secundário nas chamadas escolas técnicas. Não era ainda formação profissional no local de trabalho, mas preparava as pessoas para algumas profissões.

Nos anos setenta esse ensino técnico deixou de existir, as empresas na sua maior parte continuaram a não ter grande capacidade para realizar por si acções de formação profissional. O próprio Estado estava muito limitado nessa matéria, embora houvesse um fundo estatal destinado ao financiamento da formação. Foi só com o dinheiro vindo da Comunidade, neste caso do Fundo Social, que se relançou a formação profissional em Portugal, o que teve consequências positivas. Embora, reconheça-se, o desperdício tenha sido muito grande, em parte, justamente, devido à falta de tradição em realizar acções de formação profissional. Houve muita gente que se aproveitou dos fundos, na melhor das hipóteses para sustentar financiamento às empresas, na pior para se apropriar pessoalmente desses fundos. Em qualquer caso, mesmo ponderando tudo isso, julgo que acabou por ter aspectos positivos.

Podia-se, portanto dizer, olhando para Portugal nos primeiros anos após a adesão, que a entrada na CEE tinha sido feita, como se costuma dizer, com o pé direito. E não havia razão nenhuma para prever, que mais tarde haveria problemas importantes.– Portugal estava, de facto, a crescer rapidamente, pela primeira vez, a seguir a 1973. Atingiram-se taxas de crescimento do PIB na ordem de 5 a 6 % ao ano. Estava a crescer e, ao mesmo tempo, a transformar-se, a modernizar-se apesar de todos os problemas e de todos os desperdícios. Havia estabilidade política e, portanto, parecia que tudo se conjugava para nos mantermos num caminho de prosperidade sustentada. Infelizmente, assim não sucedeu e, não sucedeu, porque houve vários factores que se misturaram de uma forma negativa para bloquear de certa forma esta transformação acelerada da economia e da sociedade portuguesa.

1º Factor de perturbação: O mercado interno

Em primeiro lugar, simultaneamente ou praticamente de forma simultânea com a adesão de Portugal e Espanha à CEE, a comunidade aprovou o Acto Único Europeu. E esse Acto Único Europeu apontava no que aqui nos interessa para duas coisas fundamentais: por um lado para a chamada realização do mercado interno comunitário, e por outro lado, para a assumpção do princípio do reforço de coesão económica e social.

A realização do mercado interno obrigava à liberalização em quatro domínios: liberalização de circulação de bens, liberalização de circulação de serviços, liberalização da circulação de capitais e liberalização de circulação de pessoas.

A grande novidade destas liberalizações ou as grandes novidades não eram a circulação de bens, porque ela já existia em grande parte, pois já havia comércio livre, nem a circulação de pessoas, que também já existia (embora Portugal na altura ainda estivesse em regime transitório neste domínio, mas que rapidamente foi esquecido). A grande novidade era a liberdade de circulação de capitais, acompanhada duma segunda novidade, de menor impacto, que era a liberdade de circulação de serviços. Ora, os países da Comunidade, na altura em que o Acto Único Europeu entrou em vigor, em 1987, tinham todos eles, entre si, restrições à movimentação de capitais, como tinham e, ainda, têm restrições à circulação de alguns serviços.

E, portanto, era preciso um grande esforço para no prazo de 5 ou 6 anos se liberalizar, a movimentação de capitais. Isso foi realizado. A CEE conseguiu liberalizar o movimento de capitais (liberalizou, também bastante, embora não totalmente o movimento de serviços). Simplesmente isso implicou uma alteração muito mais profunda do que provavelmente na época se pensava no modo de funcionamento das economias. Hoje é possível ver essa alteração com o benefício de estarmos mais de uma década de distância. É possível ver que de facto a liberdade de circulação de capitais implicou uma mudança no modo de funcionamento das economias e, principalmente, deveria implicar uma mudança de fazer política económica. De certa forma a liberalização do movimento de capitais trouxe a globalização a cada um dos países da Comunidade Europeia.

A realização do mercado interno (ou do mercado único, como se designou a partir de certa altura) era acompanhada, no Acto Único Europeu, pelo princípio do reforço da coesão económica social. Mas este era um princípio algo vago quer na sua especificação, quer na sua cronologia. Enquanto que o mercado interno tinha uma data prevista para a sua realização (1992), o princípio de coesão económica e social informaria supostamente as políticas da comunidade mas sem estabelecer um calendário especial de realização de objectivos concretos. Apesar de tudo, teve uma importância grande em particular relativamente aos montantes dos fundos comunitários, que foram atribuídos aos países mais pobres da CEE. A ideia geral da Comissão (e em particular do seu presidente Jacques Delors) era esta:

– o mercado interno, com estas liberalizações vai certamente criar tendências, para se alargar o fosso entre as regiões mais periféricas da Europa e as regiões mais centrais. (estou-me a referir a periferia económica ou centralidade económica, que pode coincidir ou não com os mesmos conceitos em termos geográficos). É conhecido, com efeito, da teoria económica da integração, que um movimento da integração leva à criação de forças que originam maior alargamento do fosso entre as regiões mais ricas ou mais centrais, em termos económicos, e as regiões mais pobres ou mais periféricas. Portanto – continuava o raciocínio da Comissão – vamos aumentar os fundos estruturais em particular para as regiões mais pobres da Comunidade, de forma, a que elas possam beneficiar da realização do mercado interno. Portanto, os fundos estruturais apareceram, a partir dessa altura, como, uma forma de criar condições para as regiões mais pobres se aproximarem das regiões mais ricas face às tendências "naturais" da integração em sentido contrário.

Foi isso que levou a que os fundos estruturais duplicassem em 1989 e tornassem a duplicar mais alguns anos depois. Portanto estão a ver que o modelo, digamos assim, de integração da Comunidade Europeia, na altura, era um modelo que tinha como base liberalizar e criar um grande mercado interno. E compensar as regiões mais pobres através de subsídios de fundos estruturais de forma a que elas criassem condições para se poderem aproximar das regiões mais ricas e contrariarem a tendência em sentido contrário da realização do mercado interno.

Este modelo, do meu ponto de vista, é errado. Errado porque a experiência demonstra que uma coisa não compensa a outra e, temos um exemplo muito claro na própria União, que é o caso da Alemanha do Leste. A Alemanha como sabem, foi reunificada em 1989. E portanto a Alemanha do leste juntou-se ao que, até ai, era a República Federal Alemã. Essa integração foi simultaneamente, política, económica e monetária. Isso levou a grandes problemas de competitividade da Alemanha do Leste, problemas que as autoridades alemãs quiseram suprir através de subsídios. No entanto a situação de desequilibrio ainda hoje se mantém e os subsídios têm sido um encargo muito grande para o orçamento alemão com resultados muito fracos. Este é um exemplo entre muitos outros que poderíamos apontar (como o do sul da Itália) de que este modelo de liberalizar, realizar o mercado, alargar o mercado e, ao mesmo tempo, tentar compensar as regiões que à partida são mais débeis, com subsídios, não funciona.

Em todo o caso foi esse modelo adoptado pela Europa simultaneamente com a realização do mercado interno. É evidente que para os países mais pobres, nomeadamente Portugal, como para outros países mais pobres da União, o chamados países de coesão, este grande fluxo de fundos comunitários é excelente do ponto de vista da luta política interna, pois dá uma capacidade de manobra aos governos que os gerem para evidentemente irem ganhando peso político. Além de que cria poderosos grupos de interesse à sombra dos subsídios.

A realização prática deste modelo acabou por ter consequências a prazo na situação económica portuguesa, embora não no imediato e constituiu-se como um dos factores de perturbação no crescimento económico português.

O segundo facto foi a moeda única.

2º factor de pertturbação: a moeda única

A moeda única surge por várias razões. Uma, que foi a mais apontada, é que a moeda única deveria ser criada para responder justamente a uma das consequências de realização do mercado interno que é a livre circulação de capitais. Já se sabia que uma liberalização desta ordem iria aumentar extraordinariamente a especulação monetária e cambial. Além disso, esta liberalização coincide no tempo com o aperfeiçoamento muito grande dos meios de transmissão de dados à distância e, portanto, juntavam-se condições políticas-administrativas de liberalização com as condições tecnológias de transmissão de dados à distância para ter como consequência o aumento muito grande da especulação monetária e cambial no mundo. E em particular a cambial.

O que é que isto significa? Significa que provavelmente as moedas dos vários países e as respectivas taxas de câmbio entre si, começariam a ser afectadas não por razões próprias das economias, não por reflectirem aquilo que se passava nas próprias economias, mas começariam a ser afectadas pela especulação dos agentes económicos, que muitas vezes não têm nada a ver com o que se passa na chamada economia real. Muitas vezes entende-se que é bom ter estabilidade cambial, no sentido de pensar que é bom que as taxas de câmbio sejam sempre fixas. Não creio que isso seja bom. Julgo que a taxa de câmbio de uma moeda de um pais em relação as outras deve variar, em consequência das alterações da competitividade externa desse país.

Por isso a estabilidade cambial, no meu ponto de vista, não se deve entender como fixidez absoluta das taxas de câmbio. Deve-se entender sim *como a situação em que as taxas de câmbio reflectem as vicissitudes da competitividade da respectiva economia.* Ora, o essa estabilidade era posta em causa pela realização do mercado interno. Certamente que a especulação monetária iria perturbar e encher de ruído tudo isto e os movimentos das taxas de câmbio deixariam de reflectir as vicissitudes da economia real. Assim sucedeu de facto. As moedas europeias começaram a flutuar entre si de forma errática ao sabor dos humores e expectativas dos agentes e em 1992 o Sistema Monetário Europeu entrou em grande crise. A lira italiana e a libra inglesa, tiveram que sair do mecanismo das taxas de câmbio do Sistema Monetário Europeu, não porque a economia italiana estivesse a funcionar mal ou que a economia inglesa estivesse a funcionar mal mas porque os especuladores começaram a especular contra essas moedas. Era óbvio que o sistema monetário europeu, como funcionava desde 1979, poderia ser razoavelmente apropriado a uma situação em que havia controlo de movimentos de capitais, mas não o era quando se instituiu a liberdade de circulação.

Daqui a conclusão: se na União Europeia existisse só uma moeda, *ipso facto* deixava de existir o problema da estabilidade cambial entre as moedas. Note-se, no entanto que o facto de eu dizer que a moeda única é uma forma de resolver o problema da especulação, não quer dizer que fosse a *única forma* de resolver o problema E é aqui que bate o ponto, e, que eu vou retomar o início desta minha intervenção, quando disse que havia duas formas de entender a União Europeia (UE).

A forma de entender a UE implícita na moeda única é aquela que entende a UE como substituindo os estados. A moeda única é tipicamente uma forma de resolver o problema da instabilidade cambial, assumindo que a Europa deve substituir os estados e, portanto, as moedas nacionais deixam de ter razão de existir. Cria-se uma moeda europeia e a função monetária, por assim dizer, quer a emissão monetária, quer a política monetária, deixou de ser atribuição dos estados, para ser uma atribuição da União no seu conjunto. Não era esta a única solução, podia ter havido uma outra solução, que seria mais próxima da segunda visão que eu apontei, ou seja, daquela que que a União Europeia deve ser fundamentalmente uma forma de se criar um enquadramento que permite aos estados realizar a sua missão. E essa segunda solução teria sido alterar as regras do Sistema Monetário Europeu de forma a que, reforçando a cooperação dos diversos bancos centrais – a falta de cooperação suficiente era, aliás uma debilidade reconhecida do Sistema Monetário Europeu – se obtivesse um combate eficaz à especulação monetária e cambial. Não se foi por este caminho, antes se substituiu a função monetária dos estados por uma função monetária a nível europeu. Isto teve consequências muito grandes e profundamente negativas para a economia portuguesa. Porque é que se cometeu esre erro?

Economia europeia ou agregado de economias nacionais?

A raiz do erro é mais analítica do que ideológica, embora as duas coisas se entrelacem entre si. É um erro de análise considerar que na Europa geográfica há uma economia europeia coerente. É claro que se pode dizer que há uma economia europeia, tal como, se pode dizer que há uma economia mundial, mas a questão está em saber se o conceito de economia europeia tem suficiente consistência e homogeneidade para se considerar que existe uma só economia. Penso que não. Entendo a economia europeia mais como sendo um agregado de economias nacionais, e entendo que assim continuará a ser durante muito tempo. Isto basicamente por duas razões: em primeiro lugar, porque cada país é um caso próprio de história e de cultura, de evolução ao longo dos séculos e isso tem consequências nas instituições económicas e, nomeadamente no funcionamento dos mercados. O mercado do trabalho, em Portugal não é o mesmo que o mercado do trabalho da Dinamarca.

Uma segunda razão resulta do facto dos estados europeus gastarem 40% ou 50% ou até mais do PIB em despesas publicas cuja contrapartida de receita também vem dos próprios países. São despesas que são gastas no próprio país para realizar objectivos nacionais. Ora um espaço económico em que havia 15, hoje 27 estados que gastam 40 ou 50% do PIB em orçamentos cujas receitas são obtidas na própria economia, em que destino das despesas tem a ver com objectivos nacionais, não há qualquer possibilidade de entender esse espaço como uma economia única: é muito mais um agregado de economias nacionais. E sendo assim é uma violência e uma completa ineficiência impor uma moeda única a um agregado de economias nacionais diferentes. A Europa está longe de verificar as condições de homogeneidade que a permitam considerar como sendo uma zona monetária óptima, que seria a única situação (já estudada em termos teóricos pelo prémio Nobel Robert Mundell há mais de quarenta anos) em que é eficiente impôr uma moeda única. Sendo assim a questão que se pode por é: então como podemos classificar o actual sistema de moeda única para os doze estados que o compõem?

As funções de um sistema monetário

Em minha opinião classifico-o como sendo um sistema monetário deficiente, porque não cumpre algumas condições que deve cumprir um sistema monetário. As regras de um sistema monetário internacional devem permitir basicamente três objectivos:

- um sistema monetário internacional deve permitir a expansão do comércio internacional, ou seja, deve permitir que haja meios de pagamentos suficientes para apoiar a expansão do comércio, que é um dos grandes factores de progresso. Ora, esse era um dos grandes problemas do padrão ouro do século XIX, que tornava o progresso do comércio mundial dependente da mineração de ouro.

O sistema de Bretton Woods em 1944, foi a meu ver, uma tentativa bem sucedida de suprir esta falta de meios de pagamento, permitindo que uma moeda (à partida eram duas, na realidade ficou só uma), ou seja, o dólar, suprisse, por assim dizer, o ouro como meio de pagamento internacional, uma vez que foi estabelecida uma relação fixa de conversão do dólar em ouro.

Esta é a primeira condição e podemos dizer, que a moeda única europeia cumpre esta condição, uma vez nada impede que a emissão de euros ou o crescimento da massa monetária seja suficiente para atender às necessidades do comércio intra-comunitário e extra-comunitário.

- em segundo lugar deve assegurar a estabilidade das moedas entre si, estabilidade no sentido que há pouco disse, ou seja, não necessariamente fixidez nas taxas de câmbio, mas que as taxas de câmbio reflictam as vicissitudes da economia real. Pode-se dizer que a moeda única não cumpre esse objectivo, pois as condições de funcionamento das eonomias dos estados não se reflectem no euro.
- em terceiro lugar há uma condição importantíssima que um sistema monetário deve permitir: é que os seus estados tenham políticas de estabilização conjuntural. Essa foi das grandes vantagens de Bretton Woods, em 1944 e, não é por acaso, uma vez que esse acordo foi fortemente influenciado por Keynes, que participou nas respectivas negociações.O sistema de Bretton Woods criou condições para que os estados que cumprissem esse acordo pudessem ter política de estabilização que combatesse a inflação, o desemprego, o défice externo, sem saírem do sistema monetário. Ou seja, as regras eram suficientemente flexíveis para permitir essa função aos estados membros. E, é aqui, também que a moeda única europeia falha redondamente, porque dentro daquela concepção de puxar para o nível europeu as funções dos estados membros, na realidade, não permite qualquer margem de manobra aos estados membros que compõem a zona euro para prosseguirem politicas de estabilização. E porquê?

Porque os instrumentos principais foram atribuídos aos níveis comunitários. Os principais instrumentos de estabilização são: a moeda, ou melhor, a política monetária, a política cambial, que em situações de liberdade de circulação de capitais está muito ligada à política monetária, (embora curiosamente, não a nível institucional europeu, o que é um caso estranho) e a política orçamental.

Poíitica monetária, política cambial e a política orçamental. Há as politicas auxiliares, como a política de rendimentos, que não têm autonomia própria mas que servem para complementar. O fundamental é o trio política monetária, política cambial e política orçamental. Ora um estado membro da zona euro, não tem essas politicas ao seu dispor: a política monetária, porque é exercida pelo Banco Central Europeu, como não pode deixar de ser em situações da moeda única. A política cambial não existe, pura e simplesmente. A política orçamental formalmente continua a estar a cargo dos estados membros, mas aqui há dois problemas fundamentais: as políticas orçamentais estão muito condicionadas pelo chamado Pacto de Estabilidade e Crescimento, e, em segundo lugar e mais importante ainda é que a política orçamental perde eficiência quando não é acompanhada pela política monetária e cambial. Se o estado tem ao mesmo tempo a política orçamental e a politicas monetária e cambial. pode fazer boas coisas com a política orçamental; se tem só a política orçamental pouco pode fazer com a política orçamental, mesmo que não tivesse outro tipo de restrições, como o Pacto de Estabilidade e Crescimento.

Resumindo: o grande erro desta aplicação da moeda única em economias diferentes, foi que retirou aos países a possibilidade de terem politicas de estabilização próprias. E, isso no meu ponto de vista, está a ser extremamente custoso, para a situação actual futura portuguesa. Vou abordar esses aspectos de forma breve, porque o essencial já está abordado. De facto, a situação portuguesa actual é muito difícil, mas é muito difícil porquê?

A situação portuguesa: perda de competitividade e endividamento

A resposta à quaestão anterior é simples: porque sofremos uma enorme perda de competitividade, basicamente por três razões:

Em primeiro lugar, durante a aproximação à moeda única, nos anos noventa, e por força dessa adesão, o escudo mantinha-se razoavelmente estável, numa altura em que tinhamos uma inflação interna superior aos dos nosso concorrentes, o que originou uma enorme perda de competitividade. De facto empresas exportadoras portuguesas viram-se "ensanduichadas" entre o aumento de custos internos e uma fixidez de preços de venda no mercado externo que era imposta pela a estabilidade do escudo. Face a esta situação muitas empresas preferiram especializar-se em sectores do mercado interno, que estavam protegidos da concorrência internacional, sectores como a construção civil, o imobiliário, etc, E do seu ponto de vista fizeram bem, porque ganharam muito mais dinheiro do que se persistisem na tentiva de exportar. Por isso é que nós empolámos o imobiliário, os serviços como o comércio interno, serviços localizados, etc., em detrimento dos sectores exportadores Esta é, portanto, a primeira razão da perda da competitividade. Estima-se que esta quebra terá sido da ordem dos 30% desde 1992 até à actualidade.

A segunda razão da perda da competitividade não tem nada a ver com a moeda única: foi a revolução do comércio mundial. Não foi novidade nenhuma, já se sabia que ela ia acontecer. Já se sabia, nomeadamente, que a China iria provocar uma revolução nas trocas internacionais. Aliás esse foi um dos aspectos apontados pelos críticos de moeda única (entro os quais me incluo), para dizer que, nestas circunstâncias, era perigoso para Portugal aderir à moeda única e, que tal adesão iria prejudicar a adaptação do País a esta revolução nas trocas internacionais. Na verdade, assim sucedeu. Ainda se agravou mais a situação com a adesão dos novos doze países da UE que vieram concorrer em melhores condições com alguns dos nossso sectores exportadores.

Finalmente, o terceiro factor, esse rigorosamente interno, embora facilitado pela moeda única, foi que o Estado teve algumas largas financeiras, durante os anos 90, principalmente devido às privatizações que permitiram reduzir a divida publica e também à queda da taxa de juro que permitiu reduzir os encargos da divida publica. Simplesmente a gestão política das finanças publicas não foi no sentido de aproveitar essa fase para reduzir o peso do Estado sem custos para a economia. Pelo contrário, foi aproveitar essa margem de manobra financeira para ainda aumentar mais o peso do Estado sem necessidade.

Devido a estas três razões sofremos uma perda de competitividade que, porventura não terá paralelo na nossa história económica, com eventual excepção do início do século XIX quando os portos do Brasil foram abertos ao comércio internacional.

Esta perda de competitividade é mesmo um drama nacional. Não é um exagero, chamar drama nacional, porque de facto não temos instrumentos para rapidamente lhe dar a volta. O instrumento fundamental para isso seria a taxa de câmbio, seria uma depreciação cambial, mas não existe moeda própria. E, portanto, tudo o que se faça para melhorar a competitividade levará anos a fazer. mesmo que tenhamos as melhores políticas possíveis. Portanto vamos ter um período prolongado em que não melhoraremos a nossa competitividade, e em que o crescimento será baixo e o desemprego elevado. Isso leva-me ao segundo e último aspecto, que é justamente a sustentabilidade que está relacionada com o endividamento.

A economia portuguesa está hoje muito endividada, e o isso deve-se directamente à perda de competitividade. O mecanismo de endividamento é este: a perda de competitividade leva a grandes défices em relação ao exterior, os grandes défices em relação ao exterior têm que ser compensados por créditos externos e esses créditos externos entram através do sistema bancário que, assim dá satisfação à procura de crédito por parte das empresas e por parte das famílias, procura que é aumentada pelas baixas taxas de juro da zona euro. O sistema bancário canaliza, pois, os créditos externos para crédito interno Ora este mecanismo não se pode sustentar durante muito tempo, porque a certa altura nem as famílias nem as empresas terão capacidade adicional de endividamento.

E portanto, se não tiverem capacidade de endividamento, não podemos cobrir os défices externos. Não podendo cobrir défices externos a balança de pagamentos terá que ser forçadamente reequilibrada e, esse forçado reequilíbrio da balança de pagamentos, enquanto não melhorar a competitividade, só é possível à custa de uma enorme recessão económica.

Portanto, estão a ver que a sustentabilidade da economia portuguesa está muito ligada à capacidade de endividamento que porventura ainda exista. Na ausência da taxa de câmbio, o reequilíbrio forçado da balança de pagamentos só pode ser alcançado por uma grande recessão económica.

Esta, não é uma situação brilhante. Já este será o sexto ano consecutivo de divergência em relação à média comunitária. Nunca no passado, desde que há estatísticas em Portugal, tivemos um período de tão fraco crescimento económico, e também um período de tão longa divergência em relação à U.E.

Infelizmente, dada a falta de instrumentos políticos a nível nacional, não tenho grande esperança que a situação melhore no curto ou mesmo no médio prazo.

Ou seja: continuaremos a pagar durante muito tempo as fantasias federalistas do super-estado europeu.

OS PARTIDOS POLÍTICOS E A INTEGRAÇÃO EUROPEIA[1]

MARGARIDA SALEMA D'OLIVEIRA MARTINS
Professora Auxiliar da Faculdade de Direito da Universidade de Lisboa e da Faculdade de Direito da Universidade Lusíada de Lisboa

SUMÁRIO: 1. Considerações gerais; 2. Os partidos políticos no Parlamento Europeu; 3. O estatuto dos partidos políticos europeus; 4. Os partidos políticos na "Constituição Europeia"; 5. O financiamento; 6. Questões conexas; 6.1. Sistema eleitoral; 6.2. Estatuto dos Deputados europeus; 7. Conclusão.

1. **Considerações gerais**

Cabe-me abordar o tema dos partidos políticos e a integração europeia. Trata-se de tema vasto e da maior importância, porquanto a integração europeia se tem vindo a desenvolver apelando a uma base de democracia representativa, mesmo que só numa fase adiantada, isto é, a partir da eleição do Parlamento Europeu, por sufrágio universal, directo e secreto em 1979.

---

[1] Corresponde à comunicação apresentada em 21 de Julho de 2005, no Curso de Verão sobre Direito da União Europeia, dedicado à Constituição Europeia e Portugal – perspectivas jurídicas, económicas e políticas, promovido pelo Instituto Europeu da Faculdade de Direito de Lisboa e a AREP – Associação Interuniversitária de Estudos Europeus.

Até então, a realidade partidária desenvolvia-se a nível nacional, só se começando a desenvolver de forma mais integrada em termos supranacionais com a criação interna dos grupos políticos parlamentares.

No âmbito interno, considera-se até o *partido político* como elemento nuclear do Estado Social Contemporâneo, por assumir a dimensão de uma efectiva estrutura política. Tal tipo de Estado, como defende MARCELO REBELO DE SOUSA, será mesmo um «Estado de partidos» quando se veri-fica a atribuição «de jure» aos partidos políticos de um exclusivo ou quase exclusivo da representação política global da colectividade, expresso num estatuto jurídico geral e essa representação política corresponde à vigência de regimes políticos e sistemas de governo democráticos. Daí decorre uma tendência para a alteração da natureza qualitativa do mandato parlamentar verificando-se a prevalência da disciplina partidária sobre as posições individuais dos Deputados e o alargamento do conceito da mediação partidária pela relevância crescente de funções não estritamente eleitorais dos partidos políticos[2].

As funções tradicionais desempenhadas pelos partidos políticos nas democracias representativas modernas, como as de definição programática, de agregação e articulação de interesses, de mobilização e socialização de indivíduos e grupos, de recrutamento de elites e de participação nos órgãos electivos, têm sofrido alterações, não apenas por razões económicas e sociais, mas também por força do processo de integração europeia.

A crise do «Estado de Partidos» tem diversas causas, sobre as quais se têm debruçado particularmente cientistas políticos e juristas de direito político e direito constitucional.

De forma breve, pode referir-se que os sistemas políticos da Europa Ocidental têm vindo a ser afectados por mutações em diferentes sectores da sociedade, como, por exemplo, a composição do eleitorado que se modificou com a industrialização, o crescimento do sector terciário, a afluência sem precedentes ao ensino superior, o aumento de tempos livres, a melhoria dos sistemas sociais, os fenómenos migratórios, etc.

Tais mutações implicando alterações substanciais nas regras e valores pelos quais a sociedade civil passou a orientar-se traduziram-se num

[2] MARCELO REBELO DE SOUSA, Os Partidos Políticos no Direito Constitucional Português, Livraria Cruz, Braga, 1983, p. 51.

maior liberalismo e igualitarismo. Verificou-se também a emergência de tópicos ecológicos[3] e de novas preocupações que não foram adequadamente absorvidas pelas instâncias partidárias mediadoras da democracia representativa.

Assim, assistimos, no final dos anos 60 do século XX, ao aparecimento de formas alternativas de acção política, como o recurso a instrumentos de democracia directa, à oposição extra parlamentar, e à emergência de grupos políticos novos que se definiam a si próprios como organizações de base. Apesar desses movimentos terem sido subsidiados ou gradualmente assimilados pelo sistema partidário tradicional, a influência partidária foi questionada e foi-se reduzindo gradualmente.

Além disso, as inovações tecnológicas no sector dos "media" realçaram as possibilidades de comunicação e a transferência de informação. A ocupação da esfera pública por novos, e mais ou menos independentes, meios de comunicação social obrigou os partidos a desenvolver novas formas de apresentação e mediação de conteúdos para manter a sua influência na "policy-making".

Simultaneamente os partidos clássicos começaram a desideologizar-se e a ter cada vez mais dificuldades na definição dos seus objectivos programáticos de modo a conseguir uma destrinça uns dos outros para manter acesa a concorrência eleitoral e definidas as respectivas fronteiras políticas.

Todos estes e outros desenvolvimentos contribuíram para enfraquecer a relação entre as instituições políticas e o eleitorado, exigindo adaptações da democracia representativa, como a identificação de défices.

Veja-se o caso do défice democrático europeu.

Não obstante, a existência de um sistema partidário pluralista[4], que está na base da eleição de organizações representativas, continua a ser o principal critério para a definição de democracia.

As novas formas de democracia directa (referendo) ainda, ou já, não servem para compensar a fragilidade da democracia representativa, mas também constituem tentativas inadequadas para suprir os problemas que surgem relacionados com a legitimidade política.

---

[3] TIAGO ANTUNES, Partidos Verdes: partidos monocromáticos? – Breve olhar sobre a política verde e a partidarização da ecologia in Revista da Faculdade de Direito da Universidade de Lisboa, vol. XLVI, n.º 1, Coimbra Editora, 2005, p. 537 a 621.

[4] V. PÉLASSY, DOMINIQUE, Qui gouverne en Europe?, Paris, Fayard, 1992.

As formas como este problema tem sido encarado, por vias de burocratização, tecnocratização etc., têm contribuído para um crescente sentimento de impotência do cidadão para influenciar o processo político.

Os cientistas políticos têm trabalhado intensamente sobre o cepticismo dos cidadãos acerca dos partidos políticos, falando-se até em *partidocracia* e em *cartel de partidos*.

Contudo, os partidos continuam a recrutar elites para os cargos públicos e a organizar campanhas eleitorais, mas vão definhando no seu papel de actores importantes envolvidos em tarefas como agregando interesses definidos, formulando objectivos atingíveis, negociando compromissos políticos, intermediando entre elites políticas e cidadãos"[5].

Já os peritos de direito constitucional reclamam maior organização, melhor legislação, maior controlo.

Esses esforços, que de forma demasiado lenta e gradual têm sido envidados é certo, estão longe de encarar as mutações que a sociedade globalizada atravessa[6].

Novas ideias como o voto por via electrónica, os referendos simultâneos, nacionais e locais, e novos métodos de responsabilização dos eleitores pelas suas escolhas e opções e sua aproximação às decisões de diversa índole e nos vários planos, nacional, supranacional e internacional, fazem parte ainda das utopias políticas.

A questão da ligação entre eleitor e eleito e de responsabilidade política deste perante aquele ainda faz parte dos arquétipos dominantes para o desenvolvimento dos quais não se têm vislumbrado outras soluções do foro político se não as de apelar às lideranças personalizadas e carismáticas que ultrapassem a indiferença dos eleitores e a secundarização do pessoal político relativamente à comunicação social[7].

---

[5] V. Mokre, Monika / Pollak, Johannes, Political Parties as Agents of European Democracy? IWE-Working Papers, n.º 30, Setembro, 2002, Österreichische Akademie der Wissenschaften Forschungsstelle für Institutionellen Wandel und Europäische Integration – IWE, Viena, p. 1-20; Luther, Richard Kurt e Müller-Rommel, Ferdinand, Political Parties in a changing Europe, Keele University, Keele European Parties Research Unit (Kepru), Working Paper 14, 2002, p. 1-23.

[6] V. F. Bruno, La democracia di prossimità e il processo di integrazione europea, in Nuova Umanità XXVIII (2006/5) 167, p. 589-603.

[7] V. Fabre, Elodie / Maddens, Bart / Swenden, Wielfried, Partis politiques nationaux en crise? Organisation des partis et décentralisation. Une compararaison de l'Espagne et du Royaume-Uni, Respublica, 2005, v. 47, n.º 1, p. 36-57.

2. **Os partidos políticos no Parlamento Europeu**

O Parlamento Europeu, na sua 6ª legislatura (2004-2009)[8] era inicialmente composto por 732 Deputados, nos termos do § 1.º do n.º 2 do artigo 190.º do Tratado da Comunidade Europeia, na redacção que lhe foi dada pelo artigo 11.º do Tratado de Atenas, de 16 de Abril de 2003[9].

Estes Deputados são representantes eleitos em cada Estado-membro, sendo o número de representantes fixado pelo Tratado para cada Estado-Membro. Contudo tais representantes devem assegurar a representação adequada dos povos dos Estados reunidos na Comunidade e não de cada povo que os elegeu. Parece ser essa a interpretação mais adequada do § 2.º do n.º 2 do artigo 190.º do TCE.

Contudo, ainda não existe um "demos" europeu enquanto tal.

Até 1979, o Parlamento Europeu era composto por delegados eleitos pelos Parlamentos Nacionais, tendo as primeiras eleições directas ocorrido em 1979. Essa eleição directa traduz a plena realização do princípio da representação dos povos reunidos na Comunidade proclamado pelo Tratado, como se referiu.

Com a entrada em vigor do Tratado da União Europeia, o direito de sufrágio activo e passivo nas eleições para o Parlamento Europeu converteu-se num dos direitos dos cidadãos da União Europeia (artigo 19.º, n.º 2 do TCE).

Os membros do Parlamento Europeu são eleitos por um período de 5 anos, mediante sufrágio universal, livre, directo e secreto. O artigo

---

[8] V. "inter alia" PERRADEAU, ERIC, Les élections européennes de 2004, Revue Française d'études constitutionnelles et politiques, 2005, n.º 112, p. 166-179; RIEDEL, RAFAL, Elections to the European Parliament, The Polish foreign affairs digest 2004, v. 4, n.º 4, p. 61-77; HRBEK, RUDOLF, Europawahl 2004: neue Rahmenbedingungen-alte Probleme, Integration 2004, v. 27, n.º 3, p. 211-222; BRECHÓN, PIERRE / TEBBAKH, SONIA, Les élections européennes 2004 en France, Regards sur l'actualité 2004, n.º 302, Outubro, p. 87-99; BELOT, CÉLINE / BOUT DE L'AN, CHRISTINE, Les élections européennes 2004 en Europe, Regards sur l'actualité 2004, n.º 304, Outubro, p. 73-85; LE GALL, GÉRARD / PINA, CHRISTINE / TEBBAKH, SONIA, Européennes : des élections en mal d'Europe, Revue politique et parlementaire, 2004, v. 106, Julho-Agosto-Setembro, p. 7-179.

[9] Entretanto com a adesão da Bulgária e da Roménia em 1 de Janeiro de 2007, o número de membros foi temporariamente aumentado para 785 a fim de contemplar os Deputados desses novos Estados, devendo o número diminuir na próxima legislativa (2009-2014).

190.º, n.º 4 do TCE permite a implantação de um sistema eleitoral uniforme para todos os Estados-membros, que nunca chegou a ser adoptado[10].

O P.E. dispõe do poder de auto-organização, na base do artigo 199.º do TCE, e a sua organização interna inspira-se na dos parlamentos nacionais.

Os Deputados agrupam-se no seio do Parlamento, não por nacionalidades ou Estados-Membros pelos quais se apresentam à eleição, mas em função de afinidades políticas[11]. Isso não significa a obnubilação dos partidos nacionais mas a convergência dos diversos partidos nacionais em famílias políticas.

Actualmente, existem os seguintes grupos políticos europeus (sendo esta a designação adoptada no Regimento do Parlamento Europeu e não a de grupos parlamentares como alguns referem): *Grupo do Partido Popular Europeu (Democratas-Cristãos) e dos Democratas Europeus*[12], que é o maior grupo, que abrange Deputados dos 25 Estados-Membros, num total de 266 Deputados e de 45 partidos nacionais; o *Grupo Socialista no Parlamento Europeu*[13], que é o segundo maior grupo, com 201 deputados, dos 25 Estados-membros, e com 29 partidos políticos; o *Grupo da Aliança dos Democratas e Liberais pela Europa*[14], com 89 Deputados de 22 Estados-Membros, e com 32 partidos; o *Grupo dos Verdes/Aliança Livre Europeia*[15], com 42 Deputados de 13 Estados-Membros e 18 partidos; o *Grupo Confederal da Esquerda Unitária Europeia/Esquerda Nórdica Verde*[16], com 41 Deputados de 14 Estados-

[10] V. CARAMANI, DANIELE, The nationalization of politics: the formation of national electorates and party systems in Western Europe, Cambridge, Cambridge University Press, 2004; ASPINWALL, MARK, Rethinking Britain and Europe: plurality elections, party management and British policy on European integration, Manchester, Manchester University Press, 2004.

[11] O artigo 29.º, n.º 1 do Regimento do Parlamento Europeu (v. 15ª edição de Outubro de 2003) dispõe que os Deputados se podem organizar em grupos por afinidades políticas.

O Parlamento tem entendido que não é necessário avaliar tais afinidades políticas, já que elas são, por definição, avaliadas pelos próprios Deputados que ao formar um grupo reconhecem partilhá-las. Só no caso de os Deputados negarem tal partilha, é que o Parlamento deve apreciar se o grupo foi constituído de acordo com o Regimento.

[12] V. referência electrónica: http://www.epp-ed.org/home/en/default.asp

[13] V. referência electrónica: http://www.socialistgroup.org/

[14] V. referência electrónica: http://alde.europarl.eu.int

[15] V. referência electrónica: http://www.greens-efa.org/en/

[16] V. referência electrónica: http://www.europarl.eu.int/gue/

-Membros, e 17 partidos; o *Grupo Independência/Democracia*[17], com 35 deputados de 9 Estados-Membros e 9 partidos; o *Grupo União para a Europa das Nações*[18] com 27 Deputados de 6 Estados-Membros e 6 partidos; finalmente os *Não-inscritos*, que perfazem 29 Deputados, de 8 Estados-Membros, de 14 partidos.

Há, então, 170 partidos políticos nacionais representados no Parlamento Europeu.

Repare-se que os partidos portugueses que fizeram eleger 24 Deputados se integram nos grupos políticos da seguinte forma: o Partido Social Democrata e o Partido Popular, no PPE (com 9 Deputados), o Partido Socialista no PSE (com 12 Deputados), a Coligação Democrática Unitária (PCP-PEV) e o Bloco de Esquerda no Grupo Confederal da Esquerda Unitária Europeia/Esquerda Nórdica Verde (com 3 Deputados).

Os estudos académicos que se têm debruçado sobre os principais actores políticos na União Europeia analisam sobretudo a contraposição entre os favoráveis a uma maior integração e os seus adversários. Trata-se de uma dimensão que sendo transversal aos partidos se cruza com outra, mais clássica, mas que está sempre presente, entre a direita e a esquerda, a partir da representação de diferentes interesses sócio-económicos.

O processo de integração europeia que começou por se projectar nas instituições passou a projectar-se nos partidos políticos que começaram a ter que incluir os assuntos europeus nos seus programas.

O processo de europeização dos partidos, com diversas componentes e variáveis, tem revelado ser um processo fracturante. Isto é, a velha questão europeia de supranacionalidade versus intergovernamentalismo conjugada com a dicotomia direita versus esquerda (neoliberalismo versus intervencionismo) é uma questão que divide não só os partidos entre si, mas também dentro de si.

De forma muitíssimo generalizada e grosseira, podemos referir que para além dos partidos extremistas que normalmente são contra a União Europeia[19], a maioria dos partidos é moderadamente integracionista, com

---

[17] V. referência electrónica: http://www.europarl.eu.int/inddem/

[18] V. referência electrónica: http://www.uengroup.org/home.html

[19] V. Evans, Jocelyn A.J., The dynamics of social change in radical right-wing populist party support, Comparative European politics, 2005, v. 3, n.º 1, Abril, p. 76-101, March, Luke Mudde, Cas, What's left of the radical left? The European radical left after 1989: decline and mutation, Comparative European politics, 2005, v. 3, n.º 1 Abril, p. 23-49;

cambiantes a propósito da qualidade e quantidade dos sectores cuja comunitarização propõem[20].

O PPE apresenta-se como moderado e centrista em todos os âmbitos e tenta manter equilíbrios nas questões europeias. Deixou de ser uma família relativamente homogénea de democratas-cristãos[21] para, alargando-se a outras áreas políticas, passar a ser menos federalista e a detalhar objectivos económicos, mais em prol da economia de mercado.

O PSE[22], também menos federalista, por causa do labourismo, divide-se entre os partidos claramente supranacionalistas (alemães, italianos e espanhóis) e os intergovernamentalistas (britânicos, escandinavos, gregos e polacos).

O eurogrupo liberal é bastante heterogéneo com um programa muito genérico, onde cabem posições com gradações distintas.

Os Verdes[23] são mais abertamente pró-integracionistas, pois provavelmente é o seu foro de actuação por excelência, podendo não sobreviver fora dele.

A Esquerda Unitária Europeia, integrando maioritariamente partidos comunistas, rejeita o actual processo em curso.

Verifica-se aliás com o alargamento uma dificuldade acrescida de compreender e vivenciar o sistema político-partidário pluralista[24].

Cole, Alexandra, Old right or new right? The ideological positioning of parties of the far right, European Journal of Political Research 2005, v. 44, n.º 2, Março, p. 203-230; Ivaldi, Gilles, Droites populistes et extrêmes en Europe occidentale, Paris, Documentation Française, 2004.

[20] V. Cesareo Raguillera de Prat, Estratégias partidistas e construcción europea in Coloquio Ibérico: Constituição Europeia, Homenagem ao Doutor Francisco Lucas Pires, Stvdia IVridica 84 AD HONOREM-Z/COLLOQUIA-14, Boletim da Faculdade de Direito da Universidade de Coimbra, Coimbra Editora, Coimbra, 2005, p. 30 a 51; Coosemans, Thierry, Les programmes électoraux de partis transnationaux pour l'élection du Parlement Européen de juin 2004, Courrier hebdomadaire du CRISP, 2004, n.º 1829-1830, p. 1-61.

[21] Gehler, Michael / Kaiser, Wolfram, Christian democracy in Europe since 1945, vol. 2, Londres, Routledge, 2004.

[22] V. Delwit, Pascal, Où va la social-démocratie européenne?: débats, enjeux, perspectives, Bruxelas, Université de Bruxelles, 2004.

[23] V. Carter, Neil, Mixed fortunes: the Greens in the 2004 European Parliament Election, Environmental Politics, 2005, v. 14, n.º 1, Fevereiro, p. 103-111.

[24] V. Taggart, Paul / Szczerbiak, Aleks, Contemporary euroscepticism in the party systems of the European Union candidate states of Central and Eastern Europe, European Journal of Political Research 2004, v. 43, n.º 1, Janeiro, p. 1-27; Roger, Antoine, Des

3. O estatuto dos partidos políticos europeus[25]

A importância dos partidos políticos não se reflecte apenas no Parlamento Europeu, mas também no Conselho da União Europeia e no Conselho Europeu.

No quadro da integração europeia, as mais importantes famílias políticas fundaram, durante os anos 70 do séc. XX, federações de partidos a nível europeu, compostas por partidos nacionais que perfilhavam a mesma ideologia política.

Com efeito, as grandes famílias políticas tinham empreendido, desde cedo, uma coordenação a nível europeu. Em 1925, tinha tido lugar o primeiro congresso dos partidos populares cristãos. Só, no entanto, mais tarde, e antes da primeira eleição para o Parlamento Europeu, se desenvolveu a ideia, entre os democratas-cristãos, os socialistas e os liberais, de criar federações de partidos tendo como ambição a transformação em verdadeiros partidos políticos.

O *Partido Popular Europeu (PPE)* foi criado em 29 de Abril de 1976. Agrupa as formações correspondentes dos países-membros e visa constituir um verdadeiro partido político à escala europeia. Reúne em congresso de dois em dois anos e está ligado à União Europeia democrata-cristã e à Internacional democrata-cristã, criada em 1981, em Santiago do Chile.

O *Partido dos Socialistas europeus* é bem mais recente, tendo sido constituído em Congresso realizado em Haia, de 9 e 10 de Novembro de 1992. Contudo, surge na sequência da União dos partidos socialistas da Comunidade Europeia, que fora instituída em 5 de Abril de 1974. Integra-se na Internacional Socialista. A constituição do Partido deveu-se à acção de Jean-pierre Cot e de Filipe Gonzalez.

A Federação dos partidos liberais, democratas e reformistas europeus desenvolve-se mais sob a forma de uma confederação de partidos nacionais. Fundada em 1976, dispõe de um Conselho e reúne um Congresso anual.

---

parties pour quoi faire?: La representation politique en Europe centrale et orientale, Bruxelles Bruylant, 2003; Lewis, Paul G., The Impact of the enlargement of the European Union on Central European party system, Brighton, Sussex European Institute, 2003.

[25] Sobre esta matéria, seguimos importante estudo elaborado no âmbito do P.E. – Document de Travail "Statut et financement des partis politiques européens, Série Affaires Constitutionnelles, Luxemburgo, 2003, p. 1-71.

O Partido Social Democrata português que aí ingressara e contribuíra para o aditamento na sua designação da expressão "reformista" e, também, durante a III legislatura do P.E. (1989-1994) exigira que o respectivo grupo político alterasse o seu posicionamento no hemiciclo parlamentar (da direita para o centro), hoje já não faz parte dessa família política.

Mais recentemente, os partidos verdes europeus decidiram estabelecer uma estrutura para facilitar a sua cooperação internacional. A primeira organização foi constituída em 1984, quando os partidos verdes dos países do Benelux, Reino Unido, França, Alemanha, Suécia e Suíça formaram a Coordenação europeia de partidos verdes. Em 1991, transformou-se em federação europeia dos partidos verdes, tendo em 2002 decidido criar um Partido Verde Europeu.

Na maioria dos países europeus, o papel dos partidos na vida política nacional está formalmente reconhecida pela Constituição, dispondo de um estatuto jurídico e de financiamento público que varia de Estado para Estado.

Com as primeiras eleições para o Parlamento Europeu, os dirigentes das organizações europeias de partidos políticos mais importantes deram-se conta das novas exigências de uma cooperação acrescida entre os diferentes partidos nacionais componentes e da necessidade de dispor de novos recursos financeiros para fazer face ao desafio que aquelas eleições representavam para as diferentes famílias políticas.

Só após a introdução pelo Tratado de Maastricht do artigo 138.º-A, hoje artigo 191.º, segundo o qual: "Os partidos políticos ao nível europeu desempenham um importante papel como factor de integração na União. Contribuem para a criação de uma consciência europeia e para a expressão da vontade política dos cidadãos da União", os agrupamentos políticos procederam a uma reorganização das suas estruturas em estreita colaboração com os grupos políticos com assento no Parlamento Europeu.

Com aquele artigo 138.º-A, *foi a primeira vez que nos tratados se fez referência aos partidos políticos*. Esta disposição não era, no entanto, suficiente para adoptar actos legislativos comunitários sobre os partidos políticos por não ter conteúdo operativo.

O Parlamento Europeu foi insistindo na necessidade da adopção de um estatuto considerado necessário para o reconhecimento dos partidos, reconhecimento prévio esse que conduziria à atribuição de personalidade jurídica, da qual se retirariam direitos e deveres.

Dessa insistência ao longo dos anos, e seguindo a orientação do Parlamento Europeu e da Comissão, a CIG 2000 aditou um parágrafo ao artigo 191.º, segundo o qual "o Conselho, deliberando nos termos do artigo 251.º – processo de co-decisão –, definirá o estatuto dos partidos políticos ao nível europeu, nomeadamente as regras relativas ao seu financiamento" (Tratado de Nice, de 26 de Fevereiro de 2001, que entrou em vigor em 1 de Fevereiro de 2003).

Esta nova disposição está acompanhada de uma breve Declaração inscrita na Acta Final da Conferência Intergovernamental na qual se sublinha que: "o disposto no artigo 191.º não implica nenhuma transferência de competência para a Comunidade Europeia nem afecta a aplicação das normas constitucionais nacionais" (v. § 1.º da Declaração n.º 11).

Para além disto, a Declaração contém ainda recomendações que as três instituições interessadas deverão ter em conta para a adopção do estatuto dos partidos políticos europeus.

Estas recomendações têm a ver sobretudo com a questão do financiamento: afirma-se que o financiamento dos partidos políticos ao nível europeu pelo orçamento das Comunidades Europeias não pode ser utilizado para o financiamento, directo ou indirecto, dos partidos políticos ao nível nacional e que as disposições relativas ao financiamento dos partidos políticos são aplicáveis na mesma base a todas as forças políticas representadas no Parlamento Europeu.

Para além disto, a Carta dos Direitos Fundamentais da União Europeia, proclamada em 7 de Dezembro de 2000, retoma o artigo 191.º do TCE, ao prever, no artigo 12.º, § 2.º que "Os partidos políticos ao nível da União contribuem para a expressão da vontade política dos cidadãos da União".

Em 19 de Fevereiro de 2003, a Comissão Europeia depois de tentativas frustradas, apresentou uma nova proposta de regulamento relativa ao estatuto e financiamento dos partidos políticos europeus, que veio a ser adoptada – Regulamento CE n.º 2004/2003 do Parlamento Europeu e do Conselho de 4 de Novembro de 2003[26].

---

[26] V. Regulamento (CE) n.º 2004/2003 do Parlamento Europeu e do Conselho de 4 de Novembro de 2003, relativo ao estatuto e financiamento dos partidos políticos a nível europeu in J.O.U.E. L N.º 297, de 15.11.2003.

V., em Portugal, a Lei Orgânica n.º 2/2003, de 22 de Agosto – Lei dos Partidos Políticos, cujo artigo 37.º estabelece que os partidos políticos podem livremente associar-se com partidos estrangeiros ou integrar federações internacionais de partidos.

4. Os partidos políticos na "Constituição Europeia"

Na "Constituição Europeia", os partidos políticos são contemplados no artigo 46.º relativo à democracia representativa, cujo n.º 4 refere: "Os partidos políticos ao nível europeu contribuem para a criação de uma consciência política europeia e para a expressão da vontade dos cidadãos da União".

Corresponde, "grosso modo", ao segundo período do 1.º § do artigo 191.º do TCE, desaparecendo o 1.º período.

Por outro lado, o artigo 72.º corresponde "ipsis verbis" à disposição acima referida da Carta.

Além disso, o artigo 331.º dispõe que o estatuto dos partidos políticos, incluindo o seu financiamento se rege por *lei europeia.*

Quanto à Declaração, não encontramos correspondência na "Constituição Europeia".

Por isso, podemos concluir que quanto aos partidos políticos a "Constituição Europeia" não traz inovações.

Não responde assim à questão de saber qual o modelo político sobre o qual assentaria então a Europa do futuro? Parece então irrelevante perguntar se caberia na "Constituição Europeia" admitir partidos anti-europeus tal como se questiona se são legítimos os partidos antidemocráticos[27].

5. O financiamento

A questão do financiamento tem um historial complicado, com intervenção até do Tribunal de Justiça e do Tribunal de Contas. Mas deve-se ter em consideração que havia que evitar que se constituíssem partidos apenas para obter fundos comunitários, os quais sendo destinados aos grupos políticos por via de uma inscrição no orçamento do Parlamento acabavam por ser utilizados para financiar as campanhas eleitorais dos partidos nacionais, assim se desviando dos seus objectivos essenciais.

---

[27] V. Alexandre H. Català i Bas, ¿Qué Partidos Políticos tienen cabida en la Constitución Europea? La Escasa e Insuficiente Atención que presta la Constitución Europea a los Partidos Políticos, in Coloquio Ibérico cit., p. 249-277.

O Regulamento citado visa fornecer um quadro sólido, claro e transparente para os partidos europeus e o seu financiamento pelo orçamento comunitário[28].

Em primeiro lugar, define-se *partido político* como uma organização de cidadãos que prossegue objectivos políticos e é reconhecida ou se encontra estabelecida segundo a ordem jurídica de pelo menos um Estado-Membro (art. 1.º, n.º 1).

"*Aliança de partidos políticos*" é uma cooperação estruturada entre, pelo menos, dois partidos políticos (art. 2.º, n.º 2).

"*Partido político a nível europeu*" é um partido político ou uma aliança de partidos políticos que preencha as seguintes condições:

1. ter personalidade jurídica no Estado-Membro onde se encontra sediado;
2. ser representado, pelo menos em um quarto dos Estados-Membros, por membros do Parlamento Europeu, dos parlamentos nacionais ou assembleias regionais, ou ter obtido, pelo menos em um quarto dos Estados-Membros, um mínimo de três por cento dos votos expressos em cada um desses Estados-Membros nas últimas eleições para o Parlamento Europeu;
3. respeitar, nomeadamente no seu programa e pela sua acção, os princípios em que se funda a União Europeia, ou seja os princípios da liberdade, da democracia, do respeito dos direitos humanos, das liberdades fundamentais e do Estado de direito;
4. ter participado nas eleições para o Parlamento Europeu ou ter manifestado a intenção de o fazer.

A verificação dessas condições é feita pelo Parlamento Europeu, nos termos do artigo 5.º. Caso o Parlamento verifique, relativamente às três primeiras condições, que uma delas, bastando uma, deixou de ser preenchida, o partido político a nível europeu em causa, perde essa qualidade e é excluído do financiamento previsto no Regulamento.

Para beneficiar de um financiamento pelo orçamento geral das Comunidades Europeias, o partido político a nível europeu deve intro-

[28] V. Arnim, Hans Herbert von, The new EU party financing regulation in European Law Review, 2005, v. 30, n.º 2, Abril, p. 273-284; Larhant, Morgan, Le financement des campagnes électorales européennes, Paris, L'Harmattan, 2004.

duzir anualmente um pedido junto do Parlamento Europeu que decide no prazo de 3 meses e autoriza e gere as dotações correspondentes (artigo 4.º).

O pedido deve ser instruído com documentos, tais como documentos comprovativos do preenchimento das condições acima referidas, programa político que exponha os objectivos do partido político a nível europeu e os estatutos que devem definir em especial os órgãos responsáveis pela gestão política e financeira, bem como os órgãos ou pessoas singulares com poderes de representação legal em cada um dos Estados-Membros em causa, designadamente para efeitos de aquisição ou alienação de bens imóveis e móveis ou de capacidade judiciária. Havendo alterações, nomeadamente do programa ou de estatutos, devem ser notificadas ao Parlamento Europeu no prazo de dois meses, sob pena de suspensão do financiamento.

O Regulamento prescreve uma série de obrigações relativas ao financiamento, quer quanto às receitas ou fontes de financiamento (art. 6.º) – por exemplo, não pode aceitar donativos anónimos ou provenientes dos orçamentos de grupos políticos – quer quanto às despesas (art. 8.º) – por exemplo, as despesas têm de estar ligadas directamente aos objectivos definidos no programa político, como despesas administrativas, de assistência técnica, reuniões, etc.

O artigo 7.º proíbe que o financiamento em apreço seja utilizado para o financiamento directo ou indirecto de outros partidos políticos, nomeadamente de partidos políticos nacionais, que continuam sujeitos à aplicação da respectiva regulamentação nacional.

Prevêem-se ainda regras sobre execução, controlo e apoio técnico, cabendo ainda uma referência à repartição das dotações disponíveis.

Estas são repartidas anualmente entre os partidos que tenham obtido uma decisão positiva para o seu pedido de financiamento da seguinte forma:

1. 15% é repartido em partes iguais;
2. 85% é repartido pelos partidos políticos que tenham eleito deputados para o Parlamento Europeu, proporcionalmente ao número de Deputados eleitos (não podendo, para este efeito, um membro do Parlamento Europeu ser membro de mais de um partido político a nível europeu).

Os financiamentos pelo orçamento geral da U.E. não podem exceder 75% do orçamento de um partido político a nível europeu.

Para se ter uma ideia dos montantes em causa, pode referir-se que para o exercício de 2006, cobrindo o período de actividade entre 1.1.2006 e 31.12.2006, o orçamento está fixado em 8.594.000,00 € no total[29].

6. **Questões conexas**

6.1. **Sistema eleitoral**

Relacionada com a questão do desenvolvimento dos partidos europeus, está a questão do processo eleitoral que ainda assenta em sistemas eleitorais distintos.

Na falta de um consenso sobre um processo eleitoral uniforme, foi introduzida uma solução alternativa pelo Tratado de Amesterdão, de 1997. Assim o n.º 4 do artigo 190.º prevê também um processo baseado em princípios comuns a todos os Estados-Membros.

Nessa base, foi adoptada a Decisão do Conselho de 25 de Junho de 2002; e de 23 de Setembro de 2002; que modifica o Acto relativo à eleição dos representantes ao Parlamento Europeu por sufrágio universal directo, anexo à Decisão 76/787 (CECA, CEE, EURATOM[30]), segundo a qual, "inter alia" se prevê que em cada Estado membro os Deputados do Parlamento Europeu são eleitos por escrutínio, de listas ou de voto único transferível, de tipo proporcional.

6.2. **Estatuto dos Deputados europeus**

O art. 190.º, n.º 5 do TCE, na redacção do Tratado de Nice, refere: "5. O Parlamento Europeu estabelecerá o estatuto e as condições gerais de exercício das funções dos seus membros, após parecer da Comissão e mediante aprovação do Conselho, deliberando por

[29] V. Chamada a propostas (n.º VIII-2006/01) – Linha orçamental 4020 «financiamento dos partidos políticos europeus in JOUE C n.º 141 de 10-6-2005, p. 19 e ss.

[30] In JOUE L 283 de 21 de Outubro de 2002.

maioria qualificada. Quaisquer regras ou condições respeitantes ao regime fiscal dos membros ou ex-membros exigem a unanimidade no Conselho".

O objectivo é assegurar a transparência das regras e a igualdade de tratamento entre todos os membros do P.E. e evitar discriminações com base na nacionalidade.

Com efeito, os salários, as pensões e outros direitos financeiros são regulados pelas legislações nacionais que variam enormemente.

7. **Conclusão**

Apesar de todo o progresso alcançado, que se afigura aliás ainda muito insuficiente, o debate político europeu continua, no entanto, a ser memorizado na agenda política dos partidos nacionais, sendo que as eleições europeias continuam a ser travadas sobretudo em termos nacionais, centrando-se em temas internos.

Isto é, a realidade politico-partidária europeia ainda corresponde ao somatório das realidades nacionais, cabendo aos partidos políticos, enquanto monopolizarem a expressão da vontade dos povos, fazer mais, e mais depressa, para dar conta do que se propõem, prosseguindo assim os objectivos dos tratados, e prestando conta da sua actividade de representação dos eleitorados.

PODERÁ EXPORTAR-SE O MODELO DA UNIÃO EUROPEIA?

ELIZABETH ACCIOLY*
Unicuritiba-Brasil

Introdução

A integração entre países é uma decisão política, fundada sobre uma realidade comercial, porém sempre embasada numa construção jurídica. O respeito às suas normas está ligado à vontade dos Estados: sem um expresso e deliberado querer político, o bloco económico fica estagnado, a desobediência às suas regras se generaliza na anomia e na insegurança jurídica. Por outro lado, a partir de uma construção jurídica, há que se criar uma estrutura orgânica e um sistema de solução de conflitos que trará confiabilidade ao bloco, sob duas vertentes – supranacional e intergovernamental –, que depende, primordialmente, da fase de integração que se busca.

O modelo supranacional tem por característica ditar normas comuns que devem ser seguidas por todos os Estados-membros, sem a necessidade de uma transposição para ordenamento interno, por possuírem aplicabilidade direta. As normas comuns são aprovadas por maioria e não por unanimidade, o que significa dizer que mesmo o Estado que tenha votado contra a norma deverá cumpri-la, se esta alcançar o número de votos necessários à sua aprovação.

* Advogada. Professora de Direito Comunitário – Unicuritiba-Brasil e Professora visitante do Curso de Pós-Graduação em Estudos Europeus da Faculdade de Direito da Universidade de Lisboa-Portugal. Professor visitante da Faculdade de Direito da Universidade Católica Portuguesa. Secretária-Geral da ECSA-América Latina.

Já o modelo intergovernamental norteia-se pela unanimidade ou pelo consenso. Neste caso todos os países devem estar de acordo com as normas oriundas de órgãos criados pelos tratados que o instituíram, para que possa então entrar em vigor. E mais, se não há aplicabilidade directa, as normas deverão ser recepcionadas pelos Estados, de acordo com os critérios estabelecidos por cada um deles, passando, na grande maioria das vezes, pelo crivo dos parlamentos nacionais, para, ao depois, vigorar na ordem interna.

Num modelo supranacional, tendo em vista a subserviência dos Estados referente ao cumprimento da legislação emanada de seus órgãos, deve-se, antes de mais, reestruturar a lei interna dos Estados, para que não haja colisão entre o direito interno e a ordem jurídica supranacional. Ora, se órgãos acima dos Estados ditam regras ao bloco regional, certamente esta legislação não poderá colidir com a norma interna. Assim que nesse modelo deve haver delegação de uma parcela de soberania aos órgãos supranacionais. Se não houver previsão na Lei Maior do país candidato ao ingresso num bloco económico supranacional quanto à possibilidade da incorporação imediata das normas dele advindas, necessário se faz uma revisão ou emenda constitucional para adaptar a Carta Magna à normativa de carácter supranacional.

Portanto, os blocos económicos que almejam a criação de um poder supranacional têm que estar dispostos a ceder parte de sua soberania para alcançar os objectivos comuns, para que haja efectividade da supranacionalidade na integração regional.

O objectivo desta exposição é o de reflectir sobre o modelo da Europa comunitária como bússola para outras integrações regionais. Será possível exportar-se este modelo para outros blocos económicos?

1. A evolução do conceito de soberania e o modelo supranacional

Assiste-se hoje a uma mudança da geografia política para a geografia económica, na medida em que a globalização avança. A figura da delimitação fronteiriça entre os Estados vai cedendo lugar à geografia económica, em que empresas transnacionais vão-se instalando aleatoriamente nos Estados, integrando e interligando os mercados, nos quais o que se busca, primacialmente, são regimes tributários e trabalhistas mais favoráveis, em que o económico se sobrepõe ao político, e fatalmente os Estados perdem parte do controlo de sua soberania interna e externa.

Na esteira dessa transformação surge a integração entre Estados, cujo modelo mais evoluído é o da União Europeia. O embrião dessa fantástica construção, que hoje agrega vinte e sete países, nasce em 1951, com a *Comunidade Europeia do Carvão e do Aço – CECA,* uma integração económica-setorial entre França, Alemanha, Bélgica, Holanda e Luxemburgo. O objectivo dessa Comunidade era a de unir as duas grandes rivais da II Guerra Mundial, a França e a Alemanha. Pensava-se à época que pondo esses dois países num mesmo projecto estaria descartada a ameaça de um novo conflito. E pode-se concluir hoje, mais de cinquenta anos depois de fundada a CECA, que o projecto não só teve êxito, como prosperou: em 1957 os mesmos seis países firmaram o Tratado de Roma que criou a Comunidade Económica Europeia – CEE, que comemora neste ano de 2007 o seu cinquentenário.

A nova ordem supranacional, criada pelo Tratado de Paris, que instituiu a CECA, e posteriormente no Tratado de Roma, que instituiu a CEE, revolucionou o conceito de soberania, principalmente no que concerne à aplicação de normas jurídicas, estas sujeitas a um Tribunal de Justiça que está acima dos Estados membros, aplicador de um novo direito – o Direito Comunitário, que tem primazia sobre o direito nacional, conseguindo, com êxito até ainda não visto, solidificar um novo grau de hierarquia através do poder supranacional, ainda que as decisões sejam tomadas pelos Estados, que continuam a ser os donos dos Tratados.

Ora bem, a partir deste mecanismo original e inovador nasce uma nova visão do conceito de soberania que passa a ser partilhada com órgãos supranacionais, para que as decisões daí emanadas actuem apenas e tão-somente no que tange aos objectivos comuns, que os próprios Estados previram nos Tratados por eles firmados. Não se olvide, porém que os Estados podem, em qualquer altura, se retirar do Tratado, e por consequência, recuperar o pleno exercício de seus poderes.

2. **Blocos económicos com vocação supranacional**

A União Europeia

O modelo supranacional foi o escolhido para reger a Europa comunitária e está atrelado a integrações mais profundas como um mercado comum e uma união económica e monetária, etapas estas já consolidadas neste bloco regional. O que move os Estados europeus é a vontade política de todos os seus sócios, e, por isso, como executores de políticas públicas e fiadores da ordem jurídica, cumprem a legislação, que foi por eles criada, para conduzir, de maneira uniforme, a interpretação e o respeito ao Direito Comunitário, que é composto pelo direito originário e pela legislação derivada.

A legislação derivada, emanada dos órgãos comunitários, tem aplicabilidade directa, conforme o disposto no artigo 249 do Tratado de Nice: *"O regulamento tem carácter geral. É obrigatório em todos os seus elementos e **directamente aplicável** em todos os Estados-membros"*. Para tanto, as respectivas Constituições dos países que formam parte desse bloco económico prevêem a transferência ou delegação de soberania para que não haja colisão entre o direito interno e o direito comunitário[1].

---

[1] A título exemplificativo, seguem algumas Constituições Europeias:

Alemanha (art. 23): "A União Europeia. 1. Para a edificação de uma Europa unida, a República Federal da Alemanha contribui para o desenvolvimento da União Europeia que deverá respeitar os princípios da democracia, do Estado de direito, do Estado social e federativo com o princípio da subsidiariedade e que garante uma protecção dos direitos fundamentais substancialmente comparável à lei fundamental. Para este efeito, a Federação pode transferir direitos de soberania por uma lei aprovada pelo '**Bundesrat**'".

Espanha (art. 93): "Uma lei orgânica poderá autorizar a conclusão de tratados atribuindo a uma organização ou a uma instituição internacional o exercício de competências derivadas da Constituição. Incumbe às Cortes gerais ou ao governo, conforme o caso, garantir a execução desses tratados e das resoluções emanadas de organismos internacionais ou supranacionais a quem beneficiem com esta transferência de competências".

França (art. 88): 1. "A República participa das Comunidades Europeias e da União Europeia, constituídas de Estados que escolheram livremente, em virtude dos tratados que as instituíram, de exercer em comum algumas de suas competências"; 2. Sob reserva de reciprocidade e conforme as modalidades previstas pelo Tratado sobre a UE, assinado em 7 de Fevereiro de 1992, a França consente com as transferências de competências necessárias ao estabelecimento da união económica e monetária europeia, assim como para a determinação das regras relativas à transposição de fronteiras exteriores dos Estados membros da Comunidade Europeia".

Irlanda (art. 29): 5. "Nenhuma disposição da presente Constituição anula leis promulgadas, actos praticados ou medidas adoptadas pelo Estado que forem consideradas necessárias pelas obrigações decorrentes da adesão à União Europeia ou as comunidades; e não impede que as leis promulgadas, os actos praticados ou as medidas adotadas pela União Europeia e pelas Comunidades, ou pelas instituições destas últimas, ou pelos órgãos competentes em virtude dos tratados constitutivos das Comunidades tenham força de lei dentro do Estado".

Portugal (art. 8.º): 4. "As disposições dos tratados que regem a União Europeia e as normas emanadas das suas instituições, no exercício das respectivas competências, são

Deixo de me aprofundar sobre o modelo europeu por ser já matéria do conhecimento de todos. Servirá, entretanto, o exemplo da União Europeia, de contraponto com os demais blocos económicos com vocação supranacional que ousaram – pode-se assim dizer – seguir os seus passos, adiantando, para já, ser a Europa comunitária o único bloco económico de carácter supranacional de sucesso até o presente momento, pois como veremos a seguir, de nada adianta criar um modelo supranacional, e condicionar seus súbditos e seus Estados, sem que haja vontade política em seus desígnios, e sem adaptação da legislação interna para a recepção da norma supranacional.

A Comunidade Andina de Nações

O antigo Pacto Andino, criado em 1969, por Venezuela, Colômbia, Peru, Bolívia, Equador e Chile, tendo o Chile se retirado em 1973, e a Venezuela em 2006, – hoje Comunidade Andina de Nações – CAN, pretende alcançar uma união aduaneira e posteriormente caminhar para a construção de um mercado comum. O Acordo de Cartagena, de 26 de Maio de 1969, criou órgãos supranacionais aos moldes da União Europeia, tais como o Concelho, a Comissão, a Secretaria-Geral, o Parlamento Andino e o Tribunal de Justiça Andino.

O Protocolo modificatório do Tratado de Criação do Tribunal de Justiça da CAN, conhecido por Protocolo de Cochabamba, de 28 de Maio de 1996, estabelece em seus arts. 2.º e 3.º as características de normas comunitárias, ressaltando-se, aqui, a sua supranacionalidade:

> ***Art. 2.º*** *Las Decisiones obligan a los Países Miembros desde la fecha en que sean aprobadas por el Consejo Andino de Ministros de Relaciones Exteriores o por la Comisión de la Comunidad Andina.*

---

aplicáveis na ordem interna, nos termos definidos pelo direito da União, com respeito pelos princípios fundamentais do Estado de direito democrático".

Reino Unido: (art. 2.º, 1, do European Communities Act, de 17.10.1972): "Todos os direitos, poderes, responsabilidades, obrigações e restrições criados pelos tratados ou instituições em virtude dos tratados, bem como todos os recursos e procedimentos previstos nos tratados ou instituídos em virtude dos tratados, devem ser aplicados ou utilizados no Reino Unido de acordo com os tratados, não sendo necessário qualquer outro texto; consequentemente, serão reconhecidos legalmente, postos em vigor, autorizados e observados".

Art. 3.º Las Decisiones del Consejo Andino de Ministros de Relaciones Exteriores o de la Comisión y las Resoluciones de la Secretaría General serán ***directamente aplicables*** *en los Países Miembros a partir de la fecha de su publicación en la Gaceta Oficial del Acuerdo, a menos que las mismas señalen una fecha posterior.*

Assim, as decisões do Conselho e da Comissão e as Resoluções da Secretaria Geral não necessitam, em princípio, de ratificação por parte dos Parlamentos Nacionais, entrando em vigor a partir da data de sua publicação na Gazeta Oficial do Acordo de Cartagena.

A interpretação do art. 3.º *supra*, fica aquém da expectativa em um bloco que se diz supranacional, se confrontado com as Constituições dos Estados-membros, que deveriam prever a delegação ou transferência de soberania para vincular directamente a legislação andina.[2]

[2] **Constituição da Colômbia de 1991, com a reforma de 2005** – previsão expressa de que em todo caso de incompatibilidade entre a Constituição e a lei ou outra norma interna, se aplicarão as disposições constitucionais (art. 4.º); fundamentação das relações exteriores do Estado na soberania nacional (art. 9.º); e possibilidade de celebração de tratados que criem organismos supranacionais, inclusive para conformar uma comunidade latino-americana de nações (art. 227);

Constituição do Peru, de 1993 – estabelece como dever primordial do Estado a defesa da soberania estatal (art. 44); prevalência da Constituição sobre toda norma legal (art. 51); reconhecimento de que os Tratados em vigor integram o direito nacional (art. 55); e a obrigação de que um tratado que afecte disposições constitucionais deva ser aprovado pelo mesmo procedimento que rege a reforma da Constituição (art. 57);

Constituição da Bolívia, de 1967, com reformas de 1994 e 2004 – declaração de que a soberania reside no povo, sendo inalienável e imprescritível e estando o seu exercício delegado aos poderes Legislativo, Executivo e Judiciário nacionais (art. 2.º); possibilidade de controlo de constitucionalidade de tratados ou convénios com governos estrangeiros ou organismos internacionais (art. 120.9); e preferência de aplicação da Constituição política do Estado – lei suprema do ordenamento jurídico nacional – sobre as demais (art. 228);

Constituição do Equador, de 1998 – competência do Congresso para aprovar tratados ou convénios internacionais que atribuam a um organismo internacional ou supranacional o exercício de competências derivadas da Constituição ou da lei (art. 161.4); modificação prévia da Constituição para aprovação de tratado considerado pelo Tribunal Constitucional equatoriano como contrário à Constituição nacional (art. 162); e prevalência de tratados e convénios internacionais sobre leis e outras normas de menor hierarquia (art. 163).

O art. 4.º do precitado Protocolo impõe uma obrigação geral aos Estados-membros no sentido de se adoptarem todas as medidas que sejam necessárias para assegurar o cumprimento das normas que conformam o ordenamento jurídico da CAN. No entanto, o Tribunal de Justiça da CAN, em Agosto de 2001, por intermédio do *Comunicado sobre cumprimento de sentenças proferidas em acções de incumprimento*, manifestou sua preocupação pela inadimplência de suas sentenças condenatórias:

> *Preocupa al Tribunal fundamentalmente, no el número de procesos en acciones de incumplimiento tramitados hasta el momento, sino la escandalosa cifra de desacatos que se muestra en los cuadros anexos lo cual, sin duda, es indicativo del poco o ningún respeto que se tiene con relación al mecanismo de solución de controversias previsto en la Comunidad Andina y, por supuesto, de la debilidad extrema de su ordenamiento jurídico.*
>
> *Preocupa también el elevado número de sanciones que ha tenido que imponer el Tribunal (12 hasta ahora) por el desacato paladino a sus sentencias; pero también, y lo que es más grave, el hecho de que los Países Miembros encargados de hacer efectivas tales sanciones, en la mayoría de los casos, se han abstenido de ponerlas en ejecución, haciendo totalmente inocua la labor del órgano jurisdiccional comunitario.*
>
> *Amerita lo anterior, a juicio del Tribunal, una reflexión profunda sobre el compromiso fundamental que tienen todos los órganos de la Comunidad y, particularmente, los Países Miembros, de respetar por sobre todas las cosas, el ordenamiento jurídico que ellos mismos han creado soberanamente*[3].

Daí se concluir que, em não havendo uma coordenação na ordem constitucional dos Estados membros, aliada ao descaso quanto ao cumprimento das normas comuns ao bloco, é de se reforçar a tese de que a simples cópia de modelos de integração não basta para se alcançar o sucesso em outros blocos regionais.

---

[3] Informe sobre cumplimiento de sentencias proferidas en acciones de incumplimiento. Quito, 28 de agosto del 2001, in: OVIEDO, Alfonso Vidales. "La ejecución de laudos y sentencias en la integración regional", trabalho apresentado no VII Seminário Internacional: La dimensión Jurídica de la Integración, promovido pela Secretaria General de la Comunidad Andina, de 10 a 11 de octubre de 2001, em Lima, Perú.

O Mercado Comum Centro Americano

O Mercado Comum Centro Americano – MCCA formado por Nicarágua Guatemala, Honduras, El Salvador, Costa Rica, Panamá e Belize, a partir da assinatura do Tratado de Manágua, de 13 de Dezembro de 1960, pretende alcançar o estágio de mercado comum.

Este tratado tem um viés supranacional, já que em sua legislação derivada – resoluções, regulamentos, acordos e recomendações – constata-se serem os regulamentos directamente aplicáveis na ordem jurídica interna, conforme reza o artigo 55:

> *"Las Resoluciones son los actos obligatorios mediante los cuales, el Consejo de Ministros de Integración Económica adoptara decisiones referentes a asuntos internos del Subsistema, tales como los relativos al funcionamiento de los órganos y el seguimiento de políticas institucionales de la integración económica.*
>
> *Los Reglamentos tendrán carácter general, obligatoriedad en todos sus elementos y serán* ***directamente aplicables*** *en todos los Estados-partes. En el procesamiento de su adopción se consultará el Comité Consultivo de Integración Económica.*
>
> *Los Acuerdos tendrán carácter específico o individual y serán obligatorios para sus destinatarios.*
>
> *Las Recomendaciones contendrán orientaciones que solo serán obligatorias en cuanto a sus objetivos y principios y servirán para preparar la emisión de Resoluciones, Reglamentos o Acuerdos.*
>
> *Las Resoluciones, Reglamentos y Acuerdos serán depositados en la Secretaría General del Sistema de la Integración Centroamericana (SG-SICA) y entraran en vigor en la fecha en que se adopten, salvo que en los mismos se señale otra fecha.*
>
> *Las Resoluciones, Reglamentos y Acuerdos deberán publicarse por los Estados-partes.*
>
> *Las Resoluciones podrán ser objeto de reposición ante el Consejo de Ministros de Integración Económica".*

Note-se a semelhança da redacção do artigo acima transcrito no que tange aos regulamentos (segundo parágrafo) com o art. 249 do Tratado da União Europeia, atrás citado, ao prever a aplicabilidade directa dos regulamentos. Porém, conforme vimos anteriormente, os países membros da União Europeia prevêem em suas Constituições uma abertura para recepcionar as normas supranacionais, o que não ocorre de maneira uniforme nas Constituições dos Estados-membros do MCCA[4].

Ora bem, se não há a possibilidade de uma transfusão da lei comunitária para a legislação interna, no que tange aos regulamentos, de se concluir não haver, na prática, aplicabilidade directa, ou seja, os

---

[4] **Nicaragua** – Art. 9.º. Nicaragua aspira a la unidad de los pueblos de América Latina y el Caribe, inspirada en los ideales de Bolívar y Sandino. En consecuencia, participará con los demás países centroamericanos y latinoamericanos en la creación o elección de los organismos necesarios para tales fines. Este principio se regulará por la legislación y los tratados respectivos.

Art. 182. La Constitución Política es la carta fundamental de la República; las demás leyes están subordinadas a ella. No tendrán valor alguno las leyes, tratados, ordenes o disposiciones que se le opongan o alteren sus disposiciones.

Honduras – Art. 12. El Estado ejerce soberanía y jurisdicción en el espacio aéreo y en el sub-suelo de su territorio continental e insular, mar territorial, zona contigua, zona económica exclusiva y plataforma continental.

La presente declaración de soberanía no desconoce legítimos derechos similares de otros Estados sobre la base de reciprocidad ni afecta los derechos de libre navegación de todas las naciones conforme al derecho internacional ni el cumplimiento de los tratados o convenciones ratificados por la República.

Art. 18. En caso de conflicto entre el tratado o convención y la Ley prevalecerá el primero).

Guatemala – Art. 150. Guatemala como parte de la comunidad centroamericana, mantendrá y cultivará relaciones de cooperación y solidariedad con los demás Estados que formaron la Federación de Centroamérica. Las autoridades competentes están obligadas a fortalecer la integración económica centroamericana sobre bases de equidad.

Panamá – Art. 4.º. La República de Panamá acata las normas de Derecho Internacional.

El Salvador – Art. 89. El Salvador alentará y promoverá la integración humana, económica, social y cultural con las repúblicas americanas y especialmente con las de istmo centroamericano. La integración podrá efectuarse mediante tratados o convenios con las repúblicas interesadas, los cuales podrán contemplar la creación de organismo con funciones supranaconales).

Costa Rica – Art. 7.º Los tratados públicos, los convenios internacionales y los concordatos debidamente aprobados por la Asamblea Legislativa, tendrán desde su promulgación o desde el día que ellos designen, autoridad superior a las leyes.

Art. 121. Corresponde exclusivamente a la Asamblea Legislativa: 4. Aprobar o improbar los convenios internacionales, tratados públicos y concordatos. Los tratados públicos y convenios internacionales que atribuyan o transfieran determinadas competencias a un ordenamiento jurídico comunitario, con el propósito de realizar objetivos regionales y comunes, requerirán la aprobación de la Asamblea Legislativa, por votación no menor de los dos tercios de la totalidad de sus miembros.

Estados, ao copiar modelos preexistentes, por vezes se olvidam de adequá-los à realidade.

O MERCOSUL

Relata-nos a história que SIMÓN BOLÍVAR – o grande "libertador", responsável pela independência de vários países latino-americanos, e que lutou bravamente pela realização do primeiro Tratado de União Latino-americana, proferiu, no Congresso do Panamá, em 1826, quando viu seu sonho de união esfacelado: "*He arado en el mar*".

Porém, à época, foi inevitável o fato de os então novos Estados, na onda de uma independência recém conseguida, se inebriarem com a soberania plena de que ainda não haviam usufruído, ao invés de se pensar em uma união. Mas a recente história do século XX nos mostra a que ponto pode levar o exacerbamento das soberanias dos Estados. Foi esse o fato determinante para que o grande ideal de Bolívar se transformasse em realidade.

De se destacar como embrião dessa fase integracionista a ALALC – – Associação Latino Americana de Livre Comércio, criada em 1960, com o intuito de formar uma zona de livre comércio num espaço de 12 anos, integrada por onze países – Venezuela, Colômbia, Equador, Bolívia, Chile, Perú, Brasil, Argentina, Paraguai, Uruguai e México. A ALALC não obteve o êxito pretendido, por estar centralizada em organismos governamentais, sem o apoio do sector privado, acrescido da crise económica nas décadas de 70 e 80 e do consequente endividamento externo, e da gradual instalação de regimes autoritários nos países da região. A ALALC foi então substituída pela Associação Latino Americana de Integração – ALADI, em 1980, que passa a ter objectivos mais modestos, mantendo como meta o estabelecimento de um mercado comum, passando a fomentar, para além de um acordo multilateral, entendimentos bilaterais ou por grupo de países.

E é a partir de 1985 que, segundo a feliz expressão do diplomata RUBENS BARBOSA, passa-se da fase romântica à fase pragmática. A fase romântica nasce com a ALALC, em 1960, marcada pela ambição aliada à retórica, face à hostilidade e desconfiança que existia entre os países. Assim que, em meados dos anos oitenta, o cenário finalmente passa a se modificar: cresce o sentimento de solidariedade entre os países, as rivalidades vão sendo superadas, regimes autoritários gradualmente vão dando lugar a governos civis de forma democrática. Enfim, países que até então viviam de costas uns aos outros resolvem unir-se. Os dois grandes rivais da América do Sul, Brasil e Argentina, finalmente se aproximam.

Portanto, se até meados dos anos 80, a América do Sul caminhou no sentido contrário da história, a partir daí surge um quadro político que possibilitou a aproximação real, e não romântica – entre os países que se viram compelidos a olhar para os seus vizinhos e tentar uma integração, diante do surgimento de um mundo ameaçador e competitivo, reflexo da globalização.

O embrião do Mercosul se deu com a aproximação, entre Brasil e Argentina, em 1985, quando os Presidentes Trancredo Neves e Raúl Alfonsín se reuniram em Buenos Aires e decidiram criar um intercâmbio político e comercial maior entre eles. A morte do Presidente Tancredo Neves não arrefeceu os planos do Brasil e da Argentina, que tiveram seguimento na gestão do Presidente José Sarney. Em 30 de Novembro do mesmo ano, Raúl Alfonsin e José Sarney firmam a Declaração de Iguaçu, com a finalidade de acelerar o processo de integração bilateral, criando uma comissão mista de alto nível, presidida pelos Ministros de Relações Exteriores dos dois países.

No ano seguinte os Presidentes assinam a Ata para integração Brasil-Argentina, a qual criou o PICE (Programa de Integração e Cooperação Económica), baseado no princípio da gradualidade, flexibilidade e simetria, agora já com o apoio dos sectores industriais, económicos e políticos, o que viabiliza o projecto integracionista.

Em Novembro de 1988 esse processo de integração adquire novos contornos com a firma do Tratado de Integração, Cooperação e Desenvolvimento. Prevê este Tratado a crescente eliminação dos obstáculos alfandegários e não alfandegários e a gradual liberalização do comércio bilateral, para se atingir um espaço comum no prazo de dez anos. Porém, em Julho de 1990, com a mudança dos Chefes de Estado nos dois países – Carlos Saúl Menem e Fernando Collor de Melo – estes decidem antecipar a data de dez anos para a conformação de um mercado comum, com a intenção de acelerar o processo integracionista, designando a data de 31 de Dezembro de 1994 para o início da união aduaneira, com vistas a atingir o mercado comum bilateral, com a livre circulação de bens, pessoas, serviços e capitais.

Preocupados com a ameaça de um isolamento económico, Uruguai e Paraguai pedem para ingressar nesse acordo bilateral. Nasce assim, em

26 de Março de 1991, o Mercado Comum do Sul – MERCOSUL, através da assinatura do Tratado de Assunção, entre Argentina, Brasil, Paraguai e Uruguai.

Fazendo uma comparação entre união europeia e mercosul pode-se dizer que a mola propulsora do primeiro foi a paz, e a do segundo, a economia. É por isso que os modelos de integração tornam-se incompatíveis diante da realidade de cada bloco económico. Quiçá possa a experiência europeia servir como bússola para orientar os possíveis caminhos a serem seguidos, já que o mercado comum europeu é o único exemplo de mercado comum de sucesso.

Porém, o Mercosul, num ato de lucidez, não se aventurou, num primeiro momento, a avançar para uma integração supranacional, até por razões de ordem constitucional, haja vista as Cartas Constitucionais não viabilizarem a formação de um bloco supranacional.

Pelos modelos de blocos económicos já estudados, constata-se a necessidade de haver reformas na legislação interna dos Estados, nomeamente constitucionais, para dar credibilidade aos blocos económicos que almejam avançar para uma integração supranacional. O artigo 2.º do Protocolo de Ouro Preto dispõe: *"são órgãos com capacidade decisória, **de natureza intergovernamental**, o Conselho do Mercado Comum, o Grupo Mercado Comum e a Comissão de Comércio do Mercosul"*.

Ora bem, o Mercosul optou, portanto, por uma construção pragmática. À medida que o bloco vai se erguendo, novos patamares vão sendo delineados. Encontra-se actualmente no estágio de união aduaneira, ainda não consolidada. Pese embora ter sido a via intergovernamental a única possível, é de se ressaltar, todavia, que o Paraguai e a Argentina, após revisão constitucional, em 1992 e 1994 respectivamente, permitem a delegação de competências a organismos supranacionais[5]. Por outro lado,

[5] **A Constituição do Paraguai**, sancionada e promulgada em 20 de Junho de 1992, em seu art. 145, assim prevê o instituto da supranacionalidade: "A República do Paraguai, em condição de igualdade com outros Estados, admite uma ordem jurídica supranacional que garanta a vigência dos direitos humanos, da paz, da justiça, da cooperação e do desenvolvimento político, económico, social e cultural".

A Argentina trata do mesmo tema no art. 75, inciso 24, de sua Constituição, promulgada em 22 de Agosto de 1994, prevendo que ao Congresso corresponde: "Aprovar tratados de integração que deleguem competências e jurisdição a organizações supra-estatais em condições de reciprocidade e igualdade, e que respeitem a ordem democrática e os direitos humanos. As normas ditadas em sua consequência tem hierarquia superior

Uruguai[6] e Brasil permanecem reticentes quanto a esse tema. Assim sendo, há nestes países uma barreira à supranacionalidade, a depender de uma reforma constitucional.

Alguns estudiosos afirmam que a redacção do parágrafo único do artigo 4.° da Constituição brasileira vislumbra a possibilidade de se ascender à supranacionalidade: *"A República Federativa do Brasil buscará a integração económica, política, social e cultural dos povos da América Latina, visando a formação de uma comunidade latino-americana de nações"* [7].

Porém, os principais entraves estão contidos no art. 5, inciso XXXV, e no art. 92 da Constituição Federal brasileira. O primeiro dispõe que *"a lei não excluirá da apreciação do Poder Judiciário lesão ou ameaça de direito"*, enquanto o segundo, em *numerus clausus*, estabelece os órgãos que compõem o Poder Judiciário.

Destaque-se a opinião da Presidente do Supremo Tribunal Federal brasileiro, Ministra Elen Gracie Northfleet:

> *Revisados os artigos constitucionais, não alcanço a conclusão de que eles sejam impeditivos à criação e regular funcionamento de um tribunal supranacional. Em primeiro lugar porque, a alguns desses organismos já existentes o Brasil somente empresta reconhecimento, como também concorre activamente para a sua formação, como é o caso do Tribunal Internacional de Haia, de cuja*

às leis". Consagra, assim, a figura da supranacionalidade quando se refere à aprovação de tratados de integração, com delegação de competência a organizações supraestatais, dispondo, inclusive, que estas normas são hierarquicamente superiores às nacionais.

[6] **O Uruguai**, em sua Constituição de 02 de Fevereiro de 1967, com as reformas de 1989 e 1994, também não previu a supranacionalidade, apenas acrescentando, na reforma de 1994, um novo inciso ao art. 6.°, que expressa: "A República procurará a integração social e económica dos Estados Latino-americanos, especialmente no que se refere a defesa comum de seus produtos e matérias primas. Assim mesmo, propenderá a efectiva complementação de seus serviços públicos".

[7] **No Brasil**, em 1994, o então Deputado Federal Nelson Jobim, propôs uma emenda ao art. 4.° da Constituição Federal, acrescentando-lhe dois parágrafos em substituição ao parágrafo único, que foi rechaçado pelo Congresso Nacional. O texto proposto dizia:

Art. 4.°, § 1.° As normas gerais ou comuns de Direito Internacional Público são parte integrante do ordenamento jurídico brasileiro.

Art. 4.°, § 2.° As normas emanadas dos órgãos competentes das organizações internacionais de que a República Federativa do Brasil seja parte vigoram na ordem interna, desde que expressamente estabelecido nos respectivos tratados constitutivos.

composição participa o ex-ministro do Supremo Tribunal Federal Francisco Rezek, e o Tribunal dos Direitos Humanos da Costa Rica, onde tem assento o Prof. Cançado Trindade, da UnB. Em segundo lugar, porque a existência dessas cortes não afasta nem impede o acesso aos tribunais nacionais. E, por último, porque a existência de um tribunal supranacional não implica qualquer tipo de subordinação da estrutura judiciária nacional. Aos juízes nacionais [assim é no sistema da Comunidade Europeia, exemplo bem sucedido que deverá servir-nos de modelo] compete a aplicação do direito derivado dos tratados, sendo-lhes facultada a consulta, sob a forma de reenvio, ao órgão comunitário, que tenha por missão a interpretação do Tratado, com visão mais ampla e desligada de vieses nacionais, de modo a garantir que se atinja o objectivo inscrito entre os princípios fundamentais da Constituição Federal: 'A República Federativa do Brasil buscará a integração económica política, social e cultural dos povos da América Latina, visando à formação de uma comunidade latino-americana de nações'[8].

Em sentido contrário se posiciona o Professor Luiz Olavo Baptista:

Do ponto de vista jurídico, parece haver obstáculos, ao menos do ponto de vista da Constituição brasileira.

Será preciso que ela admita a existência de um órgão judicial supranacional, que predomine sobre a estrutura do Poder Judiciário.

Nós não podemos de modo nenhum ignorar a nossa realidade sociológica. E nesta, o corporativismo impera. Na medida em que se disser que sobre as Cortes Supremas dos quatro países se erguerá uma outra Corte, que terá o poder de revogar as decisões dessas, imediatamente veremos o corporativismo judicial pôr-se em acção e reagir ante a ameaça de um poder mais alto. Será preciso, então, que o processo de educação que nascerá através da prática da Corte Arbitral (...) e dos mecanismos de integração em geral, venha a demonstrar a necessidade e a utilidade de vir a se constituir a Justiça do Mercosul, que não será superior à Justiça de cada um dos países,

---

[8] A Constituição Brasileira e o Tribunal do Mercosul. Disponível em: <http://www.brnet.com.br/pages/ idp/cbtm.htm>. Acesso em: 13 de Agosto de 2001.

se não naquelas matérias da sua exclusiva competência, isto é, verificar a interpretação e a actuação que se dá a normas comunitárias[9].

Por óbvio, se o Mercosul realmente almejar um objectivo mais ambicioso, deverá adequá-lo às necessidades que lhe são inerentes. No entanto, isso não implica, necessariamente, que o Mercosul deva importar o modelo europeu. Poder-se-á criar um modelo heterodoxo, a partir de exemplos de outros blocos regionais, pois ninguém nasce num vazio de história, e não há, no processo civilizatório, a necessidade de se reinventar duas vezes a mesma coisa. O primeiro passo é terem os Estados membros compromissos políticos em seus desígnios, e com a maturidade e a seriedade que exige uma união mais profunda, escolher o melhor modelo, calcado na realidade dos países que compõem o bloco regional.

Conclusão

Após analisarmos os blocos de vocação supranacional chega-se a conclusão de que será muito difícil exportar-se o modelo europeu, pese embora as tentativas aqui demonstradas por alguns blocos económicos. A CAN busca desde 1969 alcançar uma união aduaneira, ainda por fazer, mesmo tendo copiado a estrutura orgânica da União Europeia. O MCCA segue ainda mais longe na busca de uma integração supranacional, com normas inseridas em seus Tratados que se distanciam da realidade do bloco. Talvez a construção do Mercosul possa servir de ensaio para um novo modelo de mercado comum, por outras vias que não a supranacional. Será isso possível? Certamente, a criatividade latino-americana trará novos caminhos, confirmando que os obstáculos a serem superados nos processos integracionistas se destinam a sociedades dispostas a ingentes desafios.

---

[9] Baptista, Luiz Olavo. As soluções de divergências no Mercosul, in: Basso. Maristela (Org.). Mercosul, seus efeitos jurídicos, econômicos e políticos nos Estados-membros. Porto Alegre: Livraria do Advogado, 1996, p. 109-110.

O PROCESSO DE INTEGRAÇÃO E OS LIMITES DA EUROPA*

Paulo de Pitta e Cunha
Faculdade de Direito da Universidade de Lisboa

1. A busca dos **limites da Europa** tem que ver com o que no processo de integração europeia se refere habitualmente como o "alargamento" e o "aprofundamento".

A primeira expressão reporta-se à **ampliação geográfica** do processo: dos seis participantes iniciais evoluiu-se para os quinze que substancialmente se identificavam com o lado ocidental da Europa, na época do antagonismo dos blocos e da guerra fria (tomando-se "ocidental" no sentido político, por forma a abarcar os casos da Grécia e da Finlândia).

A queda do muro de Berlim e a dissolução da União Soviética tornaram possível, uma vez preenchidas as necessárias condições económicas e políticas, a adesão dos países do Leste europeu, a que se juntaram dois pequenos Estados insulares mediterrânicos.

O alargamento a vinte e cinco membros veio acentuar a diversidade no âmbito da União Europeia e a crescente heterogeneidade nos planos político e cultural. Tal alargamento teve directa influência não só no Tratado de Nice, mas também no recente projecto de Constituição europeia – projecto que dimanou de um grupo de personalidades incluindo representantes dos Governos e dos Parlamentos nacionais e das principais instituições supranacionais.

---

* Reconstituição da comunicação feita na Conferência sobre "A Constituição Europeia e Portugal – Perspectivas Jurídicas, Económicas e Políticas", em 22 de Julho de 2005.

2. A dilatação das fronteiras da União, com a entrada simultânea de dez países, sete dos quais de muito pequena dimensão, levou os Estados grandes, por influência da França e da Alemanha, tradicionais impulsores do processo de integração, a procurar restabelecer o seu peso relativo nas votações do Conselho que exijam maioria qualificada, influindo por forma directa nos trabalhos da Convenção sobre o futuro da Europa, em termos de se definir uma distribuição do poder de voto dos Estados na precisa proporção da respectiva dimensão demográfica.

A querela que se desencadeou em torno deste assunto envolveu não já um conflito directo entre os grandes e os pequenos, como se poderia esperar que acontecesse, mas um diferendo entre aqueles dois países fundadores e dois Estados quase-grandes, a Espanha e a Polónia, que haviam obtido um tratamento particularmente favorável no regime de Nice.

Essa querela foi responsável pelo malogro da CIG no último trimestre de 2003, mas pôde ser superada no retomar dos trabalhos no segundo trimestre do ano seguinte, com a confirmação da solução de base populacional, facilitada pela mudança de governo em Espanha (com alguma suavização em matéria de minorias de bloqueio e do número mínimo de Estados exigido), trabalhos que culminaram com a aprovação do Tratado constitucional pelos Governos de todos os Estados da União Europeia.

3. A presença de membros dos Governos francês e alemão no interior da própria Convenção de Bruxelas tornou possível moldar o novo instrumento à visão em que os dois países comungavam nessa altura quanto à integração europeia. Aprovada a parte I, contendo as principais modificações institucionais, integrada a Carta dos direitos fundamentais na parte II, a parte III representou substancialmente a transcrição das várias políticas já consagradas nos vários Tratados europeus vigentes.

Com uma diferença, porém, que terá sido subestimada: a pretensão de se conferir natureza "constitucional" ao diploma, aliada à conservação da exigência de ratificação das suas revisões por todos os Estados membros, foi interpretada pelos eleitores como significando que o conteúdo das mesmas políticas ficaria consagrado praticamente para sempre: como diziam certos detractores da Constituição europeia, essas matérias permaneceriam "gravadas no mármore", ao passo que, anteriormente, com uma União Europeia de apenas quinze países e sem a afirmação da vocação constitucional, sempre teria sido mais fácil modificá-las.

Foi fundamentalmente aqui que se terá dado o divórcio, observado em França e na Holanda, entre a classe política e os eleitores, divórcio que se agravou pela ligação que os últimos fizeram entre a aprovação do Tratado constitucional e futuros alargamentos, em particular aquele que envolveria um país de grande dimensão, pertencente ao mundo muçulmano: a Turquia. O clima de baixa actividade e desemprego prevalecente em França, associando-se à difusão que foi dada à directiva Bolkestein sobre a livre circulação de serviços e ao temor do afluxo maciço de trabalhadores de países do Leste europeu (simbolizado pela figura do "canalizador polaco"), contribuiu igualmente para o voto negativo dos eleitores.

4. O insucesso dos referendos francês e holandês (tímida e não decisivamente contrariados pelo resultado positivo que veio a verificar-se no Luxemburgo) implicou a necessidade, ainda hoje não oficialmente reconhecida, de substituição do Tratado constitucional por outra fórmula que traduzisse um modo diferente de desenvolver o projecto europeu. E tal insucesso poderá estar na origem do adiamento dos novos alargamentos – talvez não o relativo à Bulgária e à Roménia, dado que o respectivo Tratado já se encontra concluído, mas os que se pensava estarem relativamente próximos, desde o referente à Turquia ao que diz respeito à Croácia, por detrás da qual se perfilavam a Bósnia Herzgovina, a Macedónia, a Sérvia – Montenegro, a Albânia e, a maior distância, a Ucrânia, a Moldávia, talvez a Bielorússia.

No caso da Turquia, aos factores positivos (desde a antiguidade da candidatura e a histórica admissão da possibilidade de ascender à qualidade de membro, até às vantagens da adesão em termos de fixação da ligação ao mundo ocidental, reforçando os laços decorrentes da qualidade de membro da NATO) contrapõem-se aspectos menos propícios: as dúvidas quanto ao efectivo respeito dos direitos humanos; as diferenças no plano cultural e religioso; a exiguidade do território situado na Europa (tudo o resto, incluindo a capital, inserindo-se no continente asiático); a grande dimensão demográfica; e o problema do agravamento da descaracterização da experiência da integração europeia.

Se se pensar que, para além dos potenciais candidatos já referidos, outros países poderão invocar a condição de "europeus" para tentar a adesão – é o caso da Geórgia, da Arménia, do Azerbeijão, para não falar na hipótese, tradicionalmente rejeitada, da própria Rússia, a qual, só por si, pela sua enorme dimensão, viria desequilibrar todo o conjunto –, acrescentando-se ainda os Estados que poderiam naturalmente ter-se agregado ao círculo dos quinze – a Suíça, a Noruega, a Islândia, o Liechtenstein – ficar-se-á com a ideia da imensidade da Europa e do intrincado mosaico (superior a quatro dezenas) dos Estados que a compõem.

Tem de reconhecer-se que, a despeito das vicissitudes recentes, a União Europeia continua a exercer uma poderosa atracção sobre os Estados menos prósperos, que com ela coexistem no mesmo Continente. Mas, a partir de determinado ponto, o alargamento faz correr o risco de se desnaturar a essência da integração, de se dificultar o funcionamento regular das instituições, de se quebrarem os laços institucionais entre os membros. E tudo poderia ainda mudar se, um dia, a referência a que qualquer país **europeu**, desde que cumpra determinados critérios, poderá tornar-se membro da União, vier a ser substituída por outra, em que se dispense aquela característica da pertença ao Continente.

5. A questão dos limites da Europa pode ser observada de um outro ângulo, o da **intensidade da integração** prosseguida pelos Estados membros. Trata-se aqui de indagar até onde poderá prosseguir a integração europeia, em termos de união económica e de união política.

Quanto mais se alargar o espaço em que se desenvolve a experiência, mais difícil se tornará aprofundar a integração – a menos que se gerem tratamentos diferenciados, atinentes a círculos mais restritos de países, em fórmulas de geometria variável, que poderão ser activadas com alguma frequência no futuro.

De resto, o alargamento e o aprofundamento nem sempre estão tão apartados um do outro como se pensa: afinal, foi a pretexto do primeiro (o afluxo dos dez novos Estados membros) que se veio a conceber o ambicioso projecto da Constituição europeia...

6. Tal como não se sabe em que ponto termina, fisicamente, o espaço de implantação da União Europeia, também é imprecisa a **definição de um objectivo final do processo de integração**. No passado, os diferentes Tratados limitavam-se a apontar a vaga perspectiva de formação, no futuro, da união europeia. Com a revisão de Maastricht determinou-se, finalmente, o estabelecimento da União, ao mesmo tempo que se delineava o acesso à fase da união económica e monetária, por forma taxativa quanto à vertente monetária, e em termos imprecisos quanto à económica. E o Tratado da União Europeia fez progredir a integração política não só por via da instituição da moeda única, como pela introdução das novas cooperações nos domínios da política externa e dos assuntos internos, mas estas ainda com marca intergovernamental.

Amesterdão e Nice constituiram simples actualizações dos Tratados de Roma e Maastricht, mas já o Tratado constitucional trouxe para a ribalta uma fórmula intensa de integração político-jurídica, desacompanhada, pela primeira vez desde a malograda experiência da Comunidade Europeia de Defesa, de qualquer inovação no plano da integração económica.

7. Foi tal a ambição da Convenção de Bruxelas de estabelecer "ex novo" a "magna carta" da União Europeia, que o Tratado por ela elaborado veio declarar que "a presente Constituição ... estabelece a União Europeia", fazendo tábua rasa de todo aquele período em que esta realidade já existia, embora ainda desprovida de personalidade jurídica.

São bem visíveis os passos que o novo Tratado pretende dar no sentido supranacional, começando desde logo por se arvorar na **Constituição** para a Europa, e contendo elementos precursores da fórmula federal (as figuras do Presidente do Conselho Europeu, do Ministro dos Negócios Estrangeiros da União, a supremacia irrestrita das normas jurídicas da União; a "passerelle" da unanimidade para a votação por maioria).

8. A permanência da regulação da matéria da integração económica tal como já constava dos tratados anteriores, sem que se levasse a efeito qualquer esforço para introduzir novos conceitos ou formular novas regras, pôs a nu a ausência de qualquer fórmula destinada a proporcionar o enquadramento da experiência no mundo globalizado, e a procurar compatibilizar o modelo social europeu com as exigências de produtividade e competitividade decorrentes da mundialização, as quais, como se sabe, inspiraram a "estratégia de Lisboa".

O Tratado constitucional aparece, assim, vazio de conteúdo no que se refere à abordagem dos problemas reais – económicos e sociais – dos cidadãos europeus, confinando-se no delineamento de um quadro institucional que representa um forte impulso no sentido federal, com a agravante de legitimar o predomínio dos Estados grandes sobre os demais.

Talvez tenha sido a imobilidade dos preceitos sobre política económica o principal factor responsável pela reacção adversa do eleitorado francês.

9. Contudo, identificar-se – e sobretudo hierarquizar-se – as razões da rejeição do Tratado constitucional em França e na Holanda não é tarefa simples. É demasiado fácil alegar, como o fazem os defensores da Constituição, a principiar pela personalidade que presidiu à Convenção europeia, que sempre existiu consenso quanto às disposições propriamente constitucionais – as duas primeiras partes – e que a divergência incidiu apenas sobre a codificação das políticas, na terceira parte. A verdade é que o Tratado forma um todo, e não foi, só por si, o descontentamento com a situação do emprego e o temor da imigração, do alargamento à Turquia e das deslocalizações, mas a projecção desse descontentamento sobre a fórmula **constitucional,** solenizando os princípios da economia de mercado e da livre concorrência, reputados contrários a certa visão do modelo social francês, que suscitou a reprovação dos eleitores.

10. Em França, a preocupação com o afogamento do modelo social nacional em face da concorrência movida por países em que a mão-de-obra não desfruta de protecções ou benefícios comparáveis às dos trabalhadores nacionais – desde a Croácia à Turquia, e até, dentro da própria União, os países do Leste europeu –, terá, na verdade, sido dominante. Não se sentiu tanto a força do argumento da perda de soberania em face das alterações instituídas promovidas pelo Tratado constitucional, possivelmente pelo carácter mais abstracto do tema, não tocando nos interesses imediatos dos cidadãos, e por se tratar de matéria menos sensível num país grande, para mais visivelmente beneficiário da redistribuição de poder definida no Tratado.

Mas, no caso holandês, assumiu relevo a reacção dos cidadãos à consagração do predomínio dos Estados grandes e o reflexo identitário de um país pequeno, receoso de se ver diluído numa Europa vastíssima, em que o seu peso ainda mais se reduziria.

11. O divórcio entre as elites políticas e o eleitorado foi particularmente sensível no caso da França, onde as opções oficialmente assumidas marcaram fortemente o modelo saído da Convenção, tendo, aliás, o Tratado constitucional obtido amplo apoio a nível das câmaras parlamentares.

A campanha que precedeu o referendo foi longa e intensa, preenchida por inúmeros debates, comícios, artigos publicados na imprensa, etc. Não pode, assim, dizer-se que os eleitores não tivessem ficado esclarecidos sobre o sentido do seu voto, ao contrário do que parece ter ocorrido no caso espanhol. Dir-se-ia até, que, paradoxalmente, quanto mais os responsáveis políticos faziam pressão no sentido do "sim", não hesitando em recorrer ao argumento "ad terrorem" do isolamento do país em caso de votação negativa, mais os eleitores se fechavam na sua determinação de contestar o Tratado.

12. O resultado do referendo no Luxemburgo (56,5% sim, 43,5% não) – referendo que se realizou na data prevista, 10 de Julho de 2005, não tendo assim sido sujeito à suspensão, globalmente admitida, dos processos nacionais de ratificação – mostra que sempre tinham alguma razão de ser os receios do efeito de contágio em que se baseou aquela decisão favorável a um adiamento. É que o Luxemburgo constitui um microcosmos da visão federal da Europa e, em diferente conjuntura, teria sido mais expressiva a margem obtida pelos votos positivos. Para um país que tem sido um infatigável promotor da integração política da Europa e que tem extraído amplos benefícios da sua presença na União Europeia, compensando a sua pequenez por via da centralidade que lhe confere o facto de ter sido escolhido para sede de algumas das principais instituições europeias, com a consequente visibilidade internacional, o número comparativamente elevado da percentagem de votos negativos constitui um sinal de aviso para toda a Europa.

Contrariamente aos que pensam que o referendo luxemburguês, traduzindo-se, apesar de tudo, em mais uma ratificação nacional, abriu uma ténue esperança de que se produza o que o primeiro ministro Juncker qualificou como uma "ressurreição", aquilo que a elevada percentagem de votos negativos vem confirmar é o distanciamento dos cidadãos em relação ao específico projecto europeu consubstanciado no Tratado que estabelece uma Constituição para a Europa – e não necessariamente, claro está, em relação ao processo de integração europeia, em geral. A posição do Luxemburgo em nada altera a situação existente de recusa deste Tratado por dois países fundadores e centrais, a qual, só por si, salvo milagroso volte-face, ditou o destino daquele diploma. O que se torna necessário é conceber **outro** projecto para a Europa.

13. É significativo que os eurocratas se procurem agarrar ao resultado positivo alcançado no Luxemburgo, manifestando a convicção de que a Constituição continua viva, invocando a circunstância de o Tratado que estabelece a Constituição já ter sido ratificado por Estados que reúnem a maioria da população da União, e que até agora o saldo é de treze aprovações (incluindo duas em referendo) contra apenas duas recusas, e referindo o exemplo de passadas crises da integração europeia, que foram superadas através de novos passos em frente.

Ao assim argumentarem, parecem esquecer-se de que votações inequívocas realizadas em dois países, e que não é plausível que possam ser repetidas em relação ao mesmo texto, foram no sentido da rejeição, tanto bastando para que se considere afastado um Tratado que, sem a aprovação unânime dos Estados membros, não poderá ver vir à luz (e isto sem contar com a previsível aversão do eleitorado britânico).

14. Não restando praticamente hipóteses de se fazer reviver a moribunda Constituição, em termos de se conseguir anular os reveses sofridos em dois países centrais, o que se impõe é uma reflexão, desde a raiz, sobre **os objectivos e os limites do processo de integração na Europa**. Limites quanto à **extensão geográfica**, e limites em termos de **intensidade da integração** prosseguida – buscando-se, neste último aspecto, não só a revisão das regras atinentes à integração económica (revisão em relação à qual a Convenção de Bruxelas e a subsequente CIG foram omissas), como a prossecução do equilíbrio possível entre a integração económica e a integração política.

15. O debate em torno da conveniência de se ver transposta a linha que demarca o acesso ao estádio federal está no centro do problema do aprofundamento da integração.

Neste plano, a perspectiva dos federalistas europeus opõe-se à das correntes não federais.

Os **federalistas** preconizam o aprofundamento da integração política até ao ponto de se formar uma estrutura federal (por vezes designada "Estados Unidos da Europa"), regida por uma Constituição como acto de Direito interno da União, e não já baseada em Tratados internacionais. A sua visão é da Europa como potência (dada a sua dimensão, como superpotência), capaz de exercer influência no plano mundial, assumindo os Estados membros a condição de simples entes federados, à semelhança dos "states"ou "Laender", respectivamente na federação americana e na alemã. Argumentam com o desafio da globalização, com a rivalidade, já existente, em relação aos Estados Unidos da América e, amanhã, com o confronto com países hiperpovoados de dimensão continental (China, Índia).

As correntes não federais compreendem posições muito diversas, desde os **eurocépticos** ou **soberanistas**, que se contentam com certo teor de integração de mercado, e reclamam a devolução aos Estados membros de poderes transferidos aos orgãos supranacionais, no contexto de uma renacionalização de políticas, até aos **europeístas moderados**, ou **confederalistas**, que aceitam, de uma forma geral, os progressos alcançados na cooperação intraeuropeia, mas não até ao ponto de dissolução dos Estados numa federação europeia que lhes retire os atributos fundamentais da soberania – designadamente no plano das decisões em matéria de política externa. No domínio dos europeístas moderados, há, por seu turno, vários matizes, propondo-se diferentes modelos mistos de supranacionalidade e intergovernamentalismo, mas sustentando-se que a característica básica da integração europeia é a prossecução de objectivos comuns no quadro de uma União de Estados-Nações, devendo aquela integração continuar a reger-se por Tratados internacionais.

16. Para além do domínio propriamente político, a questão comporta também um ângulo económico, avultando aqui a discussão em torno da necessidade de se reforçar a união económica com determinados aspectos de regulação supranacional, que permitam um melhor nivelamento do regime das **vertentes económica e monetária**.

A perspectiva económica dos limites está, naturalmente, imbricada na perspectiva política, pois os estádios evoluídos de integração económica supõem exigências acrescidas numa linha de tendência federal.

Tudo leva a supor que, de um modo geral, quanto mais se alargarem os **limites geográficos** da Europa, maior será a propensão para que os **limites em termos de intensidade da integração** sejam abordados em diferentes círculos de países, a traduzir situações de cooperação reforçada. Afinal, é isso que já sucede na matéria crucial da integração monetária, pois, no presente, os países que participam na moeda única não se identificam com a maioria dos Estados membros da União.

17. No caso específico de Portugal – país que, não sendo fundador, já é titular de certa veterania no processo –, não é aconselhável que se persista na tradicional posição de aguardar passivamente as iniciativas europeias, para seguidamente as adoptar por forma acrítica, na ânsia de não perder o lugar na primeira linha do movimento.

Permito-me lembrar o que escrevi há anos, nas vésperas da concretização da entrada de Portugal para a união económica e monetária, prevenindo contra o deslumbramento algo ingénuo com que o País se habituou a encarar os projectos da integração europeia. Recordo ter advertido que as regras do jogo sofreriam profunda alteração. Daí em diante, afastadas as anteriores soluções facilitantes, a economia teria de basear-se nos factores da competitividade, da qualidade, da capacidade de inovação e modernização. Isto pressupunha reformas profundas não só dos sectores produtivos e da administração pública, mas também das próprias estruturas da saúde e da educação. Infelizmente, não parece ter-se prestado atenção suficiente a esta condicionante fundamental da entrada para o euro.

A discussão em termos dos limites e dos objectivos de integração europeia deverá ser empreendida no âmbito do próprio País, por forma a melhor se esclarecer o eleitorado e a se definirem linhas de orientação que poderão ter grande utilidade nas negociações que não deixarão de se realizar, assim que os Governos chegarem à conclusão, assumindo o realismo que vai escasseando, de que a Constituição europeia deve ser arquivada, e um projecto alternativo, de conteúdo necessariamente diferente, terá de ser promovido.

18. Aprovado como estava o Tratado de Nice para regular o funcionamento da União a vinte e cinco, o que realmente importava era realizar uma nova revisão dos Tratados básicos – Roma e Maastricht –, evitando a deslocada pomposidade da proposta de uma Constituição, e outros ingredientes que constituem a guarda-avançada do federalismo político. O mais urgente era rever as bases económicas da integração – precisamente aquilo que não foi feito –, envolvendo a definição dos objectivos da acção do orgão monetário supranacional, a análise crítica dos pressupostos do pacto de estabilidade, a introdução de mecanismos de solidariedade financeira, a articulação das exigências de livre concorrência com a consideração do modelo social.

É sintomático que, das grandes iniciativas europeias, as únicas que falharam tenham sido precisamente fórmulas de integração política – primeiro a Comunidade de Defesa e a sua continuadora, a Comunidade Política, que com aquela pereceu, e agora, meio século mais tarde, a Constituição europeia. Esperemos que a Europa saiba recuperar do último fracasso com o mesmo espírito inventivo e o mesmo sentido de realidade com que superou o primeiro.

O SISTEMA JURISDICIONAL DA UNIÃO EUROPEIA. O PRESENTE E O FUTURO*

RUI MANUEL MOURA RAMOS
Faculdade de Direito da Universidade de Coimbra

Antes de mais queria agradecer o amável convite que me foi mais uma vez endereçado para participar neste Curso de Verão sobre a "Constituição Europeia e Portugal – Perspectivas Jurídicas, Económicas e Políticas", no qual me cabe abordar a questão do Sistema Jurisdicional da U.E. – o Presente e o Futuro.

À primeira vista pode perguntar-se se o tema se enquadra na designação do Curso, mas pareceu-me, por um lado, que o termo "Perspectivas Jurídicas, Económicas e Políticas" não excluiria uma reflexão sobre o sistema jurisdicional e, por outro lado, que a Constituição Europeia também podia ser vista como um quadro organizativo e, nesse quadro organizativo, decerto que o sistema jurisdicional tem um lugar relevante. O próprio texto da Constituição lhe fazia, aliás algumas referências que, a seu tempo, procurarei referir. De qualquer modo, não se pode menosprezar a importância da questão e da temática do sistema jurisdicional no quadro da União Europeia. Não é demais referir que a União Europeia começou por ser, e pretende ser, uma Comunidade de Direito e que o sistema jurisdicional, como mecanismo de garantia da efectividade dessa mesma regra, tem um papel relevante que não pode ser esquecido. Irei tentar fazer uma breve caracterização da situação do sistema jurisdicional da

---

* Texto recolhido a partir da gravação da exposição oral.

União Europeia no momento presente para, numa segunda parte, dizer algo sobre as perspectivas que se abrem ao seu desenvolvimento ou, portanto, a uma evolução no seu interior.

Actualmente, quais são as características essenciais do sistema jurisdicional? A primeira é aquela a que poderíamos chamar a da permanência das linhas de base que o caracterizam desde o início. O sistema jurisdicional foi talvez dos momentos e das traves mestras do aparelho institucional da União que menos alterações sofreu desde o início do Tratado de Paris até ao momento presente. Há, portanto, uma grande permanência nas linhas de base e essa permanência traduz-se, desde logo, na circunstância de o sistema continuar ainda hoje a assentar na mesma relação privilegiada que o caracteriza desde 1951, isto é num módulo organizativo que reúne, por um lado, os tribunais comunitários e, por outro lado, os tribunais nacionais. É a ideia, portanto, de que a criação, primeiro da Comunidade, e depois da União Europeia, não originou necessariamente e apenas a criação de instituições judiciárias novas, mas implicou também o compromisso das instituições judiciárias dos Estados-membros com a aplicação e o controlo da aplicação do Direito Comunitário. Isto não podia deixar de ser assim, desde logo, porque, ainda que, no início, o Tribunal não o tivesse afirmado, fê-lo cerca de 10 anos depois, quando se referiu à regra do efeito directo. O Direito Comunitário não se destinava a resolver apenas conflitos entre Estados e entre Instituições, destinava-se também a ser aplicado a relações inter-individuais. Sendo aplicado a relações inter-individuais e produzindo efeito directo nessas relações, a tutela dessas relações não podia, obviamente, ser concentrada em tribunais criados *ad hoc* e, portanto, teria que repousar necessariamente, ou pelo menos também, no aparelho jurisdicional dos Estados-membros. Só que esse compromisso do aparelho jurisdicional dos Estados-membros não podia ser um compromisso solitário, tinha de ser qualquer coisa que fosse enquadrado pela actuação de órgãos jurisdicionais próprios, criados pela própria organização internacional em questão, primeiro a Comunidade, e depois a União. Teria que ser assim porque, por um lado, havia questões que dificilmente podiam ser resolvidas pelos tribunais dos Estados-membros. É evidente que as questões de controlo da própria Organização, dos seus órgãos e da legalidade dos actos das Instituições, não poderiam ser cometidas, ou dificilmente se encontraria um sistema em que elas fossem cometidas, aos Estados-membros, porque, desde logo, haveria aqui problemas de competência e de pôr na mão dos Estados-membros, de alguma forma, uma possibilidade de entorpecimento da acção da União. Portanto, o controlo da própria organização tinha de ser um controlo jurídico, deixado a órgãos jurisdicionais, portanto independentes, da União, mas isso implicava a necessária criação de órgãos independentes, de carácter jurisdicional. Por outro lado, era preciso articular esses novos tribunais, que seriam criados – na altura, foi criado apenas um, o Tribunal de Justiça – com os tribunais nacionais pré-existentes. Essa articulação devia fazer-se em termos que garantissem que a actuação dos tribunais nacionais não fosse deixada ao seu livre desenvolvimento e tivesse possibilidade de ser, de alguma forma, regulada pelo tribunal da União, na altura da Comunidade. Isto porquê? Porque o sistema comunitário visava criar uma nova entidade. Essa entidade era uma organização cujos contornos e cujas fronteiras, no fundo, coincidiam com as fronteiras dos Estados-membros e, portanto, a nova ordenação devia poder aplicar-se de forma uniforme no interior de todo esse espaço, o que implicava evitar que os tribunais nacionais fossem conduzidos a diferentes interpretações. Para isso, o Tratado gizou um sistema algo particular, em que a intervenção do Tribunal das Comunidades é uma intervenção a priori, e não a posteriori, isto para evitar que o Tribunal Comunitário fosse censurar os tribunais nacionais. Há 50 anos, numa altura em que não se sabia qual seria a receptividade do novo sistema, em que a intervenção crítica e correctiva podia não ser bem aceite, o Tratado fez o Tribunal Comunitário intervir a priori, antes da decisão do tribunal nacional. Gizou, portanto, o sistema, na altura codificado no Art. 177.º do Tratado CEE, segundo o qual o juíz nacional tinha o poder e, em certas circunstâncias, o dever de suster a instância e de formular ao Tribunal do Luxemburgo uma questão sobre a interpretação ou a validade de um acto comunitário. O Tribunal do Luxemburgo intervinha assim a título de resposta e para esclarecer o tribunal nacional sobre o quadro em que este devia poder responder à questão jurídica que lhe era posta no processo concreto. Este sistema tinha as suas fragilidades, e uma delas era a de que, de alguma forma, deixava a intervenção do Tribunal do Luxemburgo nas mãos dos tribunais nacionais. No quadro deste mecanismo, se o tribunal nacional não suscitasse questões, o Tribunal do Luxemburgo teria poucas hipóteses de produzir uma acção relevante. Restavam-lhe as demais competências, que eram competências que se exerciam sobretudo no que toca ao controlo dos actos da Comunidade, depois União, e não no que toca ao controlo da aplicação do Direito dos Estados-Membros. Mas apesar de este risco potencialmente existir, o facto é que a prática veio a demonstrar que ele foi superado, porque as instâncias nacionais, e sobretudo as instâncias nacionais inferiores, de primeira instância, fizeram uma utilização bastante relevante deste procedimento, o que fez com que o Tribunal tivesse possibilidade de, em muitas circunstâncias, vir a pronunciar-se sobre as questões essenciais do Direito Comunitário e a desenvolver uma jurisprudência que, hoje, é o alicerce fundamental da actuação comunitária.

Portanto, era este o sistema jurisdicional, caracterizado inicialmente pela articulação entre os tribunais nacionais e os tribunais comunitários, articulação essa que se fazia à volta de uma ideia essencial: a ideia de que os tribunais comuns de aplicação do Direito Comunitário são os tribunais nacionais, portanto, em princípio, as questões devem suscitar-se junto dos tribunais nacionais, e só assim não é quando os Tratados reservarem a competência expressamente ao Tribunal de Justiça – o único tribunal comunitário que existia na altura. Isso acontecia sobretudo no que toca ao controlo da legalidade das actuações ou das omissões das Instituições e à responsabilidade também das Instituições.

É esta primeira ideia que se vai manter até hoje e daí que eu falasse numa permanência essencial das linhas de base do sistema comunitário. Essa permanência é uma permanência no essencial, mas vai ser acompanhada de alguma evolução que as circunstâncias vão exigindo a partir de certo momento. No fundo o sistema vem a ser vítima do seu próprio êxito. A actuação do Tribunal da Comunidade vem a ser crescentemente dificultada pelo volume de processos que tem de tratar e por ele não poder continuar a actuar em tempo útil face às questões que lhe eram postas. No fundo, uma crise comum aos tribunais nacionais, mas aqui também uma crise que testemunha do êxito do modelo adoptado pela Comunidade. A partir de certa altura, sente-se a necessidade de desenvolver o sistema jurisdicional da Comunidade, o núcleo dos tribunais comunitários, mas sem alterar a relação dos tribunais comunitários com os tribunais nacionais. Só que há um desenvolvimento da vertente comunitária do sistema. Esse desenvolvimento inicia-se em 1989, com a criação de um novo tribunal, o Tribunal de Primeira Instância, que pela sua designação dava logo conta de um modelo claramente auxiliar do Tribunal de Justiça. A ideia era que o Tribunal de Primeira Instância iria permitir libertar o Tribunal de Justiça das questões menos relevantes. Era uma primeira instância que tinha, ao princípio, competências limitadas. Tinha uma competência em matéria de função pública comunitária e uma competência em matéria de concorrência, mas não ia mais longe. No fundo, a ideia era sobretudo atribuir ao Tribunal de Primeira Instância os litígios em que o recurso ao mecanismo jurisdicional era promovido por particulares, em questões de concorrência, ou os litígios entre particulares e as Instituições quando os diferendos no fundo eram de natureza estatutária, ligada à função pública. Portanto, o Tribunal de Primeira Instância começa com um perfil caracterizadamente baixo. Mas a sua criação, além de revelar esta preocupação em permitir libertar o Tribunal de Justiça de algumas tarefas, participa de uma outra finalidade, esta sim mais essencial à realização da ideia de Direito, que é a ideia, que vamos ver ainda um pouco paradoxalmente realizada, de que é essencial à correcta administração da justiça a existência de um duplo grau de jurisdição. Os tribunais podem enganar-se e, portanto, deve haver possibilidade de uma decisão jurisdicional ser objecto de correcção por outra instância. E é isso que leva também a criar ao lado do Tribunal de Justiça o Tribunal de Primeira Instância que funciona portanto como uma primeira instância, cujas decisões podem ser corrigidas pelo Tribunal de Justiça. Só que, se houve a percepção da importância deste ponto, ele não foi caracterizado de forma total, e até a sua concretização foi deficiente, na medida em que, ao serem atribuídas ao Tribunal de Primeira Instância as competências relativas às questões menos relevantes, de um ponto de vista sistémico as questões que eram mais importantes ficavam no Tribunal de Justiça. Estava-se a excluir do duplo grau de jurisdição precisamente as questões que, porque eram mais relevantes, podiam talvez necessitar mais desse controlo. Aqui há uma limitação, mas não podia ser de outra forma numa altura em que a centralidade do papel do Tribunal de Justiça era muito grande e portanto havia o receio de que um outro tribunal pudesse não estar à altura da jurisprudência inicialmente criada por este Tribunal. Houve, portanto, esta concretização um pouco limitada, que se traduziu na criação de um duplo grau de jurisdição para as questões que eram comunitariamente menos relevantes. O sistema no entanto veio a provar mais uma vez que era impossível manter o Tribunal de Justiça com as competências que lhe tinham sido reservadas depois de 1989. O volume de questões continuava a subir de tal maneira que a única hipótese de o Tribunal de Justiça continuar a realizar a sua função era transferir novas competências para o Tribunal de Primeira Instância. E nós vamos viver, entre 1989 e 2003 (o Tratado de Nice), com progressivas transferências de competência do Tribunal de Justiça para o Tribunal de Primeira Instância, o que implica portanto como que uma crescente concretização do princípio do duplo grau de jurisdição, que é relevante em sede de protecção jurídica dos particulares.

Há, portanto, fluxos sucessivos de recursos que vão sendo transferidos da competência primária do Tribunal de Justiça para o Tribunal de Primeira Instância. Essa transferência opera a dois níveis: num primeiro momento, alteram-se as regras que no Tratado presidiam à repartição de competências entre o Tribunal de Justiça e o Tribunal de Primeira Instância e, num segundo momento, fazem-se essas transferências directamente. De tal modo que, por exemplo, em meados dos anos 90, o Tribunal de Primeira Instância já era competente para todos os recursos introduzidos por particulares, empresas ou pessoas singulares, o que implicava que, independentemente da delicadeza da matéria, se o requerente fosse um particular o recurso ia para o Tribunal de Primeira Instância. Só seguia para o Tribunal de Justiça quando fosse introduzido por Estados ou por Instituições. Portanto, isto tornava claro que o Tribunal de Primeira Instância tinha uma competência material restrita no que toca aos recursos directos e que apenas não podia tratar de certos processos dada a qualidade subjectiva dos requerentes de protecção judiciária, ou os Estados ou Instituições. Também isto se verificou ser insuficiente, porque esta regra, embora tivesse a vantagem da sua simplicidade e clareza – era fácil saber quando é que era competente um órgão e quando é que era competente o outro –, também ela teve de ser abandonada. Tornou-se ainda mais necessário libertar o Tribunal de Justiça para as funções essenciais, que, no fundo, quase se pode dizer pertencerem a um tribunal constitucional, a um tribunal responsável por um controlo das regras fundamentais do sistema.

O Tratado de Nice veio então operar uma primeira reforma de fundo, que, na essência, passou pela ideia de multiplicação das instituições judiciárias da Comunidade. Este Tratado contém várias ideias. Desde logo, opera uma certa desconstitucionalização da matéria do sistema jurisdicional, porque deixa de ser o Tratado a prever tudo e regras essenciais passam para o Estatuto do próprio Tribunal, que é um corpo legislativo diferente. O Tratado de Nice vem permitir a criação de novas instituições judiciárias. E, de novo, há aqui uma questão terminológica: o Tratado de Nice permite a criação de Câmaras Jurisdicionais, mas ao fazê-lo não está propriamente a definir uma entidade nova. Trata-se no fundo da vertebração de uma entidade pré-existente, que já tinha feito o seu aparecimento no seio da jurisdição comunitária a propósito do controlo jurisdicional da propriedade intelectual. Nos anos 90, a Comunidade dotou-se de competência em matéria de marcas: aprovou um Regulamento que criava a Marca Comunitária, e atribuiu a competência para o registo das marcas comunitárias a uma Agência Comunitária. Na altura não era designada desta forma, mas por Instituto de Administração do Direito das Marcas, mas no fundo era uma agência. Essa entidade registava as marcas com âmbito comunitário, cujo registo era solicitado pelos requerentes. Era um corpo administrativo e havia, no próprio seio desta Agência, umas câmaras, chamadas Câmaras de Recursos que controlavam a legalidade dos actos da administração do Instituto. Se, por exemplo, o Instituto recusava a inscrição de uma marca, porque entendia que aquele sinal não podia ter carácter distintivo, o particular podia contestar essa decisão. Contestava-a, inicialmente, no interior do próprio Instituto, perante uma câmara de recursos, que julgava a questão de saber se a decisão do Instituto que tinha recusado a marca era uma decisão correcta, porque o sinal não seria distintivo. Essa primeira Câmara de Recursos era uma entidade mista, porque estava integrada num órgão administrativo, uma agência, e exercia funções de alguma forma jurisdicionais. A Câmara de Recurso proferia decisões, que eram decisões de uma Agência da Comunidade e que eram susceptíveis de ser contestadas perante o Tribunal de Primeira Instância. O Tribunal de Primeira Instância ficou assim, aliás, um pouco com uma designação equivocada, porque sendo designado como Tribunal de Primeira Instância era ao mesmo tempo uma segunda instância que, em matéria de marca comunitária, controlava decisões da tal Câmara de Recursos. Houve, portanto, esta primeira experiência de uma câmara que proferia decisões, mais ou menos jurisdicionais, ou pelo menos para-jurisdicionais. O Tratado de Nice pegou nesta ideia, vindo permitir expressamente a criação de entidades deste tipo. As Câmaras Jurisdicionais eram, portanto, níveis jurisdicionais que decidiriam em primeira instância um conjunto de questões de um dado âmbito temático, que lhe seriam atribuídas pelo Conselho. É claro que, ao falar das Câmaras Jurisdicionais, o Tratado de Nice tinha em mente esta experiência da Câmara de Recursos de Alicante. E, no fundo, o que o Tratado faz é prever que esta experiência da Câmara de Recursos de Alicante, de certa forma, se constitucionaliza, e possa ser estendida a outros domínios em relação aos quais se verifique uma necessidade nesse sentido. O Tratado de Nice vem, portanto, prever a câmara especializada, que passa a ser um primeiro nível jurisdicional competente em razão da matéria, e não já com competência geral, e de cujas decisões em matéria de direito haveria recurso para o Tribunal de Primeira Instância. Sendo certo que em certas circunstâncias o Tribunal de Justiça podia ainda proceder a um re-exame das decisões do Tribunal de Primeira Instância que decidissem sobre recurso das decisões das Câmaras Jurisdicionais. É esse o sistema, um sistema em três graus, em que dois graus são claros e o terceiro não é bem um recurso, mas um re-exame que é suscitado em determinadas circunstâncias excepcionais. Este sistema é um sistema que o Tratado de Nice veio permitir e que, entretanto, está em vias de institucionalização progressiva. Foi, entretanto, criado um Tribunal, e aqui importa também ter em conta as alterações de designação, da Função Pública Comunitária. Este tribunal é, no fundo, uma Câmara Jurisdicional, criada para tratar em primeira instância todos os litígios relativos à função pública comunitária, isto é litígios entre a Comunidade e os seus Agentes, os funcionários e quaisquer outros colaboradores da Comunidade que a ela tenham um qualquer vínculo, ainda que não estatutário. É evidente que são questões que têm uma relevância no seio das organizações internacionais, mas não são questões decisivas ou fundamentais do ordenamento comunitário, embora tivessem uma importância significativa no seio do Tribunal de Primeira Instância. O Tratado de Nice percebeu que o Tribunal de Primeira Instância devia ver o seu papel revalorizado no sentido de ser um tribunal geral, isto é um tribunal que exerce praticamente todas as competências, salvo aquelas que, em princípio, fiquem reservadas ao Tribunal de Justiça, sendo certo que desaparece no próprio Tratado a ideia de uma reserva de competências do Tribunal de Justiça. Até ao Tratado de Nice, ainda havia a reserva das competências jurisdicionais do reenvio prejudicial para o Tribunal de Justiça, mas isso desaparece. Depois do Tratado de Nice, o Tribunal de Primeira Instância não só passa a ser um tribunal geral, como pode exercer toda e qualquer competência. Pode potencialmente, porque elas não lhe foram ainda atribuídas por acto comunitário. Não lhe foi ainda atribuída a competência prejudicial e a competência para julgar todos os recursos directos. Porém, tendo o Tribunal esta competência vasta, fazia todo o sentido que algumas matérias em primeira instância fossem entregues a outros tribunais. E a primeira que é assim concebida é a relativa à Função Pública. Existem propostas no sentido de, eventualmente, se fazer o mesmo com o Direito das Patentes, se se chegar a acordo sobre um texto nesta matéria. O que se passa com as Marcas já é, no fundo, algo semelhante. Há ainda a ideia de que outros blocos de contencioso poderão ser atribuídos às primeiras Câmaras Jurisdicionais, hoje Tribunais Especializados.

Importa também referir que, na Constituição para a Europa, passou a falar-se não de Câmaras Jurisdicionais, mas de Tribunais Especializados, marcando mais claramente a evolução para um sistema jurisdicional num sistema de graus. Portanto, instituiu-se um sistema mais hierarquizado e mais elaborado e alterou-se a repartição de competências quanto aos recursos directos. Hoje em dia quando é que é competente o Tribunal de Justiça e quando é competente o Tribunal de Primeira Instância? No que toca aos recursos, o Tribunal de Justiça ficou com os chamados recursos de carácter constitucional, isto é os recursos em que as Instituições são requerentes, recursos da Comissão contra o Conselho, do Banco Europeu contra a Comissão, recursos no fundo que, por colocarem de um lado e de outro as Instituições da Comunidade ou órgãos particularmente relevantes, se entende que devem ser tratados pela jurisdição suprema. Por outro lado, há certos recursos dos Estados-membros que são também da competência do Tribunal de Justiça. Os recursos dos Estados-membros contra actos do Parlamento ou do Parlamento e do Conselho, são os actos mais relevantes. Esses recursos são também da competência do Tribunal de Justiça. Só assim não é quando os actos do Conselho em causa são actos menos relevantes em matéria de auxílios públicos, em matéria de *dumping* ou em matéria de administração do Direito Comunitário. Por outro lado, há certos actos da Comissão, que por intervirem em competências particularmente relevantes, as competências que decorriam do Art. 7.º, de infracção dos Estados-membros em matéria de direitos fundamentais, quando a Comissão intervém nesse processo, pela sua particular acuidade, também se entende que o juiz natural desses actos é o Tribunal de Justiça. Mas portanto, ao reservar, estamos a falar de uma reforma de 2004, ao reservar apenas estes actos à competência do Tribunal de Justiça, o legislador comunitário assumiu a importância e o relevo cada vez maior do Tribunal de Primeira Instância. E portanto, é esta direcção que tem sido seguida até agora. Depois há ainda outros passos que têm sido dados recentemente, ainda que noutros âmbitos do Direito Comunitário, mas que vão ter relevo na distribuição de competências entre os dois tribunais. Estou a pensar por exemplo na reforma do Direito da Concorrência. A reforma do Direito da Concorrência traduziu-se numa por assim dizer nacionalização desse direito, de alguma forma, ou pelo menos na passagem de certas decisões do plano da Comissão para o plano das autoridades nacionais. Há uma revalorização do papel das autoridades nacionais no que toca à aplicação do Direito Comunitário da Concorrência. Ora bem, essa revalorização é algo que decorre da evolução do próprio Direito da Concorrência. Entendeu-se que a Comissão, como administração central que era, não se podia preocupar com todas as pequenas questões, que se devia concentrar nas questões mais importantes, e que as questões de relevo menor deviam ser objecto de decisão pelas administrações de concorrência nacionais. Só que este passo teve consequências no plano jurisdicional, porque é evidente que, se a decisão não é uma decisão comunitária mas é uma decisão nacional, e eu falo da decisão administrativa, a consequência é que o controlo jurisdicional dessa decisão não vai pertencer ao tribunal comunitário mas vai pertencer ao tribunal nacional. Portanto, são os tribunais nacionais, no nosso caso o Tribunal do Comércio, que controla as decisões da Autoridade da Concorrência. E, por isso, aquilo que até agora era em parte feito pelo Tribunal de Primeira Instância, no que toca ao controlo das decisões da Comissão, passa a ser objecto de controlo por parte dos tribunais nacionais que fiscaliza os actos da Autoridade Nacional da Concorrência que sucede nesta medida à competência da Comissão. É claro que a Comissão continua a exercer competência quanto às grandes questões, em razão da sua dimensão comunitária, e aí é o Tribunal que exerce o controlo. Mas isto significa, portanto que, nesta matéria o que vamos assistir é a um maior número de questões suscitadas e decididas nos tribunais nacionais e portanto a um crescente aumento do número de reenvios prejudiciais dos tribunais nacionais para o Tribunal de Justiça. Donde decorre que a execução desta reforma não pode deixar de ter implicações no plano do contencioso. Vai ter implicações porque vai aumentar o exercício da competência do Tribunal de Justiça em matéria de concorrência por força do reenvio prejudicial e vai libertar o Tribunal de Primeira Instância dessa forma para as grandes questões de concorrência. A consequência pode ser que este Tribunal cada vez mais passará a ser um tribunal de questões de concorrência, de questões de direito económico, e portanto é possível que se venha a criar no seu seio uma nova câmara especializada em matéria de concorrência e no fundo até passe a haver justificação, decorrente desta especialização do Tribunal, para a atribuição de competências prejudiciais em matéria de concorrência. Portanto, quando houver competências do Tribunal de Primeira Instância a título prejudicial, essas competências não serão gerais, serão matéria a matéria, e esta evolução pode levar a que a matéria da concorrência seja uma daquelas que venha inicialmente a ser atribuída a este Tribunal. Este, é mais um passo que a actual evolução propicia. Por outro lado, a concentração do Tribunal em litígios de concorrência pode levá-lo, e eventualmente tê-lo-á já levado, a ver de forma distinta o tipo de controlo que ele exerce nesses litígios. O tipo de controlo que o Tribunal de Primeira Instância realiza é um controlo da administração e quando há controlo da administração em princípio o Tribunal não se substitui à administração, o Tribunal revê o acto da administração e revê sobretudo a sua legalidade. Mas é facto que desde o princípio o Tribunal de Primeira Instância tem competência em certos domínios a título de plena jurisdição. Isto é, o Tribunal pode não só anular o acto da Autoridade, da Comissão, como pode também modificar o conteúdo do acto. Isso verifica-se sobretudo no domínio das sanções aplicadas pela Comunidade e no domínio da alteração das multas pecuniárias que são impostas às empresas. Ora bem, com a concentração no Tribunal, que já vem de algum tempo, das grandes questões económicas, de concorrência, sobretudo das concentrações, o Tribunal passou a ser cada vez mais exigente no controlo da análise económica em que a Comissão baseava as suas decisões. E nós assistimos nos últimos anos a um grupo significativo de casos, sobretudo ainda visível no domínio das últimas decisões da Comissão anterior, da Comissão Prodi, a um grupo de decisões em matéria de concentrações que foram sistematicamente anuladas pelo Tribunal e anuladas com um juízo muito severo sobre o bem fundado da análise económica que sustentava essas decisões. No fundo, o Tribunal anulava decisões da Comissão particularmente relevantes praticamente por erro manifesto porque a análise económica não sustentava as consequências dessas decisões. Ora bem, entretanto, essas decisões são decisões que o Tribunal proferiu em 2002/2003, que foram todas elas praticamente sujeitas a recurso para o Tribunal de Justiça e nos últimos meses o Tribunal de Justiça tem vindo praticamente a confirmar plenamente essas decisões. E tem vindo a confirmar essas decisões dizendo que, não só o Tribunal decidiu bem, como dizendo uma outra coisa, dizendo que em certas matérias o Tribunal de Justiça não discute o juízo crítico que o

Tribunal de Primeira Instância efectuou sobre por exemplo a sustentabilidade das análises económicas da Comissão. Portanto isto coloca o Tribunal de Primeira Instância numa posição diferente, porque este acaba assim por poder exercer uma actuação em relação à qual se sabe que o Tribunal de Justiça não vai entrar numa reapreciação, ou, pelo menos, disse já em alguns casos que não entraria. Isso significa que a análise do Tribunal passa a valer pelos seus méritos. Claro que é uma maior responsabilização mas pelo menos suscita o problema de saber se ele pode ou deve elevar o grau de controlo. E esta questão, a questão de saber se o controlo de plena jurisdição deve ser entendido de forma mais alargada, é uma questão que tem sido discutida no interior do próprio Tribunal tanto quanto se pode concluir através de artigos publicados na imprensa, na imprensa especializada, nas revistas jurídicas da especialidade, por membros do Tribunal actualmente em funções. Quer dizer, é pelo menos um dos membros do Tribunal que exprime a sua opinião, neste caso crítica, reservada, restritiva, sobre a possibilidade de alargamento do controlo do Tribunal e que, vá lá, se encaminha para uma perspectiva mais tradicional do entendimento do controlo de plena jurisdição. Portanto, há aqui no fundo também uma via de perplexidade ou de interrogações que se suscita no quadro sistema jurisdicional.

Estas questões foram de alguma forma, ou algumas delas, objecto de tratamento no Tratado Constitucional. O Tratado Constitucional não vem dar grandes passos nesta matéria mas traz algumas aportações à problemática do sistema jurisdicional. Por um lado fala em Tribunais Especializados e vem prever a possibilidade da sua criação, expressamente, não já Câmaras, mas Tribunais Especializados, por decisão do Conselho sob proposta da Comissão, pode pensar-se por exemplo se isso não abrirá a porta à criação de tribunais que possam decidir mais rapidamente em certas matérias que implicam uma decisão célere, como, por exemplo, a matéria penal, visto que a partir de agora, com o Mandato de Detenção Europeu e com outras competências em matéria penal, há um desenvolvimento significativo de competências comunitárias nesta área, e portanto isso pode justificar a criação de Tribunais Especializados. Por outro lado, o Tratado Constitucional veio de alguma forma agilizar o processo das acções por incumprimento, sobretudo na fase da sanção pecuniária que pode ser aplicada aos Estados. Até hoje, num processo que tem vinte anos praticamente foram sancionados três Estados, houve três decisões que aplicaram sanções pecuniárias. Ora bem, isto significa que como o incumprimento é um incumprimento assaz frequente e relevante, o facto de ter havido três sanções é uma demonstração de que o mecanismo é frouxo, de que o mecanismo não é ágil, não responde às necessidades para que foi criado. Ora, o Tratado Constitucional previa que por exemplo a Comissão pudesse avançar já com a proposta da aplicação de uma pena pecuniária quando suscitasse o incumprimento. Havia índices de agilização deste processo. Por outro lado, o Tratado Constitucional preocupava-se também com a garantia de uma tutela jurisdicional efectiva. É evidente que o sistema comunitário deu passos significativos no que toca à protecção dos particulares mas não garante plenamente uma tutela jurisdicional efectiva. E não garante porque há dificuldades no que toca a certas áreas em que as competências estaduais e as competências comunitárias se encontram entrozadas de forma particularmente complicada e em que, portanto, o juiz comunitário não é competente para intervir em situações em que a competência do juiz nacional também não é manifestamente clara, e portanto pode haver aí lacunas de protecção, e por outro lado, o acesso ao pretório do Tribunal Comunitário é um acesso que não está garantido de forma plena. O sistema comunitário vive hoje, em matéria de recurso de anulação, com uma regra que pressupõe que o particular para ter legitimidade activa, para poder atacar um acto comunitário, ou seja destinatário do acto que pretende atacar ou possa dizer que esse acto o afecta directa e individualmente. E se a condição da afectação directa é uma condição facilmente compreensível, há uma afectação directa quando é o próprio acto que produz o efeito na esfera jurídica do particular, sem necessidade de uma intermediação de um outro acto, já a afectação individual é uma afectação que tem sido entendida classicamente em termos um pouco restritivos, porque se diz no fundo que uma pessoa é individualmente afectada quando é afectada de uma maneira distinta de todas as outras que possam ser afectadas, ou seja, é individualmente afectado aquele que é afectado de maneira semelhante à que seria a afectação do destinatário, se houvesse um destinatário. Isto significa, tornando as coisas menos abstractas, que por exemplo, se houver um acto comunitário de carácter geral que afecte claramente uma universalidade de pessoas, nenhuma delas é individualmente afectada, nos termos da doutrina ou da interpretação do preceito, porque como são todos afectados da mesma maneira, por exemplo, supondo que é um acto que vem retirar cotas de pesca, todos os pescadores que até agora tinham cotas de pesca deixam de as ter, todos são afectados da mesma maneira, todos perderam a sua cota de pesca, portanto, nenhum deles pode atacar este acto. Ora, isto é uma situação um pouco paradoxal. E o Tratado Constitucional propunha, de acordo aliás com propostas que se fizeram sentir também no seio da jurisdição comunitária, uma flexibilização deste critério, no fundo a ideia de que a afectação individual poderia existir sem ser tão particularizada desde que ela envolvesse um dano significativo na esfera jurídica do particular, por exemplo. Ora bem, são essas modificações que de alguma forma o Tratado Constitucional propunha. Modificações que se pode dizer que são soluções positivas e que todas elas contribuem para reforçar o acesso ao direito e reforçar a tutela jurisdicional dos particulares. Neste sentido pode dizer-se que essas soluções mereceriam acolhimento e é muito possível que mesmo sem o Tratado Constitucional, seja qual for o destino que ele possa vir a ter, que elas venham a ser adoptadas, por via interna, por exemplo, muito embora essa via possa parecer difícil neste momento, no que toca a este ponto da afectação individual dos particulares, uma vez que o Tribunal de Justiça afastou recentemente essa possibilidade, mas não é de excluir que venha a existir uma evolução nesse sentido. E, por outro lado, o próprio mecanismo da sanção pecuniária imposta aos Estados, em consequência do incumprimento de uma decisão do Tribunal que decretava um primeiro incumprimento dos Estados, também estas modificações são susceptíveis de vir eventualmente num futuro próximo a ser adoptadas. Questão diversa é o que ocorre com, algumas das interrogações que eu há pouco suscitei, como o tipo de controlo que o Tribunal irá exercer em matéria económica. Isso é qualquer coisa que o Tratado não tocava nem teria de tocar, no fundo isso é o fruto de uma jurisprudência que pode ou não consolidar-se nesse sentido.

O que eu queria agora em termos conclusivos referir é que se as linhas de base da evolução se têm mantido não há dúvida que a nova situação vai dar lugar a modificações no sistema. Modificações que também serão agudizadas por um acréscimo inevitável de contencioso dentro de alguns anos quando os novos dez Estados passarem a suscitar este novo contencioso. Isso significa que o mecanismo das questões prejudiciais vai certamente ser posto à prova nas relações dos tribunais nacionais dos novos Estados com o Tribunal de Justiça, o que pode conduzir a tornar ainda mais pesado o funcionamento do reenvio prejudicial, que já hoje em dia é um mecanismo particularmente demorado e isso pode dar lugar à transferência para o Tribunal de Primeira Instância duma competência limitada por exemplo à matéria da concorrência, uma vez que é de prever que o Tribunal venha nos próximos anos também a ocupar um lugar central na aplicação do Direito Comunitário da Concorrência. Portanto, há aqui no fundo um desenvolvimento das tendências anteriores, mas há a possibilidade de o sistema vir a sofrer afinamentos e precisões no período que se vai iniciar. É evidente que aquilo que vier a ser feito em matéria de aplicação da Carta dos Direitos Fundamentais também terá consequências neste domínio, porque, muito embora não entrando o Tratado em vigor, a Carta continuará a ser um elemento de inspiração como até aqui já o tem sido, e portanto será objecto de uma aplicação indirecta ou de uma tomada em consideração por parte do Judiciário, mas isso não deixará de desenvolver uma doutrina mais sustentada em matéria de Direitos Fundamentais que também de alguma forma poderá ocupar o vazio que de alguma forma as instâncias comunitárias tenham nesta matéria. Por outro lado, outra incerteza que ainda permanece sobre o futuro do sistema institucional, ou sobre as consequências que terá neste sistema, é a eventual, e prevista no Projecto de Tratado que criava a Constituição, adesão à Convenção Europeia dos Direitos do Homem. Trata-se de um passo que pode ser dado independentemente do Tratado Constitucional, é evidente, mas que o Tratado assumia. Trata-se de algo que vem a ser discutido há muitos anos e não há dúvidas que se esse passo for dado o Tribunal de Justiça e o sistema comunitário passará a ser mais estreitamente vinculado pelas orientações do Tribunal Europeu dos Direitos do Homem, perante o qual poderá ter que responder em matéria de recursos dos particulares caso as actuações comunitárias venham a ser consideradas como violando os Direitos garantidos na Convenção de Estrasburgo. Se assim for, será um novo desenvolvimento que terá consequências na evolução do sistema comunitário.

É este pois o futuro, que creio que passará por estas linhas, e eram estas as considerações que eu queria fazer, estando naturalmente disponível para qualquer questão que queiram pôr. Muito obrigado.

THE MAKING OF THE EUROPEAN CONSTITUTION

GISELA STUART
Deputada no Parlamento Britânico

The European Union has been successful in binding together countries that spent the last centuries fighting wars with each other. Together with NATO, it has helped to ensure peace and prosperity. Since 2004 the EU embraces countries that have always been European in their heritage, but that had been locked out behind the iron curtain. The European Union is making the most significant decisions about its future structure since the Treaty of Rome first established the European Community in 1957. As a modern European – German by birth and British by choice – I am a first hand beneficiary of Europe's freedoms. A whole generation of people now travel and work across Europe, largely taking for granted the benefits they are reaping from the 'four freedoms' which formed the basis of the European Community back in 1957 – freedom of movement of goods, freedom of movement of persons, freedom to provide services and freedom of movement of capital.

These opportunities changed my life. When I came to the UK in 1974, I did not need a work permit, had the right of residence and could go on to a British university. Now after 30 years in this country, I have not only succeeded in learning English, which was the original purpose of my visit to Britain, but am now the democratically elected Member of Parliament for Birmingham Edgbaston. In 1939, the constituency was represented by Neville Chamberlain. Now it is represented by a woman born near Munich. To my children the mere notion of Germany and Britain going to war against each other would seem sheer fantasy.

No one needs to convince me that European cooperation has been a force for good. That is why I want to make sure that there is a European Union which is effective and democratic – and which is able to evolve so as to achieve the needs and aspirations of its peoples. I do not want us to become complacent as we seek to shape a new Europe. And that is why I believe that we need a better and more informed debate about Europe in Parliament and beyond.

The Convention on the Future of Europe brought together politicians from 28 countries over a period of sixteen months. The result was a Draft Treaty establishing a Constitution for Europe.

The document is now being finalised by heads of government in an Intergovernmental Conference which was inaugurated at the Rome Summit in early October 2003. I served as one of two House of Commons representatives on the Convention and as a representative of National Parliaments on the Presidium, the small group charged with putting together the draft. (I was the only woman on the Presidium.) When I was appointed by the House of Commons I entered the Convention with enthusiasm. I did not – and do not – prejudge the outcome of the Intergovernmental Conference. But I confess, after sixteen months at the heart of the process, I am concerned about many aspects of the draft Constitution. The enlarged European Union must be made to work better, but I am not convinced the proposed Constitution, as it stands, will meet the needs of an expanding Europe.

The most frequently cited justifications for a written Constitution for Europe have been the need to make the Treaties more understandable to European voters and the need to streamline the decision-making procedures of the European Union after enlargement. I support both of these aims. But the draft document, in four parts and 335 pages in the official version, is hardly the handy accessible document to be carried around in a coat pocket which some had hoped for at the outset. From my experience at the Convention it is clear that the real reason for the Constitution – and its main impact – is the political deepening of the Union. This objective was brought home to me when I was told on numerous occasions: 'You and the British may not accept this yet, but you will in a few years' time.' Now we are looking at a very different picture of public opinion.

The Convention brought together a self-selected group of the European political elite, many of whom have their eyes on a career at a European level, which is dependent on more and more integration and who see national governments and national parliaments as an obstacle. Not once in the sixteen months I spent on the Convention did representatives question whether deeper integration is what the people of Europe want, whether it serves their best interests or whether it provides the best basis for a sustainable structure for an expanding Union.

The debates focused solely on where we could do more at European Union level. None of the existing policies were questioned.

The British problem?

There seems, however, to be a problem with making this case if you are a British pro-European. Our reputation as Europe's 'awkward squad' gets in the way. Traditional British ambivalence towards Europe, with a history of hesitancy about every step towards closer European integration before generally joining in the end, has left Britain accused of being 'reluctant Europeans'. Jean Monnet, who led the movement to unify Western Europe in the 1950s and 1960s and is often called the father of the European Community, had his own explanation for this, suggesting: 'There is one thing you British will never understand: an idea. And there is one thing you are supremely good at grasping: a hard fact. We will have to make Europe without you – but then you will have to come in and join us'. However, the British reputation is a little unfair. After all, Britain is the only country to have had an application to join the European Union turned down twice. The fact that Britain did not join until 1973 was not entirely its own fault. That we strove to join, voted to stay in and have remained engaged members of the Union does at least suggest some doggedness in our attitude.

And whatever Britain's record for having missed various European buses or trains, as it is often described, nobody can accuse the present government of having been a reluctant participant in the Convention on the Future of Europe. To that extent we have become good Europeans rather than reluctant Europeans. But what does that mean? Being a 'good European' does not mean accepting the status quo or even a consolidation or 'tidying up' of the status quo. Neither does it mean that the European constitution is less important than it is.

Peter Hain, the British Government‘s representative on the Convention, said that ‘three quarters of it [the Constitution] is tidying up’. But that still left a quarter that he admitted on another occasion was ‘creating a new constitutional order for a new united Europe’.

In the past most politicians have focused on the economic rather than the political implications of the European Union. The debate about Europe’s future is a battle of ideas and ideologies.

The European Union has always been a deeply political project.

The Intergovernmental Conference and beyond

Convention President Valery Giscard d’Estaing and others have urged governments not to unravel the document. But, after the referenda in France and the Netherlands and the failure to agree on the financial framework 2007-2013 we must be clear about what is in both the United Kingdom’s and the European Union’s long-term interests. These are interdependent.

As the Foreign Secretary has himself said: ‘A strong Union is made up of strong Member States working within flexible, transparent and accountable decision making procedures’.

This Treaty establishing a Constitution brings together all that has been agreed in the past and introduces significant new changes to the EU. It will be difficult to amend and will be subject to interpretation by the European Court of Justice. And if it remains in its current form, the new Constitution will be able to create powers for itself. It cannot be viewed piecemeal; its sum is more than its parts. To assess its implications, we have to look at its underlying spirit.

The Constitution defines not just institutional arrangements, but also the balance of power, values and objectives. This Constitution is unusual in that it also initiates processes for future development with the aim of deeper and ever closer integration.

Where integration can be deepened no further, this text has rigid rules as for example in the list of exclusive competences of the Commission. Power at the centre cannot be returned to Member States. Where the political climate means that certain ideas for further integration are not yet acceptable, the Constitution creates the structure for a process to develop later.

This Constitution is the most important political issue facing Europe today. The Government does not have to accept it.

Democratic legitimacy is not mysteriously divined by a group of some 200 self-selected people meeting in Brussels. The details are to be thrashed out and negotiated over by governments at the Intergovernmental Conference. But this is not just a matter for governments. It is also a matter for parliaments and people. We need to make sure that the people agree with the direction their political leaders are taking them.

One way or another the contents of the Constitution must be given proper democratic scrutiny and debate. Without this process of democratic scrutiny there will be a strengthening in the tide of euro scepticism, not just in Britain but in other countries too. The recent vote in Sweden was not just against the euro. It was a vote against a political establishment that was taking people along a route to they knew not where, but did not like. The same applies to the referenda in France and the Netherlands.

Perhaps we politicians need to start the debate on Europe again, and this time we have to have a debate that openly acknowledges the political nature of the Union.

The changes to the structure of the European Union have come in incremental steps. For many, economic co-operation and the single market were a means to achieve deeper political integration, rather than an end. Politicians who have pushed the project forward have relied on this gradualism and an understandable reluctance among European electorates to get to grips with the complexity of the European Union. This has meant that significant developments have taken place without voters really being aware of them.

While the British Government was initially sceptical about the idea of a constitution for Europe, Tony Blair was in no doubt about the significance of the European Convention and ensured Britain was an active participant from the start. At one stage the French even complained that the British had too much influence.

This was a bit over the top, but the Convention and the Intergovernmental Conference are important because this is the first time that a Labour Government has had the chance to put its imprint on a new European venture before it has been set.

What was handed over to the heads of government in summer 2003 was described by the European Convention as 'a draft Treaty establishing a Constitution for Europe'. The British Government's White Paper presented to Parliament talked about 'a draft Constitutional Treaty for the European Union'. The Foreign Office described this change of language as 'our own shorthand'. But it is precisely this kind of change of language which makes people distrust anything to do with the European Union. The language is either vague or obscure and it's difficult to work out what words really mean. Some lawyers will argue that it does not matter whether we call this a treaty or a constitution because as far back as 1986 the EEC Treaty was described by the courts as the Community's 'basic constitutional charter'. But it matters to people; signing treaties is something done by nation states, while constitutions are associated with the rules of a state.

The British Government must spell out the consequences of accepting the Constitution. If after this treaty establishing the Constitution there will be no further treaties, then this will need to be made clear and justified. We must step back – without jumping to any conclusion on whether the idea of a constitution is good or bad – and look at the kind of European Union we would have if this is ratified. We have to give the answers to some basic questions in language that people can understand.

- What is the Union for?
- What powers should be exercised collectively and what should remain with Member States?
- Why shouldn't some powers be returned to Member States?
- Where is qualified majority voting appropriate and where is unanimity essential?
- How do we ensure democratic accountability for decisions?

This is an extremely important moment for the future development of Europe. The framework that was designed for 'the Six' – the original members of the Community – has come under increasing strain as membership expanded. The next enlargement brings in more new countries than in any previous expansion.

The world has changed too. Opposition to the Soviet threat no longer serves as a source of European identity, and the postwar economic conditions that sustained the European social model have gone too. Europe has to change, but the process risks setting 'core' against 'periphery', big countries against small countries and those who see Europe through the eyes of the longdominant Christian Democratic tradition and those that see it extending to Turkey and beyond.

Politicians have not been very good at explaining what the European Union does. The public and the media only tend to take notice when something happens that they don't like. On reflection most people may well decide that they are content with the Union. But they need to be clear about the political direction in which it is going if the draft Constitution is accepted. This is not about leaving the European Union or staying in the European Union; it is about making sure we create a political structure for Europe which serves the people.

Valery Giscard d'Estaing was among those who compared the Convention with the US Constitutional Convention at Philadelphia in 1787. I have to say (with apologies to WC Fields), that I'd rather have been in Philadelphia. It is true that some of the questions addressed by the two conventions might look similar: the power of central government, the balance between small and big states, the union's external representation and its defence, and what happens if a state refuses to ratify the Constitution. But while Philadelphia had the clear purpose of creating a United States, the Convention's objectives were more opaque and the motives of some of its participants were not ones that I share.

Not that this prevented some grandiloquent language when it was launched at the EU Summit at Laeken in 2001. 'Citizens are calling for a clear, open, effective, democratically controlled Community approach, developing a Europe which points the way ahead for the world', it said. 'The Union stands at a crossroad, a defining moment in its existence. The unification of Europe is near.' This was heady stuff, but there were in fact several very different rationales for the Convention. The existing treaties needed sorting out and the European Union needed to accommodate an expanded and expanding membership. That much was out in the open. But there were other agendas too and at the top was further integration that took a much higher priority than making the European Union democratically accountable. Other objectives included the desire of 'the Six', particularly France and Germany, to retain their effective control in any new structure, linked with a vision of that Europe would challenge the primacy of the US in the wider world. Only some of this was hinted at in the Laeken Declaration which charged the Convention with the task of bringing all the separate treaties into a single legal text, with bringing the European Union 'closer to its citizens', making its institutions more accountable and in line with the needs of its expanded membership and outlining its 'power' in the world.

The European Union has become a complex legal institution that has developed over 50 years with a number of treaties stretching from Rome to Nice. These needed to be brought together to codify the overlapping and impenetrable previous texts. The EU has become very confusing to everyone except the cognoscenti and those based in Brussels and there is a need to clearly define who is competent to do what and how these decisions are to be made. It does not necessarily follow that this requires a Constitution.

In all the proceedings of the Presidium, there was an unspoken assumption that the acquis communautaire – i.e. everything that had been given to the Union as a power or competence – was untouchable. The debates focused solely on where we could do more at European Union level. Any representative who took issue with the fundamental goal of deeper integration was sidelined.

Government representatives were accused of being obstructive because they protected national interests. And yet, the concerted efforts by the Commission and the European Parliament to enhance their influence were not seen as power grabbing, but as being good Europeans.

When the new powers for the European Parliament were discussed, I was surprised that there were no demands for giving the Parliament power to censure individual commissioners or to initiate legislation. I was told that the European Parliament was not yet ready for this. Curiously, it was ready to have more power but not more responsibility. There was no discussion about what should remain at national level, only a debate about what could be moved towards the centre.

Underneath everything else was 'the vision thing'. The Prime Minister said in October 2000 in Warsaw that Britain's conception of Europe is rather similar to that of Charles de Gaulle. I doubt that. General de

Gaulle said: 'What is the purpose of Europe? It should be to allow us to escape the domination of the Americans and the Russians. The six of us ought to be able to do just as well as either of the superpowers ... Europe is a means for France to regain the stature she has lacked since Waterloo, as the first among the world's nations.'

Anti-Americanism remains one of the less edifying driving forces in the process of European integration. Whether it was Valery Giscard d'Estaing telling one of the representatives of the accession countries in the Presidium that his vote did not matter, or Jacques Chirac, the current French President, telling those accession countries who supported the UK and the US over Iraq to behave like well brought up children who are seen but not heard, some things simply have not changed.

Self-appointed elite

Valerie Giscard d'Estaing was appointed as President of the Convention, together with the former Italian Prime Minister Giuliano Amato and the former Belgian Prime Minister Jean-Luc Dehaene as his Vice Presidents.

The current fifteen Member States and thirteen other countries which had formally applied to become members of the European Union were asked to nominate one government representative and two representatives from their national parliaments.

The European Parliament sent sixteen representatives and the Commission was represented by two Commissioners.

A number of organisations had observer status, and every full member of the Convention also had a nominated 'alternate'.

The proceedings were guided by a Presidium consisting of thirteen Convention members, representing the four institutional groups: governments, the European Parliament, national parliaments and the Commission. It was made up of the President, two Vice Presidents, two European Commissioners, two Members of the European Parliament, three government representatives, two national Parliamentarians (one of whom was me) and a representative from the candidate countries.

The Convention had no formal legal status to make binding decisions on behalf of the institutions represented by its members.

The President and Vice Presidents only represented themselves.

The Commission pursued its own interests.

MEPs spoke for the institution of the European Parliament, not the people who elected them.

Representatives from governments were only accountable in the sense that, eventually, each Member State has to ratify the outcome of the Intergovernmental Conference, to which the conclusions of the Convention were sent.

The extent to which national parliamentarians felt obliged to account for decisions at the Convention to their parliaments varied; those from the UK set a good example that was rarely imitated elsewhere.

Those who were directly accountable to their electorate and those who tried to offer alternative visions to what the Union should do and what should be done by Member States were in the minority.

During the Convention delegates met in a variety of groupings. I attended the meetings of national parliamentarians, the meeting of all the British representatives which included the British MEPs and the group of European Socialists.

We might have been able to find a common view amongst socialist national parliamentarians, but the mechanisms to thrash out ideas were not available. National parliamentarians were numerically the largest group but, in terms of influence, they found it almost impossible to reach common views unless they supported what the European Parliament wanted and in the working of the Convention they were not treated as a discrete constituency.

National parliamentarians were the visitors to Brussels, invited to meetings and used to endorse the decisions reached by European interest groups.

Several of the national parliamentarians were previous Prime Ministers of their countries; others had been MEPs or were on their national lists for the forthcoming elections. Those who saw their political future in domestic politics were in the minority.

Almost half the members present had no first-hand experience of the workings of the existing Union. They were asked to express a view of how the European Union institutions should be improved, at a time when many of them were still awaiting the final decision about their accession.

The representatives from the ten new Member States who had to fight subsequent referenda back home to approve their application were in a particularly difficult position. They could hardly be expected to be too critical.

By and large they simply called for 'more Europe', because 'Europe was a good thing'.

The Convention at work

The Presidium was the drafting body, deciding which working groups' recommendations should be accepted almost unchanged (as was the case with the group on the Fundamental Charter of Rights) and which should be almost ignored (such as the one on Social Europe).

The President regularly consulted with heads of government to ensure agreement by the large member states, and the Commission and the European Parliament worked closely together, easy for them as they are both based in Brussels.

Laeken had posed a number of specific questions but rather than answering them, after six months of general debates the Presidium presented the Convention members with a skeleton structure of a Constitution. Without debate, it was simply accepted that this was the most appropriate way of fulfilling the Laeken mandate.

The monthly plenary debates were confined to short inspirational speeches with detailed specific discussions reserved for written contributions and the working groups.

The Convention had decided early on that it would not take votes, for reasons explained by Valery Giscard d'Estaing: 'They tried this in the previous Convention on the Charter of Fundamental Rights and found it to have been a very bad idea.' Literally thousands of amendments flooded in, and commentators often remarked how difficult it was to see from the outside how decisions were reached on what was deemed to have support and what was discarded.

All I can say is that it was equally difficult from the inside. In the early months, the Presidium members would meet in a small room in the Justus Lipsius Building some fifteen minute walk from the European Parliament. Attendance was limited to the thirteen members, the Secretary General Sir John Kerr, his deputy and the press officer.

Sir John Kerr, a former Permanent Secretary of the British Foreign Office, conducted the proceedings inside the Presidium and in the plenary sessions of the Convention with deft diplomatic skill as might be expected from someone who John Major called 'Machiavelli' in his autobiography.

The best description of his talents I heard was: 'When Kerr comes up to you and asks for the time, you wonder why me and why now?'

After the first six months, Presidium meetings became more frequent and lengthier. Morning sessions would be followed by private lunches on the top floor. The former Prime Ministers would talk about matters of state, consulting the representative of the Member State currently holding the presidency and sometimes discussing trickier matters. How should we deal with the start of military action in Iraq? Should the President suspend the plenary for an hour in recognition of the seriousness of affairs or should we have a minute of silence. In the end the President chose to wear a black tie.

On several occasions, we would retreat to the Val Duchess – a small palace used by the Belgian foreign minister. It was at one of the dinners at Val Duchess that the skeleton of the draft constitution was given to members of the presidium in sealed brown envelopes the weekend before the public presentation. We were not allowed to take the documents away with us. Just precisely who drafted the skeleton, and when, is still unclear to me, but I gather much of the work was done by Valery Giscard d'Estaing and Sir John Kerr over the summer. There was little time for informed discussion, and even less scope for changes to be made.

In the final weeks, meetings became open ended and some of them lasted into the early hours. Valery Giscard d'Estaing, Giuliano Amato and Jean-Luc Dehaene were an extremely effective trio.

Whenever negotiating skills or detailed legal knowledge was needed, the Vice Presidents took over. Giuliano Amato was the man to come up with elegant compromises which were not just the lowest common denominator.

Jean-Luc Dehaene was the man to strike deals while Valery Gicard d'Estaing could exert presidential authority when required. But this did not always work.

A moment of crisis when the Spanish, backed by two others, blocked the discussions and simply refused to give way was eventually resolved when, while the French Foreign Minister Dominique de Villepin took Valery Giscard d'Estaing out for dinner, the rest of us were able to find a way through the deadlock.

There were moments in the sixteen months I spent in close proximity with my fellow Europeans when I had great sympathy with the suggestion of my laptop spellcheck; which, whenever I typed in the word Giscard, replaced it with 'discard'.

The secretariat was very skilful when it came to deciding which decisions of the Presidium would be reflected in subsequent papers. The agenda issued beforehand was simply indicative and the sheer mass of paper which was produced meant that large parts of the text passed through without detailed discussions.

It was only in the final months of the Convention that simultaneous translation was provided for Presidium meetings and we could be accompanied by an assistant to give legal advice. As I was the representative of parliament, not government, I chose to be supported primarily by Speaker's Counsel and Counsel for European Legislation at the House of Commons rather than rely solely on the Foreign Office.

It was not unusual for texts to arrive late and only in French. Whenever the President expressed his irritation at my inability to conduct legal negotiations in French, I offered to switch to German. He never took up my suggestion.

Some members of the secretariat showed particular irritation with my insistence that documents be produced in English. On one occasion, a redraft of the articles dealing with defence mysteriously arrived for circulation just before midnight. They were written in French and the authorship was unclear. Verbal reassurances were given to those of us who felt uneasy about approving legal text in an unfamiliar language, that this was little more than a 'linguistically better draft of the earlier English version'. The draft was discarded when some of us spotted that the references to NATO had mysteriously disappeared.

Sometimes wordings would be agreed in the Presidium, but these were not always translated into the official texts circulated to the Convention. At other times significant new provisions, such as the so-called 'Passerelle clause' in Article 24 [4], which will be addressed later, would be introduced at a very late stage without much discussion.

The Presidium decided on the timetable and the general conduct of the Convention. Once the broad outline of the Constitutional text had been agreed, working groups were set up to thrash out particular topics in detail. I chaired a group that looked into the role of National Parliaments. The groups which tried to reach a common view on some of the more contentious political issues tended to fail. It was therefore decided not set up a working group on the institutions. This is curious, as institutions are at the heart of any Constitution. I am certain that the institutional settlement proposed will come under the most intense pressure for change in the Intergovernmental Conference.

Consensus. What consensus?

The six founding Member States struck agreements on the Draft Constitution in last-minute deals in the Presidium. From its highminded beginnings, the Convention became a mixture of individual idiosyncrasies, principled positions and political horse-trading.

Germany ensured that asylum and immigration would not all be decided by Qualified Majority Voting at European Union level, something which the Länder, constituent states, had demanded.

The 'Declaration on the Creation of a European External Action Service' was reinstated, despite having been rejected earlier on and, in legal terms, being quite unnecessary.

Similarly the provision making it explicit that the President of the Commission could not also hold the post of President of the Council was removed in the last days. Valery Giscard d'Estaing explained this as 'being an unnecessary statement, as both the jobs were so demanding, that one person simply could not combine them'. The truth is that these two amendments reflected the wishes of the German Foreign Minister for the establishment of a European Diplomatic Service and the emergence of a strong single leader of the Union.

At the last minute an article for a 'people's petition' to the Commission appeared as Article 46 (4). It is vaguely worded, opens the door to single pressure groups and, more importantly, undermines national parliaments by giving citizens collectively a right which their elected representatives don't have – the right to ask the Commission to initiate a law. The article appeared because Germany hoped this would help silence the demands in their country for a referendum on the Constitution.

I still cannot recall when the Presidium agreed the provision in the Protocol on the Euro group which says that 'Member States which have adopted the euro shall elect a President for two and a half years'. But I have since been told by a German official that the French not only insisted on the proposal but also on the terminology 'President'. France also retained its ability to go on subsidising their film industry, something they succeeded in portraying as being a very European desire. Meanwhile, Spain's strong objections to the changes in weighting of votes in the Council Ministers were ignored.

Consensus was achieved among those who were deemed to matter and those deemed to matter made it plain that the rest would not be allowed to wreck the fragile agreement struck.

The original composition of the Presidium excluded any representatives from the candidate countries but in response to pressure we included what was termed an 'invitee'. According to the strict interpretation of the Laeken mandate, such a person could take part in all the discussions but 'not prevent consensus'. In practice we all forgot about this technical provision, until a very telling moment on the final day. We had lunch together, drank Slovenian wine and accepted as a present a jar of Slovenian honey – all generously provided by the 'invitee'. We went back to discuss whether the French could continue to insist on being able to subsidise the French film industry. As Valery Giscard d'Estaing went round the table asking for individual votes he soon realised that Alojs Peterle, 'the invitee' from Slovenia, had the casting vote. As he said no, Valery Giscard d'Estaing just looked at him and said 'your vote doesn't count'. This provoked a storm of outrage and the President was left in no doubt about what the rest of us thought of this. But I did tell Alojs Peterle: 'If you remember nothing else about the 16 months here, remember this moment. Despite all the friendly chat and food and wine, when it comes to the crunch some people are prepared to turn round and say you don't count'.

But it was not just the accession countries which felt excluded. In the final stages of the Convention, a number of delegates, myself included, made it clear that we could not endorse the text as it stood and that it should be regarded as no more than a basis for further discussions. Neither could we endorse the text on behalf of the parliaments who had sent us. Yet, hardly was the ink dry on the Draft than this was turned into an endorsement by all those present and governments were warned not open up the carefully achieved compromises. The 'consensus' reached was only among those who shared a particular view of what the Constitution was supposed to achieve.

Since the beginning of the Intergovernmental Conference the representatives of the European Parliament have expressed frustration at the post-Convention negotiations. They argue that governments, particularly new entrants, are trying to reopen issues settled in the Convention because they have not understood them. Even more surprising is their argument that the Draft should not be touched because the Convention proceedings 'were legitimate in the view of public opinion'.

Where they get this from is a mystery to me. According to Eurobarometer, which conducts opinion surveys across the European Union, the public by and large has no idea what the Convention on the Future of Europe was all about. The figures published in November 2003 suggest – if one accepts the Commission's interpretation – that two thirds of Europeans welcome a European Constitution and more than 80 per cent are in favour of a constitutional referendum. And yet the same survey found that while 62 per cent of Greeks are not aware of the existence of the draft Constitution, some 75 per cent of Greeks want amendments to it.

This perhaps encapsulates a wider view of Europe, that whatever is coming out of it, it is bound to need change.

Despite sixteen months of work and thousands of words written and spoken, it is clear that the Constitution is little understood and that the Convention did not succeed in its stated aim of involving the public at large.

The Europe we need!

1. Making decisions at the right level
2. The right institutions doing the right thing
3. Maintaining room for manoeuvre on national policy
4. Holding our masters to account
5. Reconnecting the EU to the people of Europe

PORTUGAL E A UNIÃO EUROPEIA, O PRESENTE O FUTURO

José Manuel Durão Barroso
Presidente da Comissão Europeia[*]

Queria em primeiro lugar agradecer o convite que me foi dirigido para estar neste Curso de Verão no final de uma sexta-feira à tarde – e felicito os que aqui se encontram. Formei-me precisamente no dia 31 de Julho de 1978 nesta mesma Faculdade. É, por isso, com grande satisfação que procuro sempre responder aos convites que a minha Faculdade me faz para estar presente, porque aqui passei os anos talvez mais interessantes da minha vida.

Pediram-me que falasse sobre Portugal e a União Europeia – o presente e o futuro. Sobre a posição portuguesa, com certeza que ouviram opiniões ao longo deste Curso. Provavelmente, o mais interessante hoje será dar-vos a minha visão do momento em que se encontra a construção europeia, de modo a que o público português em geral e os demais interessados por esta matéria possam definir, adaptar e equacionar aquilo que deverá ser o posicionamento português. Continuo a pensar que a experiência de Portugal enquanto membro da União Europeia será positiva no futuro, do mesmo modo que foi positiva no passado. Desde a adesão, Portugal consolidou a sua democracia, reduziu significativamente o desnível em termos de riqueza em relação aos outros Estados da União Europeia. Em 20 anos, a diferença entre o rendimento médio dos portugueses e o rendimento médio da União Europeia dos 15 (não considerando os actuais 25) diminuiu 15 pontos percentuais. O rendimento per

[*] Texto estabelecido a partir da transcrição da comunicação oral, feita de improviso.

capita passou de 56% para 74% da média europeia. É menos do que conseguiram outros, mas é bastante melhor do que aquilo que se esperaria se Portugal não fosse membro da União Europeia. As infraestruturas do nosso País, em geral, e especialmente os transportes, as tecnologias de comunicação e de informação registaram urna melhoria radical, o que facilitou em larga medida a actividade económica interna, o comércio externo e o turismo. Esta transformação foi possível, em parte, graças à solidariedade de outros Estados membros através da União Europeia. Entre 1986 e 2006, Portugal terá recebido, anualmente, em fundos europeus, o equivalente a 2,6% do seu PIB. É claro que esta transformação se deveu também à capacidade de trabalho e às decisões dos próprios portugueses, que viram na integração europeia mais do que uma simples adesão a uma organização internacional, mas sim uma mudança sobre o ponto de vista das estruturas do País, tanto económicas como político-culturais e sociais.

Todavia, é justo também dizer-se que, se Portugal recebeu bastante da União Europeia, Portugal também tem sido incansável no apoio que lhe tem prestado. Apoiou firmemente o AUE, o Tratado de Maastricht e os mais recentes alargamentos. As sondagens de opinião mais credíveis revelam que 68% dos portugueses consideram que Portugal beneficiou com a adesão à União Europeia e 60% consideram que a Europa é algo de muito positivo.

No entanto, estão a surgir algumas nuvens neste céu azul. A verdade é que a rejeição do Projecto de Tratado Constitucional pelos cidadãos em França e nos Países Baixos, aliada à incapacidade do Conselho Europeu em Junho em chegar à acordo sobre as perspectivas financeiras, constituíram reveses para a União Europeia e foram, com certeza, também mal recebidas em Portugal.

A questão que se coloca a Portugal e aos outros países é o que fazer agora. Permita-se-me que, em primeiro lugar, coloque rapidamente a questão da Constituição Europeia, que é no fundo o tema central deste Curso de Verão.

A primeira tentação é dizer: o processo de elaboração da Constituição Europeia não foi o mais democrático, o mais participativo. Vamos, pois, responder à rejeição dos franceses e dos holandeses através de um novo exercício mais participativo. Mas a verdade é que nunca tinha havido um Tratado tão participado na sua elaboração. Não há memória, mesmo na história do Direito Internacional, de um Tratado que fosse objecto de tanta participação como foi o projecto de Constituição Europeia. Como sabem, resultou de um método original; isto é, de uma Conferência Intergovernamental, que se sobrepôs – utilizemos esta expressão para não dizer apenas que sucedeu – a uma Convenção, que tinha uma participação bastante alargada e, de alguma forma, democrática.

Podemos, depois, analisar as razões deste duplo voto negativo, mas penso que não devemos ir muito longe neste exercício. De facto, as sondagens pós-voto revelam que a questão que mais influenciou os que votaram não em França e nos Países Baixos não foi tanto o texto, mas o contexto da Constituição. Foi a situação económica e social de cada um destes países. Toda a evidência empírica disponível demonstra isso. Por exemplo, em França, quando se pergunta por que é que votaram contra, as pessoas dizem que foi por causa do desemprego.

Se estudarmos o caso francês e holandês, a hierarquia das razões do "não" são muito diferentes, embora tenham praticamente todas mais a ver, de acordo com os próprios que votaram não, com questões relativas à situação económica e social do país, e não tanto por causa do sistema decisório europeu. Ou até curiosamente por causa da perda ou dos ganhos de influência do seu próprio país nesse processo de decisão. Não é por razões institucionais "stricto senso".

De qualquer forma, sejamos honestos: não podemos dizer que o voto "não" significa "sim". A verdade é que o não em democracia quer dizer não. E, por isso, temos de respeitar o voto maioritário dos franceses e dos holandeses. Por isso também, não podemos aceitar – espero que não surjam tentativas nesse sentido – fazer entrar pela janela aquilo que os europeus recusaram pela porta. Não podemos aceitar uma Constituição sem que essa cumpra efectivamente o processo próprio e legítimo de ratificação. A Comissão Europeia, como guardiã dos Tratados, não permitirá que isso aconteça.

Curiosamente, e este é um paradoxo – e a vida politica, nós sabemos, está cheia de paradoxos –, a Constituição foi concebida justamente para abordar muitos dos problemas que os defensores do "não" usaram contra a Constituição. Este é, de facto, o aspecto mais curioso, mais paradoxal de todo o debate político. Os defensores do não, por exemplo em França, disseram várias vezes que o Projecto de Constituição prejudicaria o modelo social europeu. No entanto, como com certeza ouviram ao logo desta semana, a Constituição vai mais longe do que qualquer dos Tratados existentes na defesa desse mesmo modelo. Há uma cláusula social expressa, o art. III-117, que obriga a União, quando esta formula as suas políticas, a ter em conta questões sociais, como a promoção de um elevado nível de emprego, uma protecção social adequada, a luta contra a exclusão social... Normas deste tipo não existiam no Tratado de Maastricht, nem no Tratado de Amesterdão, e muito menos no Tratado fundador, no primeiro Tratado de Roma. E, no entanto, curiosamente, esta Constituição ficou associada em França a um modelo "neo-liberal", quando ela vai mais longe do que qualquer dos Tratados anteriores na defesa de alguns princípios sociais.

Os defensores do não sustentam que as instituições da Europa são pouco democráticas, que tomam pouco em consideração a vontade dos Estados membros. No entanto, como sabemos, a Constituição Europeia representava um avanço significativo em muitas áreas no sentido de colmatar este défice democrático, nomeadamente no maior papel que reconhecia aos Parlamentos nacionais. Os defensores do não, muitos deles, dizem que a Europa é um projecto elitista, que ignora as opiniões do chamado homem da rua. Provavelmente, assim será, mas a Constituição Europeia procurava, precisamente, recriar laços entre a Europa, os cidadãos e os Parlamentos nacionais. O projecto de Constituição conferia aos cidadãos, ou melhor, reconhecia aos cidadãos o direito de convidar a Comissão a apresentar propostas sobre determinadas questões. E atribuía aos Parlamentos nacionais novos poderes substanciais para garantir o chamado princípio da subsidiariedade.

Muitos defensores do não, mas não apenas os defensores do não em França, criticam as instituições europeias por serem demasiado distantes e complexas, no que provavelmente terão razão. No entanto, a Constituição representava precisamente um enorme exercício de simplificação. E a Constituição, sendo longa e extensa, é, com certeza, menos extensa que todos os Tratados que ela procura de alguma forma codificar ou simplificar. É, por esse motivo, difícil de antever, e continua a sê-lo, o que se poderia obter com uma renegociação. Porque um dos argumentos dos defensores do não, nomeadamente em França, é que o voto não permitiria uma renegociação. Mais, diriam que já havia um plano, o célebre plano B, para essa renegociação. Ora, já lá vão alguns meses e a verdade é que não há um plano B. Como se verificou, não havia, nem há um projecto de renegociação do actual projecto de Constituição. É ainda mais improvável que se chegue, por qualquer negociação, a uma formulação muito distante daquela que temos hoje na mesa.

Tivemos ainda agora mais notícias negativas, que foram os ataques terroristas em Londres. Tratou-se, se ainda fosse necessário, de mais um alerta para todos nós. Depois do 11 de Setembro em Nova Iorque e do 11 de Março em Madrid, estes atentados de Londres mostraram que é importante e indispensável uma maior cooperação dos Estados membros em termos de justiça, de segurança interna, de cooperação judicial. Era, curiosamente, um dos domínios nos quais a Constituição Europeia permitia que se avançasse de forma mais decidida. Ora, honestamente, os referendos incidiam muitas vezes mais sobre o contexto do que sobre o texto e se constituíam na realidade uma oportunidade única para os cidadãos da Europa se manifestarem quanto ao sentido da Europa, também não deixaram de tratar da evolução das próprias sociedades nacionais. E aí, a Constituição foi, de certa forma, vítima dessas circunstâncias. A verdade é que o projecto constitucional já foi ratificado na maioria dos Estados membros. Foi rejeitada em 2 por referendo, mas também foi confirmada em 2 por referendo e, com certeza, o voto espanhol não significa menos que o voto francês, ou o voto luxemburguês não significa menos que o voto holandês. No entanto, ignorar os resultados dos referendos em França e nos Países Baixos equivaleria a mostrar falta de respeito pelo princípio básico da democracia e, com certeza, não o faremos.

Em relação a esta situação, que é a situação objectiva em que nos encontramos, temos de reagir. Primeiro podemos dizer o que não devemos fazer, ou seja, ficar paralisados por causa de uma questão institucional. Penso que seria um erro muito grave para a Europa. Ao não resolver este problema institucional, a Europa ficaria, de certa forma, inibida de tomar as decisões. Digo isto porque, já depois das notícias do não em França e nos Países Baixos e do fracasso, chamemos-lhe assim, do Conselho Europeu quanto às perspectivas financeiras, desloquei-me aos Estados Unidos e ao Canadá para as cimeiras regulares que temos com aqueles países. Estive também na África austral e na cimeira da União Africana, na Líbia. Uma das perguntas que me dirigiram muitos jornalistas foi se a Europa podia continuar a decidir, se sem Constituição e sem orçamento tinha meios para se obrigar a si própria a comprometer-se no plano internacional. Com certeza que sim. Os Tratados actualmente em vigor dão-nos todos os meios para isso e as instituições estão na plenitude do exercício das suas competências. A Comissão Europeia e as outras instituições da União Europeia, já depois dos votos negativos, têm vindo a tomar decisões bastante importantes. Portanto, de forma alguma ficaram as instituições diminuídas na sua capacidade de decisão.

É importante dizê-lo, porque o modo como foi apresentado o resultado destes referendos e, também, a forma como foi noticiado este último Conselho Europeu levaram muitas pessoas no mundo, sobretudo fora da UE, mas também algumas nos Estados membros, a pensar que havia agora uma *capitis deminutio* na própria UE. Por isso, não vamos parar, vamos tomar as decisões de acordo com os Tratados e com o direito em vigor no âmbito europeu. E decidimos também avançar, não com um qualquer plano B, mas com um plano D, D de democracia, D de diálogo, D de debate. Vamos desencadear um debate nos Estados membros sobre o caminho para a Europa. E a própria Comissão Europeia foi chamada a ter um papel especial neste exercício, nas conclusões do último Conselho Europeu. A Comissão vai deslocar-se a todos os Estados membros para ouvir e debater, não tanto a questão institucional (pessoalmente penso que é um dos erros a Europa estar sempre fechada em questões institucionais, penso que um dos erros da Europa é a constante obsessão com a discussão jurídico-institucional), mas o conjunto de questões que a Europa deve resolver. Na realidade, os assuntos jurídico-institucionais são muito interessantes para nós juristas, mas não interessam quase nada à esmagadora maioria dos cidadãos. A esmagadora maioria dos cidadãos quer saber se é possível crescer na nossa economia, se é possível ter emprego quando acabar o curso, se é possível que os nossos filhos tenham emprego quando entrarem no mercado de trabalho... é isto que interessa a maior parte dos nossos concidadãos e não o problema da primazia do direito comunitário sobre o direito nacional ou o sistema de votação por maioria qualificada no Conselho. De um ponto de vista de aceitabilidade democrática, esta é verdadeiramente a grande questão. E, por isso, vamos tentar discutir com os europeus qual o caminho para a Europa. Vamos procurar recolher essas contribuições e, durante a próxima presidência austríaca, no primeiro semestre do ano de 2006, espera-se que o Conselho Europeu, os Chefes de Estado e de Governo e a Comissão Europeia tomem uma decisão sobre o caminho a seguir. Honestamente, não posso neste momento antecipar qual será esse caminho. É um exercício em curso.

Uma das nossas preocupações actuais é que, a somar à desilusão que foi o voto negativo em França e na Holanda, tivemos o não sucesso do Conselho Europeu quanto às perspectivas financeiras de 2007-2013. Na verdade, o estranho seria que se tivesse chegado a acordo porque, na história da integração europeia, nunca se conseguiu chegar a um acordo sobre o orçamento à primeira tentativa. Quero, aliás, salientar um facto curioso: nunca um pequeno ou médio país conseguiu durante a sua presidência fazer aprovar o orçamento comunitário. No passado, foi durante presidências alemãs ou inglesas que se conseguiu fazê-lo. Quando agora estive nos Estados Unidos da América, um jornalista interpelou-me com alguma agressividade sobre isso: como é que o senhor acredita, como é que pode a Europa afirmar-se, quando a Europa não é capaz sequer de aprovar um orçamento? E a minha resposta foi perguntar-lhe quanto tempo demorava nos Estados Unidos a nomeação de um Embaixador americano, nomeadamente a sua confirmação pelo Congresso? Apesar da actual Administração norte-americana ter a maioria no Congresso, ainda não foi capaz, ao fim de todos esses meses, de sequer nomear o seu Embaixador nas Nações Unidas. O que é que isto quer dizer? Quer dizer que os nossos sistemas são complexos. Qualquer sistema federal – o sistema norte-americano é um sistema federal, o nosso sistema europeu não é um sistema federal, mas tem alguns elementos de construção federal, ou confederal se quiserem – é um sistema por definição complexo, e as decisões demoram necessariamente tempo. Por exemplo, não se deve dramatizar o facto de uma decisão, como é a decisão orçamental, demorar algum tempo. Espero que se consiga essa decisão durante a presidência britânica, pelo menos nós, Comissão Europeia, estamos a fazer tudo o que está ao nosso alcance para tornar essa decisão possível, embora não possamos garantir que seja nesse prazo que ela venha a realizar-se. É por isso que entendemos que não devemos, neste momento, ao contrário do que alguns sugerem, lançar todo o debate sobre o orçamento. Por isso é que nós, Comissão Europeia, fizemos uma proposta, que era uma proposta razoável, de aprovar as perspectivas financeiras desde já e aceitar uma cláusula de revisão durante o período de vigência, entre 2007 e 2013, o que permitirá adaptar as prioridades e a estrutura das despesas em função das circunstâncias. Na verdade, não sabemos como é que o mundo estará em 2013. Talvez fosse prudente não procurar agora tomar decisões com carácter definitivo sobre todo este período.

Mas o facto de não se ter chegado a acordo nestas matérias chama a atenção para a necessidade de concordar sobre as tais prioridades que os cidadãos europeus sentem como suas. E todos os inquéritos de opinião confirmam que as prioridades que os cidadãos europeus mais identificam têm a ver com: situação económica, nomeadamente o desemprego; a segurança, a segurança física, nomeadamente os problemas do terrorismo e da criminalidade que hoje se fazem sentir na Europa; para não dizer também os problemas gerais do âmbito do desenvolvimento social. Por isso, o programa que a minha Comissão apresentou é um programa que se baseia em três ideias essenciais: prosperidade, solidariedade e segurança. Insisto no termo prosperidade. Estou sinceramente convencido de que muito do pessimismo que se faz hoje sentir como pano de fundo da Constituição Europeia tem a ver com o medíocre desempenho da maior parte das nossas economias. Quando o digo não é por economicismo, não é por, de algum modo, pensar que a questão económica deve prevalecer sobre a questão política, ou cultural. Bem pelo contrário, na minha escala de valores, a questão cultural está antes e acima da questão económica. Mas devo reconhecer que com um desempenho medíocre das nossas economias, com o espectro do desemprego a pairar sobre tantos e especialmente sobre a juventude, com o receio que há do fenómeno complexo normalmente designado por globalização, temos hoje uma inquietação de fundo do plano europeu que leva muita gente a desconfiar de tudo aquilo que as elites, nomeadamente as elites políticas, lhes apresentam como desejável. Este é, aliás, um dos dados curiosos da experiência francesa e da experiência holandesa. Se o Tratado constitucional tivesse sido submetido a referendo parlamentar, como aliás podia ter sido, teria o apoio de cerca de 80% dos representantes legítimos do povo francês ou do povo holandês. No entanto, tendo sido submetido a referendo foi rejeitado, em alguns casos com uma maioria extremamente expressiva. É, de facto, algo que nos deve fazer pensar. Há uma desconformidade entre aquilo que a elite, o *political establishment*, sugere ou propõe e aquilo que a maioria do povo decide. Penso, baseado em todos os dados de que dispomos, que tem a ver com a situação económica e com as inquietações ligadas a este fenómeno de globalização. Razão pela qual nós, Comissão Europeia, tendo já intuído isto antes do referendo, colocamos como primeira prioridade do nosso mandato a chamada agenda de Lisboa renovada, estabelecendo como prioridades centrais o conhecimento para o crescimento, o programa de inovação, de ciência, de investigação. A ideia de criar uma Europa mais atraente para investir e trabalhar. Tudo tem a ver com o reforço da nossa competitividade global. E também a ideia de criação de mais e melhor emprego.

Ainda agora nesta última quarta-feira, há dois dias, tomámos as decisões no que diz respeito ao programa comunitário de Lisboa. Como sabem, de acordo com a revisão da estratégia de Lisboa, há aquilo que deve ser levado a cabo pela Comissão Europeia e aquilo que compete fazer pelos Estados membros. E aquilo que nos compete a nós, Comissão Europeia fazer, definimos no chamado programa Comunitário de Lisboa, dando 8 prioridades:

- apoiar o conhecimento e a inovação;
- reformar a política das ajudas de Estado;
- simplificar e melhorar o quadro regulatório no qual se desenrola a actividade económica europeia;
- completar o mercado interno dos serviços;
- completar o acordo ambicioso da chamada ronda de Doha;
- remover os obstáculos à mobilidade, no âmbito europeu, nomeadamente à mobilidade física, à mobilidade do trabalho e à mobilidade académica;
- desenvolver uma perspectiva comum europeia quanto à migração económica e apoiar os esforços para enfrentar as consequências sociais da reestruturação económica.

Estas são, pois, as 8 prioridades da estratégia renovada de Lisboa, tal como nós definimos no âmbito europeu.

Definimos também uma série de questões na área externa, nomeadamente África como prioridade da área externa da ajuda ao desenvolvimento. Por isso, queria dizer-vos que a Europa, e este é um ponto importante que quero sublinhar, deve resistir à tentação evidente de agora cair na introspecção. Estou completamente convencido que, no mundo actual, ganha quem se abrir, perde quem se fechar. E é um erro com consequências muitíssimo graves para a Europa e para os países europeus, se pensamos que com algum recurso ao proteccionismo, com algum recurso à ideia de criar novos mundos dentro da Europa, conseguimos vencer os desafios desta nova era de globalização. Ganha quem mostrar capacidade de se abrir, quem tiver a capacidade de aproveitar as extraordinárias oportunidades que a globalização oferece. Perde quem desistir de lutar, quem se fechar e quem quiser criar mais barreiras artificiais.

Era este sentimento que vos queria transmitir para concluir as minhas reflexões, esperando, contudo, que o debate e as vossas questões possam dar maior interesse a esta matéria. E quero também conhecer o vosso sentimento e procurar responder quanto ao futuro caminho da Europa. E termino esta intervenção, que já vai longa, com um apelo, o apelo a um esforço para colocarmos as questões actuais numa perspectiva histórica.

Normalmente, com esta "ditadura da actualidade" em que vivemos hoje, em que aquilo que era notícia às onze horas da manhã já está completamente desactualizado às três horas da tarde, esquecemos a tendência histórica e aquilo que é subjacente ao próprio processo de construção europeia. Talvez seja importante, para sabermos como é que estará a Europa daqui a alguns anos, recordarmos como ela se encontrava há alguns anos atrás. Há 60 anos a Europa conheceu o Holocausto. Alguns dos acontecimentos mais horríveis da história da humanidade passaram-se no nosso continente: Auschwitz, onde talvez pela única vez na história da humanidade se pensou em destruir sistemática e industrialmente um povo ou uma etnia. Isto passou-se na Europa há 60 anos. Nem Portugal, nem a Espanha, nem a Grécia eram países democráticos há cerca de 30 anos. Há pouco mais de 15 anos, a Europa Central e de Leste estava sob regimes totalitários de partido único. Alguns desses países nem sequer existiam como países independentes; os Países Bálticos estavam submetidos ao "diktat" de um outro império. Hoje são membros de pleno direito da nossa União. Há dez anos apenas, tivemos Sebrenica e outros massacres, mesmo às portas da União Europeia. É por isso que não consigo ser pessimista. Quando penso como estava a Europa há 60 anos, há 30, há 15 ou há 10, e como está hoje, não vejo qualquer razão para ser pessimista. Vejo só razões para pensar que foi em grande medida, embora não exclusivamente, graças à UE e ao processo de integração europeia que hoje reúne 25, em breve 27 e mais Estados no futuro, que hoje podemos todos viver em democracia e em liberdade, construindo um projecto que vai muito para além do desenvolvimento económico e social. Mas que, com certeza, tem necessidade desse desenvolvimento económico e social para poder aprofundar-se politicamente e institucionalmente. É por isso que queria terminar esta minha introdução exprimindo a minha confiança inabalável no processo de construção europeia. Muito obrigado pela vossa atenção.

MESA REDONDA

GUILHERME D'OLIVEIRA MARTINS

Não podemos iludir as questões, vivemos uma profunda crise do projecto europeu. Há uma separação, há um corte evidente, entre as instituições e os cidadãos, e não concordo com o meu querido amigo e colega, Ribeiro e Castro, quando diz que há visão a mais. Em meu entender, há visão a menos, e é indispensável que haja uma nova visão e um mito mobilizador na Europa.

Não podemos, portanto, iludir as coisas. Os referendos francês e holandês tiveram resultados nacionais, mas também europeus, e seria estrondosamente grave se não tirássemos as devidas consequências, as devidas ilações, relativamente a esses momentos e às decisões de dois países importantes na construção europeia.

De qualquer modo, o ponto é este, o mandato de Laecken foi adoptado tendo em consideração dois factores fundamentais. Em primeiro lugar, estamos perante o alargamento e o carácter manifestamente insatisfatório do compromisso que foi encontrado no Tratado de Nice. Ninguém ficou satisfeito com a solução então adoptada. Houve clara consciência de que era indispensável encontrar uma solução que pudesse completar esse resultado e o equilíbrio instável então obtido. O segundo factor a considerar está ainda relacionado com o alargamento e com o facto de não podermos continuar a ter as mesmas instituições e a mesma estrutura que existiam para a Comunidade de seis membros. No essencial, continuamos a ter a mesma estrutura idealizada pelos pais fundadores para uma pequena Comunidade com seis membros, quando hoje temos vinte e cinco. Agora é indispensável reconfigurar as instituições. E esse é o ponto, o desafio, perante o qual nos encontramos e para o qual temos de encontrar uma solução. Em suma: não se pense que a solução provisória de Nice é eternizável, verificar-se-á a breve trecho que não funciona.

Na sequência de mandato de Laecken, havia três objectivos fundamentais. Primeiro, fazer com que as instituições pudessem ser mais eficazes; segundo, garantir uma simplificação e uma maior compreensibilidade para os cidadãos do seu funcionamento e da sua legitimidade. Por fim, punha-se a necessidade de fazer uma reflexão constitucional. Todavia, avançou-se muito pouco nessa reflexão constitucional no chamado Tratado Constitucional. Não esqueçamos que o Tribunal de Justiça da União Europeia, já em 1991, tinha dito, com muita clareza, que os Tratados que hoje estão em vigor têm natureza constitucional e constituem a Constituição Europeia. Houve, porém, talvez o excesso na designação de Constituição, confundindo-a com as leis fundamentais nacionais. No entanto, do que se trata é de um verdadeiro tratado de natureza constitucional. Devo ainda referir que foi correcto o método convencional. Ele representou um avanço nítido em relação às conferências intergovernamentais. Ao método diplomático sucedeu um método mais aberto e transparente. E permito-me neste momento saudar a presença de Gisela Stuart, que teve uma participação muito activa na Convenção e que tive o gosto de apoiar, designadamente no que se refere à sua iniciativa sobre o reforço do poder dos parlamentos nacionais que, embora não tenha tido sucesso, representou um passo muito importante para chamar a atenção no sentido do alargamento do papel dos parlamentos nacionais (e do Parlamento Europeu) na vida da União.

As definições da natureza jurídica da União, a soberania originária dos Estados, a personalidade jurídica, a subsidiariedade, a consagração do mecanismo de alerta, que constitui um passo extraordinariamente importante, a simplificação dos instrumentos jurídicos ou o reconhecimento de cidadania europeia são temas extraordinariamente marcantes. A esses temas somou-se outro essencial, no qual o nosso colega, António Vitorino, teve um papel decisivo, que foi o da adopção da Carta Europeia dos Direitos Fundamentais com força obrigatória. E esta decisão como uma opção decisiva não pode deixar de ser preservada. Trata-se, aliás, de um dos aspectos essenciais do Tratado Constitucional.

A crise europeia é pesada e está para durar. Não há motivos para regozijo, de quem quer que seja, pela situação a que chegámos na União. E não se diga que é o tratado constitucional o responsável pelo actual estado de coisas. Não é. A História dita as suas leis. Os cidadãos europeus defrontam-se com o medo e perante este tendem a reagir negando tudo, fechando os olhos à realidade e julgando que assim preservam o bem-estar e a felicidade imediatos.

A longa guerra dos trinta anos do século XX (1914-1945) deixou marcas profundas. E se em 1919 o Presidente W. Wilson julgou, ingenuamente, que poderia lançar os fundamentos de um mundo novo somando às sanções da Alemanha um conjunto de princípios gerais, bem intencionados mas vagos, para uma Sociedade Das Nações (SDN) inoperacional, a verdade é que apenas preparou o recrudescimento da guerra interrompida, com muito mais força do que antes e tendo como resultado a destruição quase total do continente europeu. Pelo contrário, os "pais fundadores" da Comunidade Europeia quiseram tirar as lições do "erro de Wilson" e puseram em prática um plano baseado em pequenos passos e nas solidariedades de facto. A paz dever-se-ia construir através da procura dos interesses e dos valores comuns. Havia a guerra-fria? É certo que sim. Esse facto facilitou a coesão da pequena Europa. Apesar de alguns sobressaltos e de muitas ilusões, foi possível organizar minimamente uma União de Estados e Povos livres e soberanos. E houve os "trinta gloriosos anos" de progresso e de crescimento económico. Mas a alteração de circunstâncias sobreveio em 1989. A queda do muro de Berlim e o fim do império soviético do início da década de noventa levaram a que os acontecimentos se precipitassem. A Comunidade Europeia ainda teve tempo para completar o "aprofundamento" do chamado "mercado interno", o que levou do Acto Único (1985) a Maastricht (1991). E a moeda única já se concretizou em pleno processo inexorável de alargamento.

Eis contudo que o dilema entre aprofundamento e alargamento deu lugar ao "alargamento", por força da pressão das preocupações geo-estratégicas. E a Europa económica, do progresso, do crescimento e do emprego enfraqueceu-se. Num território maior, com mais membros há necessidade de mais meios. Mas esses meios faltam. A globalização aumentou a concorrência com a Ásia e reduziu as vantagens competitivas europeias. Depois, a unificação alemã tornou-se um sorvedouro de recursos. E por fim, os Estados sociais europeus, a braços com a crise demográfica, passaram a viver com défices orçamentais crónicos. Tudo visto e ponderado, quando mais se precisaria de uma Europa política, de coordenação de políticas económicas e sociais e de solidariedades de facto entre os europeus, desde o ocidente ao leste, eis que pesa o fantasma suicida dos egoísmos e da fragmentação. E é com este pano de fundo que aconteceram os resultados dos referendos.

O problema é muito grave. Não adianta desdramatizar. É certo que continuará a haver União Europeia e Euro. No entanto, a possibilidade de a Europa agir como um factor autónomo e credível de paz e de desenvolvimento no mundo esvai-se. A fragmentação e os nacionalismos irão coexistir com o avanço de uma globalização insensível e geradora de desigualdades e de conflitos. Jacques Rupnik recorda a indiferença essencial dos governos e da opinião pública ocidental, como nos Acordos de Munique de 1938. E temos de nos alarmar quando vemos os países mais ricos da União Europeia encararem as perspectivas financeiras para a União (2007-2013) como se fosse um rol de mercearia – sem a mínima capacidade para garantir a adopção de um antídoto contra o actual mal-estar europeu, através do governo económico, da coordenação de instrumentos e de políticas económicas e do combate pela criação de riqueza e de emprego. Não poderemos continuar a ter apenas União monetária sem governo económico europeu. Se nos mantivermos nesta situação a coesão económica e social falha.

A União Europeia precisa de confiança para todos. Precisa de vontade. Ao medo geral, à raiva e à cegueira temos de contrapor uma visão de futuro, sabendo que teremos de concentrar esforços em objectivos que correspondam à defesa dos interesses vitais comuns. O problema não é jurídico ou constitucional. É social e económico. Quem não o entender verá a História rebelar-se contra a insensatez e a falta de memória.

Precisamos, em suma, de legitimidade dos Estados e de legitimidade dos cidadãos. No entanto, estamos, surpreendentemente a esquecer o método comunitário. O debate europeu está a esquecer o essencial. Mais importante do que a discussão nominalista sobre o funcionalismo e o federalismo precisamos da compreensão de que temos de ter objectivos comuns e uma acção solidária, em torno de valores e interesses comuns. Temos porventura de ser menos ambiciosos para poder ter mais Europa. Afinal, do que se trata é de realizar um projecto de paz e de segurança, de desenvolvimento sustentável e de diversidade cultural. Eis o que está por fazer...

Ilda Figueiredo
Deputada no Parlamento Europeu

Este projecto da dita constituição europeia surgiu para culminar a consagração das orientações cada vez mais neoliberais que se têm vindo a impor, nos últimos anos, na União Europeia.

O essencial do trabalho da Convenção que preparou este projecto, e durou cerca de 16 meses (de 2002 a início de 2003), sob a orientação do antigo presidente francês Giscard d'Estaing, na prática, não discutiu a terceira parte deste texto, uma das mais importantes, pois inclui cerca de 340 artigos dos cerca de 450 no total (sem os protocolos e anexos).

Na Conferência Intergovernamental de Roma, em Outubro de 2003, não houve acordo entre os 15 Estados-membros para aprovar este texto global. Estávamos em vésperas de eleições para o Parlamento Europeu, que se seguiram à adesão de mais 10 países, em 1 de Maio de 2004. Só após as eleições europeias de 13 de Junho de 2004, os 25 chefes de Estado e de Governo, de forma discreta, aprovaram o texto final, no Conselho Europeu de 17 e 18 de Junho de 2004, o qual foi assinado em Roma, a 29 de Outubro do mesmo ano.

Mas, felizmente, o processo de ratificação deparou com a recusa dos povos da França e da Holanda, nos referendos aí realizados, respectivamente, no final de Maio e início de Junho de 2005.

A verdade é que todo o texto constitucional tem uma orientação ideológica clara: a competição entre as pessoas, a concorrência entre as regiões e os países. Às instituições é dado um papel essencial: assegurar a concorrência, a liberdade total de circulação de capitais, como se diz logo no artigo I-3, quando define como objectivos da União "um espaço de liberdade, segurança e justiça sem fronteiras internas e um mercado interno em que a concorrência é livre e não falseada".

Assim, ficam logo abertas as portas ao dumping social e fiscal, às deslocalizações, onde a rivalidade entre os indivíduos, as empresas e os países se torna o objectivo central. Este princípio de livre concorrência, que atravessa todo o texto do Tratado Constitucional, impede, por exemplo, a protecção de um sector contra a entrada de um concorrente, incluindo nos serviços públicos, os quais nem sequer são referidos como objectivo da União.

Igualmente pretende vulgarizar, considerar normal a existência de livre concorrência entre trabalhadores e a luta entre si para obter ou manter um emprego, renunciando a direitos sociais e laborais fundamentais, de que o projecto da famigerada directiva "Bolkestein" é já um exemplo.

Quando se inscreve como objectivo fundamental da União Europeia uma "concorrência livre e não falseada", recorrendo frequentemente à palavra concorrência, o que se pretende é consagrar o capitalismo, na sua fase mais neoliberal, como a única via possível de vida económico-social e política. Assim tentam fazer crer que qualquer política pública, qualquer ajuda pública, qualquer serviço público têm de estar subordinados à concorrência. A lógica deste projecto é induzir a ideia que uma escola pública faz concorrência a uma escola privada e um hospital público é um concorrente desleal de um hospital privado. De igual modo, nesta lógica, a protecção social, as empresas públicas, as ajudas aos pequenos e médios agricultores ou PME's podem pôr em causa a concorrência.

Neste projecto, às instituições políticas (governos, parlamentos, etc.) apenas deve caber o papel de garantir que a "concorrência é livre e não falseada". Este conceito da livre concorrência é, depois, aplicado à escala europeia e mundial. Veja-se o que se diz no artigo III-314.º sobre a política comercial comum, quando se afirma que a União contribui para a supressão progressiva das restrições às trocas e comerciais e aos investimentos estrangeiros directos e para a redução das barreiras alfandegárias de outro tipo.

O que se passa, actualmente, com a liberalização do comércio têxtil e vestuário é já um alerta para as consequências do que se pretende. Querem suprimir todas as protecções existentes, acabar com o princípio da preferência comunitária, pôr em causa os sectores produtivos mais débeis e os serviços mais frágeis, impedir a oportunidade de desenvolvimento das economias mais atrasadas. Tudo isto em benefício exclusivo dos grupos económicos e financeiros europeus que, assim, teriam o caminho livre para controlar toda a economia europeia, incluindo o comércio e os serviços, mesmo que isso signifique destruição dos sectores produtivos nacionais, agravamento do desemprego e da pobreza.

Mesmo nas relações com países terceiros "são proibidas restrições tanto aos movimentos de capitais como aos pagamentos", como se refere no artigo III-156.º. Ou seja, a preocupação permanente é garantir sempre mais liberdade para que os detentores do capital possam aumentar os seus lucros e menos protecção para os trabalhadores, o ambiente e os bens comuns da humanidade.

Em nome da sacrossanta concorrência, recusam-se os meios de luta contra o dumping social e fiscal, desarma-se totalmente a União Europeia do seu objectivo de obter "o pleno emprego" e alguns direitos sociais de que se fala na Carta dos Direitos Fundamentais. A verdade é que, enquanto para a generalidade das decisões no plano económico e monetário basta a decisão por maioria, na área social é exigida a decisão por unanimidade (artigo III – 210.º), além de excluir qualquer harmonização.

A livre concorrência e normas como a "do país de origem", que aparece na proposta de directiva sobre a criação do mercado interno de serviços, encarregar-se-iam de colocar os trabalhadores em concorrência, pressionando-os a aceitar cada vez maiores reduções de direitos sociais, conduzindo, de facto, à harmonização pelo mais baixo, à asiatização do chamado "mercado de trabalho". Aliás, a proposta de directiva sobre organização do tempo de trabalho é também já um exemplo inadmissível do caminho que se pretende trilhar, quando se quer alargar a jornada de trabalho para 65 ou mais horas semanais.

Também a consagração constitucional do Pacto de Estabilidade e do Banco Central se inserem na mesma lógica neoliberal.

Mas é em torno da Carta dos direitos fundamentais que mais se pretende argumentar com os avanços na área social. O que é uma falsidade, sobretudo em países como Portugal, França e Itália, onde as suas Constituições nacionais têm a consagração de direitos básicos essenciais: direito ao trabalho, direito ao salário, direito a um rendimento mínimo, direito a um subsídio de desemprego, direito a uma pensão de reforma, direito a uma habitação, direito a cuidados de saúde, etc. É que na dita Constituição europeia estes direitos não estão garantidos. A União Europeia não refere expressamente a Declaração Universal dos Direitos do Homem (1948), que reconhece estes direitos sociais colectivos. Apenas refere a Convenção Europeia dos Direitos do Homem, que não consagra aqueles direitos.

Ora, uma leitura mais atenta e comparada com a Constituição da República Portuguesa, depressa descobre que o "direito ao trabalho" é substituído por um mero "direito de trabalhar ou procurar emprego", o que está longe de ser a mesma coisa. Mais grave ainda é a referência no próprio texto do Tratado Constitucional, no preâmbulo da Carta referida, onde se afirma que "a Carta será interpretada pelos órgãos jurisdicionais da União e dos Estados-membros tendo na devida conta as anotações elaboradas sob a autoridade do Presidium da Convenção que redigiu a Carta e actualizadas sob a responsabilidade do Presidium da Convenção Europeia".

Ora, se o próprio texto da Carta dos Direitos Fundamentais já é restritiva nos direitos dos trabalhadores, mas amplia os direitos dos patrões, ao reconhecer-lhes o direito ao "lock-out", nas explicações vão muito mais longe.

Por exemplo, no artigo II – 66.º quando defende o direito à liberdade e à segurança, nas explicações de Giscard d'Estaing e seus companheiros de mesa, pode ler-se:

"Ninguém pode ser privado da sua liberdade, excepto nos casos seguintes:

- se se trata de uma detenção regular de uma pessoa susceptível de propagar uma doença contagiosa, de um louco, de um alcoólico, de um toxicodependente ou de um vagabundo". Como se vê, é uma restrição inaceitável de direitos das pessoas que poder dar cobertura às maiores arbitrariedades.

De igual modo, no artigo II – 72, em que se reconhece a "liberdade de associação e de reunião", a Presidência acrescentou que "este artigo não proíbe que restrições legítimas sejam impostas ao exercício destes direitos para os membros das forças armadas, da polícia ou da Administração do Estado". E, assim, de uma penada, querem pôr em causa conquistas fundamentais dos trabalhadores da administração pública, da polícia, etc.

E assim podíamos continuar com muitos outros direitos que a Constituição da República Portuguesa consagra, a dita Constituição europeia esquece e as interpretações ainda restringem mais.

Por isso, na defesa de uma alternativa de desenvolvimento e progresso, que promova a coesão económico-social, dê prioridade aos direitos humanos e dignifique quem trabalha, só se pode dizer NÃO à dita Constituição europeia, como fizeram os povos da França e da Holanda.

Hoje, o debate é já completamente diferente, graças a esta vitória dos que estão empenhados na luta contra o neoliberalismo, na defesa dos direitos humanos e do aprofundamento da democracia.

Por muito que tentem desvalorizar este resultado, é óbvio que é um voto popular e de esquerda que exprime o generalizado descontentamento dos trabalhadores e do povo perante as políticas antipopulares, neoliberais, militaristas e federalistas que o novo Tratado pretendia institucionalizar.

Este voto contra a dita Constituição europeia é sobretudo o voto dos que lutam contra o desemprego a ultrapassar os vinte milhões, a exclusão social e pobreza que atinge cerca de 70 milhões de pessoas da União alargada a 25 países, onde os grupos económico-financeiros continuam a aumentar os seus lucros e a obter os maiores ganhos dos últimos 25 anos.

Este voto do NÃO é o voto dos que exigem serviços públicos de qualidade e maiores investimentos para criar emprego com direitos e promover a produção. É o voto dos que são contra a prioridade absoluta que este projecto de Tratado dá à concorrência, à liberalização do comércio internacional e às políticas monetaristas, com as conhecidas e bem actuais consequências.

Este "Não" é, acima de tudo, uma clara condenação das políticas neoliberais que o tratado visa reforçar. Quem viveu de perto a campanha do referendo, participou em iniciativas, verificou como havia um conhecimento popular dos artigos mais negativos do Tratado, como havia uma forte oposição ao seu conteúdo, sobretudo na área dos trabalhadores, de intelectuais e da juventude.

Assim, não me espantou a resposta clara e inequívoca do povo francês que, apesar da enorme campanha ideológica, publicitária e de pressão psicológica utilizada pelos defensores do Sim, com a participação dos principais responsáveis europeus, se mobilizaram como há muito não faziam. Tal como na Holanda.

Esta vitória tão importante das forças populares e de esquerda, abre novos caminhos para a reflexão e procura de alternativas ao neoliberalismo, ao militarismo e ao federalismo.

Por isso, este resultado constituiu uma séria derrota das forças empenhadas na União Europeia do grande capital e das grandes potências e representa um valioso incentivo à intensificação da luta por uma outra Europa de progresso, paz e cooperação entre povos soberanos e iguais em direitos. É um reforço para fazer frente e travar a verdadeira cavalgada neoliberal que se vive actualmente, de que são exemplos os projectos de directivas sobre a organização do tempo de trabalho e sobre a criação do mercado interno dos serviços, a famigerada directiva Bolkestein.

Sabemos que, de acordo com o Tratado de Nice, em vigor, que foi aprovado para dar resposta ao alargamento, é necessário que todos os Estados-Membros ratifiquem o projecto de um novo Tratado para que ele possa ter valor jurídico. Assim sendo, com um Não no referendo em França e na Holanda, mantém-se em vigor o actual Tratado e todo o processo de ratificação deve ser travado.

No entanto, é uma oportunidade, que não deve ser desperdiçada, para aprofundar a reflexão e realizar um verdadeiro debate pluralista sobre os caminhos da integração europeia, as diversas vias que podem ser seguidas, no respeito pelo princípio da igualdade de direitos entre Estados soberanos, visando obter uma Europa mais social e solidária, que dê prioridade ao progresso e ao desenvolvimento, à coesão económica e social, que aposte mais no aumento do bem-estar das pessoas, na paz e na cooperação, e não no militarismo, na livre concorrência ou nos lucros especulativos dos grupos económicos e financeiros.

Por isso, em Portugal, não se deve insistir na farsa de um referendo no dia das eleições autárquicas sobre um projecto de Tratado constitucional já rejeitado. O que se impõe é um debate sério e pluralista sobre os diversos caminhos possíveis e as políticas alternativas, na Europa e em Portugal, para o progresso e o desenvolvimento.

José Ribeiro e Castro

Começo por cumprimentar os meus colegas e as pessoas que participam neste debate e aquelas que assistem. Muito sinteticamente, vou dizer algo do meu pensamento sobre esta matéria.

Em primeiro lugar, creio que devemos reflectir sobre alguma instabilidade dos Tratados que tem existido na última década. Creio que é um facto muito negativo. A estabilidade, a segurança jurídica, é um bem precioso em si mesmo e a Europa funcionou com um Tratado estável desde o Tratado de Roma até Maastricht, durante três décadas e meia. Desde então, tem-se assistido a alguma febre, pressionada pelo grupo que eu chamo "os avancistas" – nem sequer são bem vanguardistas, muitas vezes são mais apenas avancistas –, para uma modificação contínua dos Tratados. Isso, em si mesmo, é fonte de alguma instabilidade. Tivemos Maastricht, depois Amesterdão, depois Nice e, Nice ainda não estava em vigor, já se estava a trabalhar sobre este Tratado Constitucional. Creio que isso é negativo e que é um factor que também devemos ter presente quando num futuro próximo tivermos de redesenhar outra vez este quadro regulador.

Este Tratado Constitucional partiu de um sentimento de frustração, que se sucedeu imediatamente a aprovação do Tratado de Nice, relativamente ao excesso de "negocismo" em Nice. Nessa mesma ocasião, é aprovada uma declaração que aponta para nova reflexão, mais profunda, sobre os Tratados. Segue-se a Cimeira de Laeken e, então, entrou-se no processo de elaboração deste Tratado Constitucional. Mas é sensível que houve algum desvio do mandato, a partir de Laeken e ao longo da Convenção. Isto é, houve um desígnio, porventura, segundo alguns, mais "avançado" do que o mandato inicial definido em Nice e na Cimeira de Laeken.

Quanto ao processo, surgiu a ideia de que o modelo da Conferência Intergovernamental, que era e continua a ser, mesmo que o Tratado Constitucional venha a ser aprovado, a sede de revisão dos Tratados, estava completamente esgotado e que, portanto, era necessário encontrar outro modelo de revisão. Porém, estes referendos em França e na Holanda mostraram precisamente as limitações deste novo modelo que foi seguido.

Quanto ao conteúdo do Tratado, todos os Tratados são um compromisso, pelo que é sempre possível identificar aspectos positivos e aspectos negativos. Do lado positivo, identificaria a simplificação dos Tratados (embora tenha ficado aquém do desejável, nomeadamente na parte III), a clarificação das competências (embora não concorde inteiramente com tudo o que aí foi definido em matéria de competências exclusivas) e a clarificação dos actos normativos europeus e do seu processo.

Nos aspectos negativos, destaco o fim da rotação das presidências, que penso que não era necessário e que é contrário ao que foi definido no mandato, quer em Nice, quer em Laeken. Uma das linhas de orientação definidas para a revisão dos Tratados era a maior aproximação da Europa aos cidadãos. E a rotatividade das presidências é justamente uma das características do modelo de funcionamento da União Europeia que mais aproxima a Europa dos cidadãos. É um dos aspectos simbólicos do seu funcionamento, um dos traços da sua originalidade, que a torna mais simpática, mais próxima. Portanto, não creio que houvesse aí necessidade de agir – muito menos desta forma. Poderia discutir-se a eficiência e a eficácia da presidência rotativa, mas haveria outras formas, que, aliás, estiveram em cima da mesa, de responder a isso. Por exemplo, uma presidência tripartida entre a presidência anterior, aquela que está em exercício e a seguinte, uma espécie de comparticipação por períodos mais alargados e uma espécie de colégio presidencial que assegurasse maior coerência e continuidade, mas que não representaria necessariamente o fim da presidência rotativa tal como foi apontado. Além disso, relativamente a composição da Comissão, o fim anunciado, ainda que para meados da próxima década, do princípio de um comissário por Estado membro é algo que me merece crítica.

Agora, quanto aos referendos francês e holandês, o que é que explica este revés? São, afinal, as limitações deste novo método que se seguiu. Significa que há, de facto, povos europeus, nomeadamente e pela primeira vez países fundadores da CEE, que estão bem no coração do projecto europeu, que resistem à ideia que lhes foi proposta. Sublinho como a França é um país absolutamente incontornável no projecto europeu; basta olhar para o mapa para se perceber que é até fisicamente incontornável. Este revés tem de ser tido devidamente em conta, porque muitas vezes foi subvalorizado e continua a sê-lo, dizendo-se que foi um voto sobretudo nacional, um voto interno. Esta análise é perigosa e, ao insistir-se nessa linha, continuaremos a fazer correr imensos riscos ao projecto europeu. O projecto europeu está a aproximar-se claramente de patamares de integração, de níveis de partilha de soberania, que convocam, mais do que em outros tempos, a participação efectiva e o envolvimento activo dos cidadãos. Ora, há passos que não devem ser dados quando não se tem esse envolvimento por parte dos cidadãos. Não podemos correr riscos demasiado elevados e é essa a questão que, nesta altura, ficou em cima da mesa.

Quanto a Portugal, o referendo português deverá fazer-se, em meu entender, se o processo de ratificação for retomado, o que só saberemos depois de o Conselho interromper o período de reflexão em que entrou. Por mim, penso que não deveria ser retomado. Deveria antes partir-se para um novo Tratado e tirar todas as lições deste processo, nas suas diferentes fases: na sua origem, em Nice e em Laeken, na Convenção e nas duas Conferências Intergovernamentais que se sucederam, uma sob presidência italiana e outra sob presidência irlandesa.

É preciso revisitar Laeken e ir ao ponto de partida, fazendo uma espécie de "Cimeira de Laeken II", onde se reflicta a fundo, maduramente e com sabedoria sobre os problemas da Europa.

A Europa não está numa crise institucional, nesta altura. O Tratado de Nice é mais que suficiente para o seu funcionamento, pelo menos ate 2009. Era importante definir uma nova metodologia que se reveja no caminho de sucesso que caracterizou a construção da União Europeia e que sempre foi o método dos pequenos passos. Foi isso que os pais fundadores cunharam e é isso que explica o sucesso da União Europeia. Aliás, na emblemática declaração de Schuman, a 9 de Março de 1950, há um parágrafo que diz mais ou menos isto: "A Europa não se fará de um só golpe ou por uma construção de conjunto, far-se-á através de uma solidariedade de facto". Creio que isso deve iluminar-nos na leitura da crise actual. Creio que haverá mais crise se as Perspectivas Financeiras para 2007/13 não forem definidas – é isso a tal solidariedade de facto –, do que propriamente por causa de uma Constituição, que seria a construção de um só golpe e que tropeçou exactamente nos referendos francês e holandês.

Portanto, a metodologia que recomendaria ao Conselho seria partir de novo. Obviamente não se pode, nem se deve apagar os contributos da

Convenção ou dos debates das duas CIG, sob presidências italiana e irlandesa. Há muito contributo positivo e importante, muita maturação em várias áreas, e isso faz parte do património da construção do futuro da União Europeia. Mas deve ser definida uma metodologia mais próxima dos pequenos passos, menos ambiciosa na sua visão anunciada, mas mais ambiciosa nos resultados possíveis, uma metodologia disponível para identificar os problemas que efectivamente existem e que é necessário realmente resolver. Há problemas na falta de transparência no funcionamento legislativo do Conselho? É na multiplicidade de actos normativos? É no funcionamento e na operacionalidade da Comissão? É no modelo e funcionamento do Parlamento Europeu? Então, quais são as soluções? Creio que esta é a metodologia que deve ser seguida, ponto a ponto: pequenos passos, sentido prático.

O método do "grande salto em frente", que agora se ensaiou, tem enormes riscos, nomeadamente o de anunciar um grande final e, depois, afinal fracassar. É o risco dos visionários que pensam estar a ver muito longe, mas que não vêem sequer o que está imediatamente diante si e a estrada que têm de percorrer.

A metodologia de construção da Europa que teve sucesso, que tem tido sucesso, e da qual nós não nos devemos afastar, é a dos pequenos passos. É essa que nos poderá conduzir a um futuro mais sólido e mais consistente da União Europeia, que, pelo meu lado, desejo.

Portanto, e sintetizando, penso que se deve guardar deste Tratado Constitucional os contributos que foram feitos ao longo da sua elaboração. Mas é um erro insistir nesse Tratado. E, como tal, deve-se partir para um outro Tratado, comedido, dirigido à resolução dos problemas que efectivamente existem e que os Estados-Membros, unanimemente, são capazes de identificar, encontrando respostas bem medidas. Creio que é por aí que devemos seguir.

Para pôr fim a esta discussão, não podemos continuar neste ritmo, como tem acontecido continuamente ao longo dos últimos anos. Faz-se um Tratado e já se está a falar no seguinte. Isso é, em si mesmo, uma fonte de instabilidade e de crise permanente. Devemos trabalhar no quadro concreto que existe, partir dele e aperfeiçoar as soluções que têm sido desenvolvidas e que têm vindo a amadurecer desde que o projecto europeu começou na década de 50.

ÍNDICE

Nota Introdutória 5

A Divisão de Competências na Constituição Europeia 11
Prof. Doutor António Goucha Soares

Constitutions Nationales et "Constitution Européenne" 39
Prof. Doutor Jorge Miranda e *Prof.ª Doutora Maria Luísa Duarte*

A Constituição Económica Europeia 63
Prof. Doutor Eduardo Paz Ferreira

Portugal e os Défices Excessivos – O Pilar Económico da União Económica e Monetária e a Disciplina do "Pacto de Estabilidade e Crescimento" 75
Prof. Doutor Luís Silva Morais

A Protecção dos Direitos Fundamentais em Portugal e a Constituição Europeia 113
Prof.ª Doutora Ana Maria Guerra Martins

O Incumprimento do Direito da União Europeia: O Caso de Portugal ... 149
Prof.ª Doutora Maria José Rangel Mesquita

Constituição Europeia, Constituição Completa ou Incompleta? 177
Dr. António Vitorino

Portugal, a Europa e o Mundo 197
Doutor Rui Machete

A Economia Portuguesa na União Europeia 207
Prof. Doutor João Ferreira do Amaral

Os Partidos Políticos e a Integração Europeia 221
Prof.ª Doutora Margarida d'Oliveira Martins

Poderá Exportar-se o Modelo da União Europeia? 237
Prof.ª Doutora Elizabeth Accioly

O Processo de Integração e os Limites da Europa 253
Prof. Doutor Paulo de Pitta e Cunha

O Sistema Jurisdicional da União Europeia – o Presente e o Futuro 263
Prof. Doutor Rui Moura Ramos

The Making of the European Constitution 279
Gisela Stuart

Portugal e a União Europeia, o Presente e o Futuro 297
Dr. José Manuel Durão Barroso

Mesa redonda (extracto das intervenções)
Dr. Guilherme d'Oliveira Martins 307
Dra. Ilda Figueiredo 311
Dr. José Ribeiro e Castro 317